ERIC STANDOP
MIT EVA DOTTERWEICH

ICH LESE DICH

Geheimnisse eines Facereaders –
was das Gesicht über uns
und andere Menschen enthüllt

INHALT

PROLOG

Wenn Fremde aufeinandertreffen, lautet die erste Frage meist: »Woher kommst du?« Und die darauffolgende Frage, die sie einander stellen, ist: »Was machst du?« Es dreht sich alles um Staatszugehörigkeiten oder Berufsbezeichnungen. Und um Zahlen. Ich bin ein Reisender und arbeite in über zwanzig Ländern. Mittlerweile habe ich diese Fragen so oft gehört, dass ich ihrer müde bin. Warum stellen wir uns beim Kennenlernen zu Beginn nie die Frage, auf die es eigentlich ankommt? Sie lautet: Wer bist du?

Was würdest du antworten, wenn dir jemand diese Frage stellt? Die Antwort darauf ist nicht einfach. Um mich ihr anzunähern, ging ich einen langen Weg.

WIE ICH GESICHTLESER WURDE

Bereits mit Mitte dreißig erlitt ich meinen zweiten Burn-out. Nach dem Studium hatte ich schnell hochkarätige Führungspositionen bekleidet. Unter anderem war ich für einen großen Freizeitpark, ein bekanntes Filmtheaterunternehmen und einen börsennotierten, weltweit agierenden Computerspielehersteller tätig. Dort konnte ich meinen immensen Ehrgeiz, meine große Vorliebe fürs Reisen und meinen Unabhängigkeitsdrang ausleben. Doch die steile Karriere, die ich binnen kürzester Zeit aufgebaut hatte, ging zu Lasten meiner Gesundheit, die immer massiver zu leiden begann. Auch mein privates Glück geriet dabei ins Hintertreffen.

Ich wollte weg von Dauerstress und Wettbewerb und spürte, dass ich mich beruflich umorientieren musste. Ich wollte endlich eine Berufung finden, die mir wirklich gut zu Gesicht stand. Doch in einem ersten Schritt ging es mir darum, wieder zu Kräften zu kommen, und so begab ich mich auf die Reise nach Südafrika.

Eines Nachmittags fuhr ich mit neuen Freunden, die ich dort kennengelernt hatte, zum berühmten Bloubergstrand, der etwas außerhalb von Kapstadt gelegen ist. Der Strand bietet einen sensationellen Blick auf den Tafelberg und war an diesem Tag voller Surfer jeglicher Art, die sich im glasklaren, grünen Wasser tummelten. Auch wir buchten eine Surfstunde und folgten der Einweisung des Lehrers. Während meine beiden Freunde bald Fortschritte machten, schaffte ich es nicht einmal ansatzweise, auf dem Brett zum Stehen zu kommen. Ich war wie so oft damals viel zu ungeduldig und gab schnell genervt auf. Meine Freunde wollten mich ablenken und schickten mich in eine nahe gelegene Bar, um dort einen alten Mann zu treffen, einen »Facereader«. Er würde mich kennen.

»Ein Gesichtleser – was soll das denn sein?«, fragte ich mich. »Ist das Wahrsagerei?«

Ich hatte nichts zu verlieren, also beschloss ich, einfach hinzugehen. Ich zog mich um, packte meine Sachen zusammen und machte mich auf den Weg zu besagter Bar, die in einer der einfachen Holzhütten untergebracht war, die es dort am Strand gab, und in der Bier, Softdrinks und Chips verkauft wurden. Ich stieg die drei Treppenstufen hoch und betrat den Innenbereich. Meine Augen mussten sich erst einen Moment an die Dunkelheit gewöhnen – etwas Licht drang durch die Ritzen von außen herein.

Mein Blick schweifte durch den Raum, etwa zehn Leute nahm ich wahr. Dann entdeckte ich ihn auf Anhieb: einen alten Mann, mit einigen fehlenden Zähnen, in abgegriffener Kleidung. Er saß in einer der Ecken und um ihn herum standen leere Bierflaschen. Dieser Mann soll tatsächlich etwas über mich wissen? Gerade redete er noch auf einen anderen Mann ein, aber man konnte erahnen, dass sich diese Konversation dem Ende zuneigte. Ich kaufte zwei Flaschen Bier an der Bar, während sich sein Gesprächspartner verabschiedete. Ich nahm das Bier entgegen, ging hinüber und knallte die Flaschen neben den Mann auf den Tisch. Dann blaffte ich ihn ziemlich unfreundlich an: »Großer Meister, Guru, sag mir, wer ich bin!«

Er musterte mich von oben bis unten und sagte: »Oh, ich sehe, du bist eine sehr fordernde Person. Temperamentvoll und ungläubig, bestimmend und skeptisch.« Ich antwortete lakonisch, dass man, um solche Aussagen treffen zu können, kein Facereader sein müsse. Menschenkenntnis würde dafür vollkommen ausreichen.

»Dann lass uns über deinen Gesundheitszustand sprechen«, sagte der alte Mann und zählte nach und nach alle meine Krankheiten auf. Im Laufe der letzten Jahre hatte ich einige Arztbesuche hinter mich gebracht und eine Liste an Erkrankungen angesammelt. Eine lange Liste. Er schien sie alle in meinem Gesicht wahrnehmen zu können.

Doch woran konnte man all das bloß erkennen? Eine Dünndarmerkrankung? Asthma? Und all meine anderen Beschwerden? Ich war fassungslos und wartete nur darauf, dass er einen Fehler machte. Das tat er scheinbar auch, als er eine Bindegewebsschwäche ansprach. Ich verneinte, doch er erwiderte, dass sich diese bei Männern meiner Physis oft in Leistenbrüchen zeige. Und Tatsache – schon als Kind zog ich mir den ersten Leistenbruch zu.

Damals wusste ich noch nicht, dass ein Gesichtleser auch immer ein Ratgeber ist. Er vermittelt seinem Gegenüber nicht nur das, was er in dessen Gesicht sehen kann, sondern gibt ihm auch einen Hinweis mit auf den Weg. Und so schloss der Mann mein erstes Reading mit den Worten: »Du lebst nur eine Rolle, einen kreierten Charakter, nicht aber deine wahre Persönlichkeit. Geh und leb dein Leben. Werde zu dem Menschen, der du wirklich bist.«

Diese Begegnung stellte sich als ein Wendepunkt in meinem Leben heraus. Die Fähigkeiten, die dieser Mann beherrschte, wollte ich auch erlernen. Und so richtete ich alles auf dieses Ziel aus – auch wenn der darauffolgende Weg nicht immer gradlinig verlaufen sollte.

Heute bin ich selbst Gesichtleser und habe den Begriff im deutschsprachigen Raum geprägt. Nicht nur, um meine große Neugier und meine Reiselust zu befriedigen. Ich möchte Menschen glücklich sehen – und ich weiß, dass Menschen dann glücklich sind, wenn sie authentisch leben können.

UNSER GESICHT IST EIN BUCH

Wir alle schreiben Tag für Tag Geschichte. Und diese Geschichte kann man in unserem Gesicht lesen. Dieses Buch habe ich für all jene verfasst, die sich fragen, was in ihrem Gesicht geschrieben steht. Denn wir alle sollten in der Lage sein, in uns selbst wie in einem offenen Buch lesen zu können. Gesichtlesen ist eine äußerst bemerkenswerte und in vielen Lebensbereichen hilfreiche Methode. Es wird darüber hinaus fast zu einer Lebensphilosophie. Wenn wir wissen, über welche Fähigkeiten und Talente wir verfügen und wie wir sie ausleben können, wird unser Leben unfassbar reich und bunt. Wir selbst werden die Erfahrung machen, immer leichter aus Rollenbildern und damit Masken aussteigen zu können, die wir von außen auferlegt bekommen oder uns selbst aufgesetzt haben. Über das klare Sehen werden wir zur Erkenntnis gelangen, dass Souveränität dadurch nicht geschwächt, sondern erst dauerhaft möglich wird.

Auch über die Widersprüchlichkeiten, die ein jeder von uns in sich trägt, Bescheid zu wissen, bringt uns auf unserem Lebensweg voran. Denn sie sind es, die uns menschlich machen und ein Wegbereiter für Kompromissfähigkeit sind. Gesichtlesen gibt uns dabei eine Anleitung, den Verstand mit unserer Intuition zu kombinieren. Wenn wir jemand anderen einschätzen und einen liebevollen Kontakt untereinander pflegen wollen, handelt es sich nicht mehr nur um ein vages Gefühl, sondern um ein mit Einfühlungsvermögen wahrgenommenes Wissen. Auch analytische Denker – zu denen ich mich selbst zähle – können mithilfe der »Vokabeln«, die das Gesichtlesen bietet, Merkmale und Muskelbewegungen im Gesicht des Gegenübers entschlüsseln und dadurch wiederum beim Gefühl für den Menschen ankommen.

Ich durfte in den letzten fünfzehn Jahren, in denen ich als Gesichtleser arbeite, eine Vielzahl an Techniken kennenlernen. Auf vier verschiedenen Kontinenten saugte ich das Wissen von Facereadern und Meistern regelrecht auf. Nach meiner initialen Begegnung in Südafrika wurde ich in die letzte Schülerklasse eines deutschen Meisters aufgenommen. Dort verbrachte ich eineinhalb Jahre und erlernte die westlichen Methoden der Antlitzdiagnostik und Physiognomik. In Südamerika traf ich dann auf einen Gesichtleser, der mir die Technik Lectura del Rostro beibrachte, die ihren Fokus insbesondere auf das Entschlüsseln von Liebeszeichen legt. Im Anschluss begleitete ich sechs Jahre lang einen chinesischen Meister und wurde von ihm in drei fernöstliche Gesichtlesetechniken eingeführt. Mittlerweile bin ich selbst Sifu eines asiatischen Großmeisterzirkels und verbinde uraltes Wissen mit der Moderne. Ich stelle Nachforschungen dazu an, wie verschiedene Länder mit dem Thema Gesichtserkennung umgehen und welche neuen wissenschaftlichen Erkenntnisse es zu Gesichtsmerkmalen und Mikroexpressionen gibt. Auf diesem Gebiet kann man immer wieder Bahnbrechendes entdecken.

Meine Talente und die daraus resultierenden Lebensaufgaben werden im chinesischen Gesichtlesen in der Rolle des Botschafters zusammengefasst. Diese Rolle lebe ich mit Leib und Seele: Im Jahr 2011 gründete ich die Face Reading Academy in Hongkong, die mittlerweile Standorte in Deutschland, Österreich und der Schweiz sowie Kroatien und den USA unterhält. Ich pendle zwischen Hawaii, San Francisco, New York, verschiedenen Städten im deutschsprachigen Raum sowie Singapur, Dubai, Thailand und China, berate Firmen, Organisationen und Privatleute und gebe Ausbildungen. 2017 hielt ich einen Vortrag bei dem World Government Summit in Dubai und 2018 in Boston einen TED-Talk darüber, wie Facereading unsere wahre Persönlichkeit offenbart. Mittlerweile habe ich über zehn Bücher zum Gesichtlesen verfasst, eines davon, »Read The Face«, erschien 2019 in den USA. Im selben Jahr moderierte ich zudem die SAT.1-Fernsehsendung »Ungelogen«. Zu meinen Kunden zählen Venture-Capital-Unternehmen, Hightechfirmen und Entrepreneurs in New York und im Silicon Valley. Auch Prominente aus der Film-, Sport- und Musikwelt gehören dazu.

Das Lesen der Gesichter von unzähligen Menschen, ihre Freude, ihre Ängste und Nöte, ihre Talente und ihr Wachstum, ihre seelischen Zustände und ihre Bestimmung sind für mich der Dreh- und Angelpunkt meines beruflichen Daseins. Weil wir Menschen am besten über Geschichten lernen, finden sich im Buch Erzählungen zu Erlebnissen aus den Readings mit meinen Kunden. Auch ich selbst lasse immer wieder tief blicken und teile viele meiner persönlichen Erfahrungen. Zudem habe ich verschiedene Gesichtlesetechniken so aufbereitet, dass Anfänger gut mit ihnen zurechtkommen und sie für sich nutzen können.

Es geht beim Gesichtlesen darum, uns selbst besser zu verstehen, unser Potenzial voll auszuschöpfen und eine tiefere Verbindung zu anderen Menschen zu schaffen, indem wir auch auf sie eine klarere Sicht bekommen. So kann Gesichtlesen zu einer echten Brücke werden, auf der sich Menschen auf Augenhöhe begegnen und darüber austauschen können, wo sie selbst und der jeweils andere gerade stehen.

SPRACHE DES GESICHTS

Ich bin ein Gesichtleser. Das bist auch du. Wir kommen bereits als Gesichtleser auf die Welt, denn seit unserem ersten Tag ist das unsere allererste Sprache. Wir begeben uns auf die geschichtlichen und biologischen Spuren dieser Sprache und verstehen, worin der Unterschied zwischen der Persönlichkeit und dem Charakter eines Menschen liegt und wie wir Verstand und Intuition mit Gesichtlesen gewinnbringend einsetzen können.

SPIEGELNEURONEN UND EMOTIONEN

»Nicht Worte sollen wir lesen,
sondern den Menschen, den wir hinter den Worten fühlen.«
(SAMUEL BUTLER)

Gesichtlesen ist eine elementare Eigenschaft für uns Menschen, denn sie sichert seit jeher unser Überleben. Seit Anbeginn der Menschheit war im Überlebenskampf entscheidend, mögliche Gefahrensituationen einschätzen und diese womöglich sogar vorausahnen zu können. Die menschliche Gattung des Homo sapiens gibt es bereits seit 300 000 Jahren, während Sprache im heutigen Sinn wohl allerfrühestens seit 125 000 Jahren existiert. Es ist daher in uns angelegt, über Mimik zu kommunizieren. Unser Gehirn hat aus diesem Grund ein neuronales System geschaffen, das es uns ermöglicht, Mimik und Körpersprache unseres Gegenübers zu interpretieren. Die sogenannten Spiegelneuronen, die 1996 entdeckt wurden – das sind bestimmte Nervenzellen, die sich im Hypothalamus unseres Gehirns befinden – sorgen dafür, dass wir in der Lage sind, die Emotionen anderer Menschen wahrnehmen und spiegeln zu können.

Sie spielten eine immense Rolle bei der menschlichen Evolution und damit auch bei der Entwicklung unserer Kultur. Für unser Zusammenleben und unser tägliches Miteinander sind Spiegelneuronen noch heute von zentraler Bedeutung. Sie funktionieren dabei unbewusst, das heißt, wir müssen nicht darüber nachdenken, sondern sie stoßen einen natürlich in uns ablaufenden Prozess an. Sobald wir die Körpersprache beziehungsweise die Gesichtsregungen eines Gegenübers sehen, werden die Spiegelneuronen in unserem Gehirn aktiviert. Wir werden von den Gefühlen praktisch zum Schwingen gebracht – ganz so, als ob wir alle Saiten einer Violine zum Schwingen bringen, indem wir nur eine Saite leicht zupfen. Wir gehen in Resonanz zu dem Menschen, mit dem wir es gerade zu tun haben. Dabei werden die gleichen Gefühle, die wir beim anderen wahrnehmen, regelrecht auf uns übertragen, egal um welches der Grundgefühle es sich dabei handelt.

UNSERE ERSTE SPRACHE

Emotionen zu fühlen, zu zeigen und darauf auch bei anderen Menschen eingehen zu können, ist also der Grundstein menschlicher Bindung. Die Spiegelneuronen in unserem Gehirn sorgen dafür, dass wir von Geburt an Gesichtleser sind – so essenziell ist diese Fähigkeit. Ein wenige Stunden altes Baby kann das Gesicht seiner Mutter vom Gesicht anderer Menschen unterscheiden. Einige Monate später ist es in der Lage, die verschiedenen Geschlechter auseinanderzuhalten und Emotionen wahrzunehmen. Das Kind erkennt in den Augen der Mutter die Liebe, die sie für es empfindet, denn Pupillen verändern sich bei Gefühlsregungen. Neben den Augen spielt der Mund bei der Entschlüsselung von Emotionen eine zentrale Rolle. Auch deshalb sind die Augen und der Mund die wichtigsten Merkmale im Facereading, wie wir später noch sehen werden (siehe Seite 88). Ihre Anziehungskraft auf uns Menschen ist also von Natur aus in uns angelegt.

Einfache Zeichenfolgen

Aufgrund ihrer zentralen Rolle von Geburt an reagieren schon kleine Kinder auf eine ganz einfache Zeichenfolge, die wir alle kennen: zwei Punkte, die die Augen darstellen, sowie ein darunterliegender Strich, der je nach Ausrichtung einen lächelnden oder traurigen Mund symbolisiert. Interessanterweise sprechen Kinder nicht darauf an, wenn ein Smiley auf den Kopf gestellt wird. Auch die Nase spielt dabei eine untergeordnete Rolle (weshalb sie oft ganz fehlt).

LIES NUN SELBST

Für eine Übung meines deutschen Meisters sollte ich mich eine Stunde lang im Spiegel betrachten. Das ist deshalb eine so interessante Übung, weil wir zunächst in das altbekannte Gesicht blicken, das wir morgens vom Zähneputzen kennen. Doch nach einigen Minuten fängt unser Gesicht dann an, sich zu verändern: Wir sehen plötzlich Dinge darin, die wir vorher nie wahrgenommen haben. Dadurch lernt man, auch bei anderen genauer hinzusehen. Übe dich auch an den Gesichtsausdrücken der Basisemotionen von Seite 176. Besonders herausfordernd ist es übrigens, Mischformen von Gefühlen zu erkennen, die für die intensive Pflege von zwischenmenschlichen Beziehungen wichtig sind. Ich empfehle dir, diese Übung immer wieder im Laufe der Lektüre dieses Buchs zu machen und so an dir selbst die neu erlernten Techniken anzuwenden.

Bei meinen Kursen mache ich als Aufwärmübung oft die Probe aufs Exempel und male in die Mitte eines Kreises zunächst einen waagerechten Strich. Die Leute halten das dann meist für den An-Aus-Knopf eines technischen Geräts. Wenn ich allerdings darüber zwei Punkte male, geht allen ein Licht auf: Die grafische, sehr reduzierte Form von Augen und Mund ist für uns einfach zu dechiffrieren. Am Siegeszug der Smileys ist dies deutlich erkennbar – für die meisten von uns gehören sie mittlerweile in vielen verschiedenen Varianten zum täglichen Kommunikationsrepertoire. Sie sind für uns zu einer Form von Sprache geworden.

Die Sprache des Gesichts unterstützt Kinder im Laufe der Zeit dabei, zu verstehen, was die Gefühle ihrer Bezugspersonen bedeuten. Sie entwickeln daraufhin ihr eigenes Gefühlsleben. Im Laufe der Jahre sammeln Kinder weitere Daten aus Erlebnissen, dem Klang der Stimmen, der Körpersprache und so weiter. Zwischen dem dritten und vierten Lebensjahr sind die Spiegelneuronen voll ausgebildet – Kinder besitzen dann eine eigene Sichtweise auf die Welt. Im Laufe der Zeit entwickeln sie auch das, was wir als Bauchgefühl oder Intuition bezeichnen. Diese Fähigkeit unterstützt uns auch bei der Einschätzung unseres Gegenübers im Facereading (siehe Seite 50). So reicht es einem Forscher der Princeton University zufolge aus, ein Gesicht für eine Zehntelsekunde zu sehen, um uns eine Meinung über unser Gegenüber zu bilden.

Bei zwei Readings während meiner Zeit in Asien durfte ich die Bekanntschaft von Kindern machen, die demonstrierten, wie sich bereits in jungen Jahren eine individuelle Persönlichkeit andeutet – auch wenn das traditionelle Gesichtlesen üblicherweise erst in einer späteren Lebensphase ansetzt.

DER ALTE WEISE IM JUNGEN KÖRPER

In Singapur traf ich auf ein Ehepaar mit einer etwa vierjährigen Tochter. Der Vater war ein höflicher Engländer, wie er im Buche steht, und arbeitete als Yogalehrer. Die Mutter war Malaiin, eine zarte Frau, die mehrere Sprachen sprach. Mit der Tochter, die gerade ihr letztes Jahr im Kindergarten vor sich hatte und nächstes Jahr in die Schule gehen sollte, hatten sie ein großes Problem: Die Kleine war ein echter Naseweis, der sich von niemandem etwas sagen ließ. Die Familienstruktur schien buchstäblich auf den Kopf gestellt, denn das Mädchen sagte den Eltern, wie es zu laufen hat. Wenn der Vater früh von der Yogaschule heimkam, fragte sie ihn: »Warum bist du schon da? Waren die Schüler nicht zufrieden mit dir?«

Auch ihre Mutter nahm sie nicht ganz für voll. Diese arbeitete in einem Teilzeitjob in einem Kaufhaus und war ansonsten als Hausfrau tätig. Sie war eine sehr feinfühlige Frau und wenn sie aus irgendeinem Grund nervös war, riet die Kleine ihr: »Trink eine schöne Tasse Tee oder meditiere, dann geht's dir wieder besser.«

Die Vierjährige zeigte auch ansonsten ein sehr untypisches Verhalten – sie spielte nicht gern und wollte nur lernen und Wissen aufsaugen. Sie legte nicht nur ein beschützendes Verhalten gegenüber ihren Eltern an den Tag, sie kümmerte sich auch um andere Kinder, wenn es ihnen nicht gut ging, und wollte sie vor Erwachsenen beschützen.

Da sie sehr zappelig war, eine große Unruhe in sich trug und sich ständig bewegen musste, was typischerweise auf ADHS hindeutet, sollte das Kind eine medizinische Behandlung erhalten. Bevor sie diese jedoch annehmen wollten, kamen die Eltern auf mich zu: »Eric, kannst du im Gesicht unserer Tochter etwas wahrnehmen, was ihr auch ohne Medikamente weiterhelfen kann?«

»Im Gesicht von Kindern sind normalerweise nicht so viele Informationen zu sehen wie bei Erwachsenen. Doch eure Tochter scheint sich ja ohnehin eher wie eine Erwachsene zu verhalten«, erklärte ich den beiden.

Als ich daraufhin das Kinderzimmer betrat, stürmte die Kleine gleich auf mich zu, machte allerlei Grimassen und wackelte mit dem Kopf. Ich sah, dass sie sehr offensiv gestellte Augen hatte – üblicherweise haben Kinder in dem Alter eine sehr rundliche, ausbalancierte Augenpartie.

Zudem zeigte ihre Stirn sehr viele schon sichtbare Falten. Diese Falten haben nicht unbedingt etwas mit dem Alter zu tun und können sich daher auch schon in jungen Jahren ausbilden. Im chinesischen Gesichtlesen heißt es: »Es steht alles auf der Stirn geschrieben.« Während Stirnfalten, die näher an den Augenbrauen liegen, vor allem für die Vorliebe für materielle Dinge stehen, zeugen Stirnfalten, die weiter oben in Richtung Haaransatz zu sehen sind, für eine Ausrichtung auf idealistische Dinge. Bei der Kleinen befanden sie sich im oberen Stirnbereich, also dort, wo sie eher dem Idealismus zugeordnet werden.

Schon nach einer Minute hatte sie keine Lust mehr auf unser Gespräch und beschäftigte sich lieber mit anderen Dingen. Als ihre Eltern sie fragten: »Willst du nicht zurückgehen zu Eric?«, antwortete ich, dass ich schon genug gehört und beobachtet hatte. Die Eltern wollten direkt an Ort und Stelle mein Feedback hören. Sie waren der Ansicht, dass ihr Kind dabei abschalten und gar nicht zuhören würde.

»Da wäre ich mir nicht so sicher«, sagte ich zu dem Ehepaar. »Lasst uns in die Küche gehen und uns dort austauschen.«

Dort begann ich: »Eure Tochter wirkt in ihrer Art zu denken und zu fühlen wie ein weiser Mensch. Es ist fast ein wenig so, als würde ein alter Meister im Körper eines Kindes stecken. Das, was man mit einem Kind eigentlich in Verbindung bringt, ist hier gar nicht vorzufinden. Euer Kind ist dagegen vielmehr an Weisheit interessiert. Es scheint fast so, als finde es sich von seinem kleinen Körper beengt. Sie will eigentlich was anderes erleben, als es Kinder normalerweise tun.«

Die chinesische Gesichtlesekunst bedient sich manchmal eines bestimmten Bildes, um die Komplexität dieses noch so jungen Wesens zu vermitteln. Es heißt dann: Ein alter Meister lebt in einem Kind weiter.

Bei dem Mädchen schien es so, als sei noch alles offen und gleichzeitig bereits gelebt worden. Ich konnte nicht an einzelnen Merkmalen festmachen, was ich den Eltern über diesen alten Weisen berichtete, der in Gestalt ihrer Tochter daherkam. So etwas macht man unter anderem daran fest, dass sich die gesamte Gesichtsstruktur nicht klar zuordnen lässt. Üblicherweise ist diese bei Kindern oval oder rundlich und trägt Feuer- oder Jadeelemente in sich (siehe Seite 154 oder 150).

Sehr ungewöhnlich war, dass das Kind sehr kleine Pupillen besaß. Ein Kind verfügt normalerweise über große Pupillen, was für seine Verspieltheit, seine Vorstellungskraft und seine Verträumtheit steht. Auch die Mimik des Mädchens war sehr erwachsen und zeigte keine ausladenden Regungen. Form und Gebärdenspiel des Munds zeigten einen Erfahrungsschatz, der noch gar nicht gelebt worden sein konnte.

»Eure Tochter fühlt sich älter und weiser, als sie eigentlich ist. Sie fühlt sich regelrecht von euch eingeschränkt. Es scheint fast so, als würde sie euch als junge Rotzlöffel betrachten.«

Auch wenn beide Eltern darüber erst lachen mussten, stimmte sie diese etwas provokative Aussage sichtlich nachdenklich.

Ich fuhr fort: »Sie liebt euch, aber ernst nimmt sie euch nicht. Eher noch dich als Vater.«

Die Mutter sah mich betreten an und erwiderte: »Wie soll ich weitermachen?«

»Du musst Autorität zurückgewinnen. Aber nicht über Verbote, dann wird sie noch rebellischer. Verbote wären in diesem Fall nicht schlau, denn sie hat im Grunde nichts verbrochen – auch wenn sie sich nicht an die Regeln hält, wann sie etwa zu essen oder zu schlafen hat.«

»Hast du denn eine Idee, was ich stattdessen machen kann?«, fragte mich die Frau.

»Besser wäre, mit ihr Dinge zu unternehmen und ihr Sachen zu zeigen, die sie nicht kann oder kennt.«

Ich forschte etwas nach und fand heraus, dass die Mutter gut Französisch sprach. »Gib ihr deine französischen Bücher zu lesen. So lernt deine Tochter, dass es Grenzen für sie gibt, die für dich als Mutter nicht gelten. Dadurch gewinnst du Oberwasser. Und wenn sie will, kannst du ihr die Sprache beibringen – aber sei nicht überrascht, wenn sie sie bald perfekt beherrscht.« Die

Mutter musste ein wenig schmunzeln. Die Stimmung hatte sich merklich aufgehellt.

Dann betrat die Tochter den Raum und stürmte geradewegs auf mich zu. Sie zeigte auf einmal ein großes Interesse am Gesichtlesen und ich erläuterte ihr daraufhin ein paar ihrer Merkmale näher. Das Mädchen lauschte fasziniert. Mit einem Mal wickelte sie ihre Ärmchen um mich und herzte mich ganz spontan.

Im Laufe der nächsten Monate habe ich die Familie noch ein paarmal wiedergesehen. Das Kind entwickelte sich gut, auch wenn sie ihre altkluge Art nicht verloren hat. Und dennoch ist sie nun viel ausgeglichener und diplomatischer. Gleich nach der Einschulung wurde sie zur Klassensprecherin gewählt und kann dort viele ihrer Talente einsetzen. Wenn sie Fragen hat, kommt sie zu mir. Ich muss mich dann selbst immer wieder daran erinnern, dass sie ein Kind ist – und kein alter Weiser.

DIE ZERREISSPROBE

Auf einem Health Retreat in einem Resort in Thailand traf ich auf einen Deutschen, der eine Anwaltskanzlei besaß, und seine russische Frau. In früheren Jahren eine gefeierte Balletttänzerin, war sie noch heute eine grazile, sehnige Schönheit, zudem künstlerisch sehr begabt. Sie spielte mehrere Instrumente. Ihr Mann war etwa fünfzehn Jahre älter und relativ unsportlich.

Sie hatten ihr kleines etwa einjähriges Kind dabei und sprachen mich mehrmals während des Aufenthalts mit der Bitte an, ihre Tochter zu lesen.

»Es gibt Gesichtleser, die das tun würden. Ich bin allerdings ehrlich gesagt nicht der Überzeugung, dass man in einem so frühen Entwicklungsstadium viel am Gesicht ablesen kann. Erst in der späteren Kindheit und im Jugendalter werden einige wichtige Merkmale ausgebildet, die auf die Persönlichkeit des Menschen hindeuten«, erklärte ich den beiden.

Sie drängten weiterhin darauf und mich beschlich allmählich das Gefühl, dass es bei dem Reading nicht so sehr um das Kind als vielmehr um die Ehe der beiden ging. Ich sagte also zu, mir das kleine Mädchen einmal näher anzusehen, und dachte bei mir, dass sich schon herausstellen würde, was der tiefer liegende Grund für diesen Wunsch war.

Wir trafen uns am darauffolgenden Nachmittag in der Villa, die sie in dem Resort bewohnten. Ich sah an der Kleinen viele für Kinder typische Merkmale: große Augen mit großen Pupillen, zarte, propere Wangen, ein rundes Gesicht. Dies waren alles Anzeichen für die Gesichtsform des Wassers oder des Mondes (siehe Seite 130 oder 158). Diese Gesichtsform ist zusammen mit dem Oval des Metall- oder Jadegesichts (siehe Seite 136 oder 150) in dieser Altersstufe am häufigsten zu finden. Und dies ist auch der Grund, warum es in diesem Alter noch wenig Sinn macht, nach Gesichtsformen zu lesen.

Ich konzentrierte mich daher auf die Stirnfalten des Kindes, denn davon zeigen sie in diesem Alter noch viele. Später verschwinden diese Falten mit der Nahrungsaufnahme und der zunehmenden Hydrierung. Gemäß dessen, was ich im chinesischen Gesichtlesen gelernt habe, zog ich also eine Prophezeiung der Talente zurate. Ob sie als Erwachsene später diese Talente auch leben würde, steht allerdings auf einem anderen Blatt. Denn dafür spielen viele andere soziale Faktoren wie das Umfeld, die Erziehung, die Schule und die Freunde eine Rolle.

Während ich meine Notizen machte, hörte ich, wie das Ehepaar stritt. Ich traute meinen Ohren kaum: Während der Vater insistierte, dass das noch Windeln tragende Mädchen später einmal in seine Fußstapfen treten und seine Kanzlei übernehmen würde, war die Mutter der Ansicht, dass es unbedingt einen künstlerischen Beruf ergreifen sollte. Man mag sich kaum ausmalen, was passiert, wenn das arme Mädchen einmal in die Pubertät kommt.

Ich machte mich also bemerkbar und sagte zu den beiden: »Vielleicht könnt ihr euren Streit für einen Moment unterbrechen, denn ich muss hier als Anwalt des Kindes intervenieren. Um ehrlich zu sein, ist es unschön zu sehen, wie ihr das Kind als Besitz betrachtet und jetzt schon festlegt, wohin seine Reise einmal gehen soll. Wenn ihr das als Wunsch äußern würdet und dabei in Kauf nehmt, dass dieser vielleicht nicht eintritt, ist es etwas anderes als diese Festschreibung.«

Die Eltern sahen mich perplex an. Ich fuhr fort: »Wegen seiner Stirnfalten und auch seiner Augenstellung kann ich euch sagen, dass aus dem Kind wohl alles andere als eine Primaballerina oder eine Anwältin werden wird. Sie ist der Welt zugeordnet.«

Das Kind hatte in diesem Alter bereits Sommersprossen. Im chinesischen Gesichtlesen werden diese als »Sterne des Himmels« bezeichnet und stehen für das sogenannte Talent der Welt – also für einen Menschen, der es liebt, auf Achse zu sein und die Welt zu erkunden (siehe Seite 243). Ihre Stirnfalten waren zudem hoch an der Stirn angesetzt, was darauf hinwies, dass sie sich einmal eher dem Idealismus verschreiben würde. Die Falten waren außerdem durchgängig: Wir hatten es also mit einem kleinen Persönchen zu tun, das genau wusste, was es wollte, und dies auch durchsetzen würde.

»Eure Tochter hat ihren eigenen Kopf, sie will hinaus in die Welt und sie fühlt sich eher ideellen als materiellen Dingen zugehörig. Deshalb glaube ich, dass ihre Wahl einmal weder auf einen künstlerischen noch auf einen juristischen Beruf fallen wird«, sagte ich den Eltern.

Beide waren von meiner Aussage keineswegs begeistert. Sie fühlten sich in ihrem jeweiligen äußerst konträren Ansinnen nicht von mir bestätigt. Die Eltern bedankten sich etwas kühl bei mir und ich verabschiedete mich.

Am nächsten Tag sah ich nach dem Frühstück, dass die Familie bereits abreiste. Ich kam zufällig an der Rezeption vorbei, als sie auscheckte. Da bat mich der Mann noch auf ein Wort.

»Ich muss mich doch noch einmal bei Ihnen bedanken. Mir ging heute Nacht viel durch den Kopf. Ich weiß nicht, ob ich meine Frau umstimmen kann und wie unsere Ehe weitergeht, aber eines weiß ich genau: Wenn meine Tochter keine Lust darauf hat, Rechtsanwältin zu werden und meine Kanzlei zu übernehmen, dann werde ich sie nicht überreden. Ich akzeptiere das – anders als mein Vater es damals bei mir tat«, meinte der Mann.

Ich war erfreut, dass meine Worte zum Nachdenken angeregt hatten. Doch der Mann war noch nicht fertig: »Mein Beruf hat mich nicht glücklich gemacht. Und ich darf es nicht laut sagen, aber auch meine Frau trägt nicht zu meinem Glück bei. Das Einzige im Leben, was mich glücklich macht, ist meine Tochter. Und ich werde nichts tun, was dieses Kind unglücklich macht.«

Mir ging das Herz auf. Es schien also doch noch alles ein gutes Ende zu nehmen.

GESICHTLESEN IM WANDEL DER ZEIT

»Sage es mir, und ich vergesse es.
Zeige es mir, und ich erinnere mich.
Lass es mich tun, und ich behalte es.«
(KONFUZIUS)

Vom Schock meines ersten Facereadings in Südafrika erholte ich mich relativ schnell. Voller Wissensdurst und Enthusiasmus stand für mich vor allem eine Frage im Vordergrund: Wie kann ich Gesichtlesen lernen und anwenden? Dazu konnte ich aber leider weit und breit nichts finden. Nach zahllosen Stunden im Internet war das Einzige, was ich auftreiben konnte, Informationen über eine Form des chinesischen Gesichtlesens – und diese klang alles in allem eher mystisch und schicksalhaft. Damit konnte ich als rational ausgerichteter Typ nichts anfangen.

So schob ich das Vorhaben beiseite und begann eine Ausbildung als Ernährungsberater in einer Heilpraktikerschule. Ich hatte damals aufgeschnappt, dass man über die Ernährung viel für die Gesundheit tun kann. Heute ist diese Erkenntnis ein alter Hut, aber für mich war sie zur damaligen Zeit noch relativ neu.

Da ich aber nach schnellen Antworten für mich und auch für andere Menschen suchte, war ich grundsätzlich nicht geeignet für eine reine Ernährungsberatung. Mein neues berufliches Ziel bestand daher darin, Menschen dabei zu unterstützen, mit Sport und Ernährung zu Gesundheit und Fitness zu gelangen.

Auf einer Fortbildung in Sachsen kam die Lehrerin während einer Pause auf mich zu und sagte: »Eric, du solltest bei deinen Dünndarmproblemen nicht so viel Kaffee trinken.« Ich war überrascht und fragte, woher sie von meinen Beschwerden wisse.

»Das habe ich in deinem Gesicht gesehen«, antwortete sie. Da horchte ich auf. Ich bohrte nach und erfuhr, dass sie das Wissen bei einem älteren Herrn in Niedersachsen erworben hatte, der ein Gesichtleser sei. Ich war sofort Feuer und Flamme und wollte unbedingt die Adresse dieses Mannes erfahren.

Doch ich biss auf Granit. »Dir fehlt der nötige Respekt vor dieser alten Lesekunst. Du bist zu anstrengend und wirst den alten Meister sicher über Gebühr fordern«, würgte sie mein Drängen ab.

Über zwei, drei Wochen hinweg bearbeitete ich sie regelrecht mit allen erdenklichen Mitteln. Aus Sicht eines Facereaders lässt meine ausgeprägte vertikale Stirnfalte schon darauf schließen: Sie wird im chinesischen Gesichtlesen als »hängende Nadel« bezeichnet. Diese steht für einen eisernen Willen, jemanden, der an einem Thema dranbleibt und alles versucht, um sein Vorhaben durchzusetzen. Und schließlich erreichte ich, was ich mir in den Kopf gesetzt hatte: Ich erhielt endlich die Kontaktdaten.

MEIN ERSTER MEISTER

Auf einer Convention für alternative Heilmethoden kurze Zeit später sollte ein Treffen mit jenem Meister möglich sein. Doch schon auf dem Parkplatz geriet ich ins Zweifeln. »Bin ich hier wirklich richtig?«, fragte ich mich, als ich mich umblickte. Überall waren spirituell wirkende Menschen in langen, bunten Gewändern und wallenden Haarmähnen unterwegs. Einige legten Tarotkarten auf der Motorhaube ihrer Autos.

Ich sperrte vorsorglich mein Auto ab und griff zum Sportteil der Tageszeitung – das war eher mein Fall. Fakten, Ergebnisse, kein Getue. In mir arbeitete es weiter. Nach langem Überlegen ging ich auf die Suche nach dem Herrn und machte ihn schnell ausfindig. Zu meiner Erleichterung sah er vollkommen normal aus: Er trug Jeans, ein hellgrünes Poloshirt und besaß eine positive Ausstrahlung. Ich schätzte ihn auf Anfang sechzig, was sich als falsch herausstellte – später erfuhr ich, dass er bereits achtzig Jahre alt war. Ich stellte mich vor und unterhielt mich eine Weile mit ihm. Er wollte Details aus meinem Leben wissen und fragte mich nach meinem beruflichen Hintergrund.

Nachdem ich ihm schließlich von meinem Erlebnis in Südafrika berichtet hatte, sagte er schlicht: »Danke, dass Sie gekommen sind. Ich wünsche Ihnen eine gute Heimreise.«

Ich konnte es nicht glauben. Bevor ich Näheres über die Technik des Gesichtlesens erfahren konnte, wurde ich nach einem kurzen Gespräch wieder weggeschickt. Ich war mehrere Hundert Kilometer gefahren – und das sollte alles gewesen sein? Wütend machte ich mich wieder auf den Weg nach Hause.

Zwei Wochen später bekam ich eine E-Mail mit einer Einladung für ein weiteres Treffen, das bereits zwei Tage später stattfinden sollte. Nur auf Anraten von damals engen Vertrauten begab ich mich erneut auf eine lange Fahrt quer durch Deutschland. Ich hatte wahrlich keine Lust auf weitere verschwendete Zeit.

Überraschenderweise traf ich dort auf nur sieben weitere Menschen. Der Meister teilte uns acht mit, dass er bei der Veranstaltung gezielt nach bestimmten Leuten Ausschau gehalten habe. Und wir, die wir hier standen, könnten seine acht letzten Schüler sein, wenn wir denn Interesse daran hätten. Ich war zunächst skeptisch und vermutete Wucherpreise. Auf meine Frage nach den Ausbildungskosten sagte der Meister zu mir: »Eric, es wird Sie nichts kosten. Nur Ihr Glaubenssystem.«

Damit konnte ich leben – denn meine Ansichten hatten mich bisher nicht weit gebracht. Ich war beruflich hoch aufgestiegen und trotzdem krank geworden. Und so begann meine erste Ausbildung bei einem deutschen Gesichtleser, einem Sonnerschauer.

Im Folgenden stelle ich die Konzepte des westlich geprägten Gesichtlesens vor, bevor es um die Merkmale und Regeln geht. Dieses Buch fokussiert sich auf die Themen Persönlichkeit und Charakter, Talente und Bestimmung eines Menschen. Gleichwohl kann Gesichtlesen zur Ergründung gesundheitlicher Aspekte anhand bestimmter Merkmale eines Menschen dienen.

GESICHTLESEN IM ABENDLAND

Auch Wissenschaftler von berühmten Universitäten wie Harvard, Stanford, Princeton oder Berkeley setzen sich mit der menschlichen Fähigkeit des Gesichtlesens auseinander. Manche Forscher sehen darin dagegen eine Weiterführung der stereotypen Beschreibungen, wie sie unwissentlich der Physiognomie zugeschrieben werden, um die es gleich gehen wird. Kritischen Stimmen ist jedoch zum einen zu entgegnen, dass es durchaus viel Sinn ergibt – denn da unser Gehirn mit den entsprechenden Arealen für die Gesichtserkennung ausgestattet ist, sammelt es auch möglichst viele Informationen im Gesicht des Gegenübers, wie zwei Psychologie-Professoren der New York University schreiben. Es gibt zudem eine Vielzahl an Forschungen darüber (siehe auch Seite 15), dass wir Menschen in Sekundenschnelle im Hinblick auf ihr Aussehen beurteilen: Wir erkennen im Handumdrehen im Gesicht, wie es um die sogenannten »Big Five«, die Persönlichkeitsfaktoren Neurotizismus (emotionale Labilität), Extraversion und Introversion, Offenheit für Erfahrung, Verträglichkeit und Gewissenhaftigkeit bestellt ist. Selbst Kinder im Kindergartenalter schätzen ihr Gegenüber bereits nach diesen Faktoren ein, wie Forscher der Harvard und Princeton University in ihren Studien feststellten. Da die Fähigkeit des Gesichtlesens so wichtig für uns Menschen ist, spielt sie auch in den verschiedenen Kulturen eine zentrale Rolle. Es finden sich Hinweise darauf, dass neben den Chinesen auch andere Kulturen diese Methode für sich einsetzten, wie beispielsweise die alten Ägypter oder insbesondere die Heilkundigen in Griechenland.

So zeugen die Aufzeichnungen eines der bedeutendsten Ärzte der Antike, Hippokrates von Kos (ca. 460–370 v. Chr.), davon. Hippokrates war der Auffassung, dass ein bestimmter Körperbau auf den Charakter eines Menschen schließen lasse. Seine äußerst eindrücklichen Beobachtungen der Gesichter Sterbender finden darüber hinaus bis heute Widerhall. Die heutige Medizin bezeichnet diese antlitzdiagnostischen Merkmale als »Hippokratisches Gesicht« (Facies hippocratica). In einer sehr persönlichen Geschichte auf Seite 30 stelle ich diese Anzeichen näher vor.

Und so werden im Laufe der Medizingeschichte immer wieder Krankheiten mit dem Zusatz »Gesicht« (lat. facies) ergänzt. Hier seien aus einer langen Reihe von Krankheitsbildern nur das Maskengesicht der Parkinsonerkrankung, das Vollmondgesicht des Cushing-Syndroms oder das Löwengesicht im Endstadium der Lepraerkrankung genannt.

Nur wenige Jahre nach Hippokrates verfasste der Philosoph Aristoteles (384–322 v. Chr.) das Werk »Physiognomica« – die älteste systematische Abhandlung der Physiognomik. Auch er stellt darin eine Verbindung von Charakter und äußeren Merkmalen eines Menschen fest.

In den folgenden Jahrhunderten fand dieses Wissen seinen Weg zu den alten Römern, die es ebenfalls zur Diagnostik einsetzten. Ein jähes Ende fand die Anwendung mit der Inquisition. Teile der Kirche verteufelten Gesichtlesen als Magie und so verschwand es wie so viele andere wertvolle Informationen zunächst von der Bildfläche der Geschichte. Auch der gewaltsame Tod zahlreicher Heilkundiger sorgte dafür, dass das Gesichtlesen in Vergessenheit geriet.

Dennoch konnte ein Teil des Wissens überdauern: Ein Comeback feierte die Methode unter dem Schweizer Arzt

Philippus Theophrastus Aureolus Bombastus von Hohenheim, der uns unter dem Namen Paracelsus (1493–1541) bekannt ist. Seine Technik wird als Antlitzdiagnostik bezeichnet. Wie seine antiken Vorgänger war er der Meinung, dass das Äußere eines Menschen mit seinen inneren Vorgängen, sprich mit seinem Gefühls- und Seelenleben, zusammenhängen müsse.

Ein weiterer wichtiger Vorreiter ist der neapolitanische Arzt Giovanni Battista della Porta (Giambattista; 1535–1615). Der Universalgelehrte, der sich mit Literatur, Alchemie, Kryptologie und Gartenbau beschäftigte, brachte 1558 das Werk »Magia naturalis« heraus. Heutzutage würde man es aufgrund seines großen Erfolgs als Bestseller bezeichnen, verhalf es seinem Autor doch zu einem großen Bekanntheitsgrad.

Der Veröffentlichung des Buchs folgte 1560 die Gründung einer Gesellschaft zur Erforschung der Natur – allerdings bestand diese nur für kurze Zeit, da sie auf das Missfallen der katholischen Kirche stieß und daher wieder verboten wurde. Und so setzte sich der Forscher wieder an den Schreibtisch und legte mit seinem Werk »De humana physiognomia« im Jahr 1586 einen wichtigen Grundstein für die Entwicklung der Physiognomik und der Antlitzdiagnostik.

Als einer der wichtigsten Wissenschaftler der Neuzeit hatte er Einfluss auf weitere Ärzte, die dem Gedankengut der Aufklärung nahestanden. Darunter war unter anderem der niederländische Arzt Peter Camper (1722–1789), der zum Professor der Chirurgie in Amsterdam und Groningen avancierte. Zu seinen Hobbys gehörten Zeichnen und Malerei, weshalb er sich auch im Detail mit der Porträtmalerei beschäftigte. Im Zuge seiner bildhaften anatomischen Studien stellte er einen Zusammenhang zwischen menschlichen Gesichtsformen und Charaktereigenschaften fest. Seine physiognomischen Zeichnungen sind auch heute noch viel beachtet. So zieht man beispielsweise für die Beschreibung und Vermessung der menschlichen Kopfform die nach ihm benannte Campersche Ebene zurate.

Eine weitere Gallionsfigur des Gesichtlesens ist der Schweizer Philosoph und Pastor Johann Caspar Lavater (1741–1801). Seine vierbändigen »Physiognomischen Fragmente zur Beförderung der Menschenkenntnis und Menschenliebe« waren so verbreitet, dass sogar Wilhelm von Humboldt und Johann Wolfgang von Goethe sie verschlungen haben.

Genannt werden muss hier aufgrund seiner Versuchsreihen außerdem der Franzose Guillaume-Benjamin Duchenne de Boulogne (1806–1875). Mit einer von ihm entwickelten Elektrotherapie reizte er die Gesichtsmuskeln seiner Versuchsteilnehmer. Von ihm stammt die Bezeichnung »Muskel der Freude« für einen Gesichtsmuskel, der »Musculus zygomaticus major« (großer Jochbeinmuskel) genannt wird und von dem das echte, nicht gestellte Lachen eines Menschen ausgelöst wird (siehe Seite 175). Seine Forschungen waren so bahnbrechend, dass dieses wahre Lächeln auch den Namen »Duchenne-Lächeln« trägt. Der berühmte Evolutionsbiologe Charles Darwin (1809–1882) war der Auffassung, dass es universelle Gefühlsäußerungen gibt, die Menschen mit Säugetieren gemein haben – wie unter anderem die gehobenen Augenbrauen bei Überraschung. Darwin schrieb 1872 im Werk »Der Ausdruck der Gemütsbewegungen bei dem Menschen und den Tieren« seine Beobachtungen dazu nieder. Die Forschung des Emotionsforschers Dr. Paul Ekman beruht auf Darwins Thesen und belegt ihre bis heute andauernde Aktualität.

Weiterhin war Christoph Wilhelm Hufeland (1762–1836), Direktor der Berliner Charité in Berlin und zudem Leibarzt des preußischen Königs Friedrich Wilhelm III., ein entschiedener Vertreter der Physiognomik. Er setzte den Gesundheitszustand seiner Patienten und deren Gesichtsausdruck in Beziehung zueinander.

Darauf fußt die Methode von Dr. Wilhelm Heinrich Schüßler (1821–1898), der die Beobachtung machte, dass sich der Mineralstoffbedarf eines Menschen in dessen Gesicht spiegelt. Und noch mehr: Im Antlitz ließen sich laut Schüßler auch die damit einhergehenden Erkrankungen des Organismus ablesen. Er entwickelte daraus Therapien mit den sogenannten Schüßler-Salzen, die noch heute zahlreiche Anhänger finden.

Carl Huter (1861–1912) wurde durch seine Veröffentlichungen zu einem umstrittenen Vertreter der Physiognomik und Antlitzdiagnostik – insbesondere wegen seiner starken Neigung zur Wertung. In der Urform der Technik findet dies nicht statt, da Menschen mithilfe des Gesichtlesens vorurteilsfrei betrachtet werden. In seinen Schriften zeigt Huter die Zusammenhänge zwischen den Falten eines Menschen, seinem Lebenswandel und seinen Erkrankungen auf. Huter sah außerdem einen Zusammenhang zwischen der Mimik eines Menschen und dessen gesamtem Erscheinungsbild. Daraus entwickelte er die Psycho-Physiognomik. Bis zu seinem Tod veröffentlichte er etwa dreißig umfangreiche Bücher, darunter sein in fünf Bänden zusammengefasstes Hauptwerk.

Auch der Naturarzt Natale Ferronato, der Heilpraktiker Hans-Dieter Bach und der Mediziner Dr. Anton Markgraf trugen zum Ausbau der Antlitzdiagnostik bei. Ferronato führte erstmals den Begriff Pathophysiognomik ein und erweiterte damit die Physiognomik um die Möglichkeit, Krankheiten am optischen Erscheinungsbild zu erkennen.

Diesen Vorarbeiten ist es zu verdanken, dass die Antlitzdiagnostik auch vermehrt ein wirkungsvolles Diagnosewerkzeug von Heilpraktikern, aber auch von Medizinern darstellt und zur Diagnose von Krankheiten und Mangelzuständen beiträgt.

DAS GESICHT DES TODES

Gesichtleser analysieren nicht ständig Menschen. Es wäre schlichtweg unmöglich, zu funktionieren, wenn wir fortlaufend all die Informationen entschlüsseln müssten, die auf uns einprasseln. Um zu vermeiden, dass wir von allen möglichen Botschaften überschüttet werden, fahren wir die Antennen ein – so lang, bis es einen Grund gibt, sie wieder auszufahren und auf Empfang zu stellen.

Doch es gibt Signale, die wir unmöglich ignorieren können. Eines davon ist das sogenannte Hippokratische Gesicht, das Totengesicht. Darunter versteht man bestimmte Merkmale, die Hippokrates um 400 v. Chr. identifiziert und festgeschrieben hat: unter anderem eine spitze Nase, hohle Augen, eingefallene Schläfen, kalte und zusammengezogene Ohren, abstehende Ohrläppchen, eine harte, straffe, trockene Stirnhaut und eine gelb-gräuliche Gesichtsfarbe (siehe auch Seite 26).

Wenn jemand zwei oder drei dieser Merkmale aufweist, bedeutet dies selbstverständlich nicht gleich, dass der Mensch auf der Schwelle des Todes steht. Doch wenn plötzlich fünf oder sechs dieser Anzeichen gemeinsam auftreten, insbesondere mit blutleeren Lippen und einer grauen Färbung zwischen den Augen oder um die Nase und das Kinn, sind dies sehr bedeutsame Todesboten.

Als ich im Juli 2012 in Thailand arbeitete, erhielt mein Vater die Diagnose ALS (Amyotrophe Lateralsklerose), eine unheilbare degenerative Erkrankung des zentralen und peripheren Nervensystems. Von dieser Krankheit betroffene Menschen bauen kontinuierlich an Muskelsubstanz an Armen und Beinen sowie am Sprech-, Kau- und Schluckapparat ab, wobei die Krankheit sehr unterschiedlich verläuft. Der berühmte Physiker und Autor Stephen Hawking oder der Baseballspieler Lou Gehrig waren prominente ALS-Fälle – Letzterer war Namensgeber, da die Erkrankung auch Lou-Gehrig-Syndrom genannt wird.

Üblicherweise lebt ein Mensch nach der Diagnose noch etwa ein bis drei Jahre, als ich aber Ende August nach Hause kam, war ich maßlos darüber schockiert, wie mein Vater aussah: Er hatte stark abgebaut, befand sich die meiste Zeit in einem Rollstuhl. Hin und wieder konnte er auch einen Arm heben, worüber wir uns sehr freuten.

Ich konnte nach und nach die Veränderungen in seinem Gesicht beobachten. Das Auffälligste war wohl, dass aus seinem Gesicht eine Maske wurde – unfähig zu jeglicher Regung.

Mein Vater war ein großer James-Bond-Fan. Als im November der neueste Film in meiner Heimatstadt Karlsruhe gezeigt wurde, wollte er ihn sehr gerne anschauen. Also machten mein Bruder, mein Neffe und ich mit meinem Vater einen Männerausflug ins Kino. Als ich ihn aus dem Auto in den Rollstuhl packte, blickte ich ihm genauer ins Gesicht und war geschockt davon, wie es aussah: Alle Anzeichen des Hippokratischen Gesichts waren nun zu erkennen. Das bedeutete, dass der Tod nicht mehr nur in Wochen, sondern bereits in wenigen Tagen eintreten würde.

Ich bat meinen Neffen, meinen Vater ins Kino zu fahren, und nahm meinen Bruder zur Seite. »Wenn es etwas gibt, was du ihm sagen willst, dann mach es heute oder morgen. Verschiebe es keinesfalls«, sagte ich zu ihm.

Zunächst schienen die Worte nicht zu ihm durchzudringen. Dann verstand er und wir gingen ins Kino. Während des Films konnte ich kaum die Augen von meinem Vater abwenden. Ich wollte, dass sich sein Bild förmlich in mein Hirn einbrannte. Nach dem Film machte ich Fotos von ihm und bat noch eine andere Person, ein Foto von uns vieren zu machen. Ich wusste, dass es das letzte Bild von uns sein würde.

Am nächsten Morgen wachte ich auf und spürte Tränen auf meinen Wangen. Der Trauerprozess hatte begonnen. Ich stand auf und ging direkt zu meinem Vater, der die ganze Nacht geschwitzt hatte, wie meine Mutter berichtete. Das war das letzte Zeichen, das sich zu den anderen gesellte.

Ich hatte nicht mehr lange Zeit, ihm all das zu sagen, was mir auf der Seele lag. So zeigte ich ihm mein letztes Buch und erzählte ihm von einer Rede, die ich kürzlich gehalten hatte – zum Teil wohl, um mir seinen Segen dazu einzuholen, aber auch, um ihm zu zeigen, dass ich in der Lage war, mich fortan um unsere Familienangelegenheiten zu kümmern. Mein Vater hatte ein so starkes Verantwortungsbewusstsein. Mir war klar, dass er nicht eher gehen würde, bevor er nicht wusste, dass sich jemand um meine Mutter kümmern würde.

In dieser Nacht starb mein Vater. Ich habe die Zeichen des Todes schon zuvor bei Menschen gesehen und auch danach. Aber sie so nah zu erleben bei einem so geliebten Menschen, gab mir ein neues Verständnis dafür.

Wenn jemand nur einzelne der Zeichen des Hippokratischen Gesichts aufweist, so warnen sie vor Energieverlust. Mehrere Zeichen weisen dagegen stark darauf hin, dass sich die verlorene Energie nicht mehr erneuern lässt. Sie treten als Todesboten mit der eindringlichen Botschaft auf, den kommenden Weg in Frieden zu gehen.

Für die, die zurückbleiben werden, bilden diese Zeichen eine äußerst wichtige Warnung, die letzten verbleibenden Stunden zu ehren und in Frieden und Liebe miteinander zu verbringen.

DIE ROTE NASE

Einer meiner besten Freunde, der in der englischen Stadt Nottingham wohnt, hatte, solange ich ihn kannte, eine rote Nasenspitze. Um ehrlich zu sein, war mir das zwar aufgefallen, aber da sie ständig vorhanden war, fiel sie für mich nicht mehr so stark ins Gewicht.

Eines Tages fragte er mich geradeheraus: »Eric, sehe ich eigentlich wie ein Alkoholiker aus?«

Ich war ziemlich überrascht und fragte ihn, wie er darauf komme.

»Meine Nase ist dauerhaft rot. Das war nicht immer so. Woran könnte das liegen? Denn so viel Alkohol trinke ich eigentlich nicht.«

Seine Nasenspitze war in der Tat leuchtend rot. Doch bei einem Trinker wäre die rote Nase zusätzlich stark verport gewesen und die Augen würden den typischen glasigen Blick aufweisen. Das Merkmal der roten Nase allein deutet nach den Maßstäben der Antlitzdiagnostik darauf hin, dass Entzündungen im Magen vorliegen. Auch seine fehlenden Nasolabialfalten, die üblicherweise ab den Dreißigern sichtbar sind, waren hierfür ein wichtiger Hinweis.

Manchmal ist eine Magenschleimhautentzündung die Ursache dafür, aber diese hätte noch zusätzliche Symptome wie Magenschmerzen nach sich gezogen. Darunter litt mein guter Freund jedoch nicht. Auch nahm er keine Medikamente ein, die als Nebenwirkung eine Hautveränderung mit sich hätten bringen können. Also vermutete ich, dass die Ursache in seiner Ernährungsweise zu finden war, und forschte nach, welche Nahrungsmittel er häufig konsumierte.

»Ich liebe morgens ein schönes Omelett mit Bacon. Außerdem kriege ich nicht genug von Burgern und Steak. Zwischendurch nasche ich immer wieder Käse in rauen Mengen oder abends vor dem Fernseher eine Tüte Chips.«

Weit und breit kein Wort von Gemüse oder Obst. Stattdessen standen eigentlich nur tierische Fette und reichlich Eiweiß auf seinem Speiseplan. Sein Körper war offensichtlich vollkommen übersäuert. »Du solltest deine Ernährung umstellen. Deine Nase zeigt klar und deutlich, dass deine Gesundheit aus der Balance geraten ist«, sagte ich ihm.

Seine Reaktion sprach Bände: Er blickte mich verzweifelt an und träumte insgeheim vermutlich schon vom nächsten Barbecue mit saftigen Rippchen. »Ich sage ja nicht, dass du auf deine Lieblingsspeisen dauerhaft verzichten musst. Lass dich in jedem Fall beim Arzt durchchecken und ein Blutbild machen. Aber probiere doch, dich etwa dreimal im Jahr für zwei Wochen rein vegetarisch zu ernähren«, schlug ich ihm vor. »Deine Gesundheit wird es dir danken.«

Mein Freund hatte ein Einsehen und probierte es daraufhin eine Zeit lang mit veganer Kost. Die Farbe seiner Nase wandelte sich bereits nach einer Woche in ein gesundes helles Rosa. Sein Schlaf und auch sein Wohlbefinden verbesserten sich stark. Er war von all den positiven Veränderungen so begeistert, dass er daraufhin Veganer wurde.

Als ich ihn ein halbes Jahr später besuchte, sah der Bereich um seine Augen herum allerdings gräulich aus – ein Anzeichen für einen Eisenmangel, der nicht selten bei Menschen zu finden ist, die sich vegan, aber nicht im Sinne der Nährstoffzufuhr ausgewogen ernähren. Für meinen Freund hieß das: Schokolade, Fertigsuppen und Spaghetti. Diesen Wechsel von einem Extrem ins andere hatte ich nun nicht im Sinn gehabt. Deshalb schlug ich ihm vor, es doch mit vegetarischer Ernährung zu versuchen – womit er gut zurechtkommt und sich bester Gesundheit erfreut.

SONNERSCHAU

Die Grundlage meiner Ausbildung im Gesichtlesen fußt auf den genannten europäischen Vorreitern, die Gesichtlesen hauptsächlich für die Diagnostik von gesundheitlichen Problemen nutzten. Mein erster Meister war darüber hinaus auch ein Sonnerschauer. Dieser Begriff kommt von »Sonnheit«, das im Mittelhochdeutschen für Gesundheit steht. Uns ist noch das Wort Besonnenheit geläufig, das die geistige Gesundheit meint.

Im Mittelalter war ein Sonnerschauer ein angesehener Beruf, er geht auf die Erkenntnisse von Paracelsus zurück. In Deutschland gab es eine Schule der Sonnerschauer unter Dr. Kurt Hickethir, der in der Eifel unterrichtete und die Lehren von Dr. Wilhelm Schüßler weiterentwickelte. Er erkrankte während des Ersten Weltkriegs an Malaria und Bechterew, einer unheilbaren rheumatischen Erkrankung, und lebte dank Antlitzdiagnostik und Schüßler-Salzen dennoch Jahrzehnte weiter. Mein erster Lehrer stammte aus diesem Kreis.

Meine Ausbildung bei ihm fand in einem Zeitraum von eineinhalb Jahren statt. Wir verbrachten jeweils einige Tage miteinander und erhielten Unterricht zu verschiedensten Themen. In jeder guten Ausbildung werden jedoch nicht nur Vorgehensweisen und Techniken, sprich rein fachliche Dinge, vermittelt. Wir lernen uns auch selbst besser kennen und blicken manchmal unangenehmen Wahrheiten ins Auge – das gilt insbesondere dann, wenn wir es mit einem Meister zu tun haben, der sich der Vermittlung von Erkenntnis verschrieben hat.

Meine grünen Augen

Mein Glaubenssystem veränderte sich im Laufe der Ausbildung wie angekündigt – und zwar zum Besseren. Aber ich muss zugeben, ich war ein bisschen eingeschnappt, wie wenig von meiner Eitelkeit übrig blieb, nachdem ich ihr ersten Tribut zollte.

Jahrelang erhielt ich Komplimente, dass ich wunderschöne grüne Augen hätte. Ich war ziemlich stolz auf sie gewesen, hatte sie als ein seltenes und mein möglicherweise bestes Merkmal angesehen. Als also mein Lehrer die anderen Schüler darauf hinwies: »Eric hat wirklich kräftig grüne Augen«, fühlte ich mich geschmeichelt.

»Danke«, sagte ich.

»Das ist kein Kompliment«, erwiderte er. »Das ist ein Zeichen, dass zu viel Säure in deinem Körper ist.«

»Was?«, fragte ich erstaunt.

Der Meister erklärte, dass echte grüne Augen eine Rarität und, interessanterweise, seltener bei Männern als bei Frauen zu finden sind. Mit ihnen geboren worden zu sein, ist kein Zeichen für Krankheit, aber er meinte, dass meine Augen von Natur aus eigentlich blau seien. Das mag in meiner frühen Kindheit zugetroffen haben, aber ich hatte keine Ahnung, zu welchem Zeitpunkt sich die Farbe verändert hatte oder dass so etwas überhaupt möglich war.

Meine Recherche ergab, dass Lebensumstände wie Schwangerschaften, Traumata und Viruserkrankungen, sogar das Altern die Augenfarbe verändern können. Es ist also definitiv eine körperliche Veränderung, die nach Aufmerksamkeit schreit. In meinem Fall war die chemische Körperzusammensetzung das Problem.

Die klassische Wissenschaft akzeptiert diese Ansicht nicht vollständig. Aber es gibt viele Mysterien, die sie sich nicht erklären kann. Zum Beispiel das aus einer viel erzählten Geschichte von Dr. Ian Crozier. Er wurde wegen Ebola behandelt, das Virus verkroch sich in eines seiner Augen und es wurde grün. Als er schließlich gesundete, kehrte sein Auge zur blauen Farbe zurück: ein Wunder – aus Sicht der westlichen Medizin.

Für mich sind grüne Augen ein Zeichen dafür, dass mein System angeschlagen ist und durch Verhaltensänderung und Ernährung gestützt werden muss. Ich bin stressanfällig. Da ich das weiß, unternehme ich bewusste Schritte, um die Balance wiederherzustellen, sobald meine Augen grün aussehen. Ich vermeide Überstunden, exzessive körperliche Anstrengungen und, sehr wichtig, ich stoppe mentale Gewohnheiten wie negative Gedankenspiralen, denn diese führen zu Übersäuerung. Seitens der Ernährung vermeide ich Alkohol und Kaffee (eine große Herausforderung für mich) ebenso wie Zucker, Frittiertes und Ähnliches.

Wenn ich übersäuert aussehe, esse ich »clean«, also bewusst und vollwertig. Mit der richtigen Ernährung reinigen uns unsere Organe auf natürliche Weise. Aber es schadet auch nicht, hier und da mal ein bisschen Spirulina, Chlorella oder Ingwer in einen Smoothie zu packen. Ein- oder zweimal im Jahr mache ich eine richtige Cleansekur mit einer strengen Diät.

Ich persönlich handhabe das so. Für jemanden mit einer anderen chemischen Körperzusammensetzung mag das nicht passend sein. Wenn mein Gleichgewicht wiederhergestellt ist, leuchten meine Augen wieder blau.

Sich ändernde Farben sind ein außergewöhnlicher und dramatischer Wink mit dem Zaunpfahl. Aber die Augen zeigen sogar einfache Veränderungen in der chemischen Körperzusammensetzung an. So zum Beispiel die Augen von jemandem, der gerade dabei ist, sich zu betrinken: Sie glänzen angepasst an den Grad des Rausches. Aber am nächsten Tag, wenn der Kater hereinbricht, sind die Augen glanzlos, als läge ein grauer Schleier über ihnen. Jahrelanges heftiges Trinken oder die Einnahme von Drogen wird in den Augen ebenso gespiegelt wie jedes andere Trauma, das man erlitten hat, etwa körperliche Gewalt. Weil die Augen in dieser direkten Art und Weise mit dem Gehirn in Verbindung stehen, sind sie ein gutes Barometer für das eigene Wohlergehen. Beobachte immer wieder deine eigenen Augen und notiere Veränderungen. Wenn sie gräulich aussehen, jucken oder die Sclera, der weiße Teil des Auges, ihre Farbe ändert oder von roten Äderchen durchzogen ist, ist das Gleichgewicht vielleicht nicht mehr intakt. Es lohnt sich, darüber nachzudenken, was gerade los ist und wie du zurück in deine Balance findest.

Als ich noch Schüler war, stellte mein Meister mit schmerzhafter Ehrlichkeit die schlechtesten Eigenschaften seiner Zöglinge heraus. Er sagte zu mir: »Eric, du bist sarkastisch. Manchmal erscheinst du zynisch und herablassend.«

Ich konnte mit der Kritik umgehen – einigermaßen. Das half mir zumindest dabei, mich mit den wenig reizvollen Zügen meines Charakters auseinanderzusetzen. Aber es gab da ein Urteil, das ich nicht ertragen konnte.

Nach der Bemerkung über meine Augenfarbe nahm er sie zudem als dumpf wahr: »Deine Augen glänzen nicht mehr.«

Ich glaube, das ist das Schlimmste, was ein Gesichtleser jemals sagen kann. Es bedeutet, dass Fantasie, Inspiration, Motivation sowie Gesundheit zusammenbrechen – dass die Seele erschöpft ist. Als meine Augen wieder anfingen zu funkeln, wusste ich, dass der Heilungsprozess – physisch und emotional – begonnen hatte.

TECHNOLOGISCHE GESICHTSERKENNUNG

Die Einzigartigkeit unserer Gesichter nutzen auch vermehrt Unternehmen für sich. Man denke zunächst einmal an Smartphones, die anstelle von Touch-ID auch Gesichtserkennung, sprich Face-ID, für das Entsperren anbieten. Sicherlich eine schöne Spielerei, die die Sicherheit unserer Daten erhöhen kann. Doch andere Erfindungen gehen in eine besorgniserregende Richtung.

In den USA, wo ich mich seit 2016 beruflich häufig aufhalte, war es bislang üblich, am Empfang großer Unternehmen ein Foto zur Identifikation von sich anfertigen lassen zu müssen. Bei meinem letzten Besuch im Silicon Valley Anfang 2020 wurde ich zu meinem Erstaunen einfach durchgewunken. Auf meine Nachfrage hin zeigte mir die Empfangsdame auf ihrem Bildschirm ein ganzes Mosaik an Fotos von mir. Viele davon kannte ich selbst nicht, sie müssen wohl von Überwachungskameras stammen.

Zu nennen sind auch technologische Entwicklungen, die fatal sind, wenn sie in falsche Hände geraten. So bietet eine amerikanische App namens »Clearview« die Möglichkeit, ein Foto eines Menschen hochzuladen und damit eine direkte Verbindung zu den Fotos herzustellen, die von diesem Menschen im Internet kursieren. In Zeiten der beliebten Selfiekultur, in der auf Facebook und Instagram zahlreiche Schnappschüsse einer Person existieren, wäre es damit schlichtweg unmöglich, anonym über die Straße zu gehen. Die App wurde, so der Entwickler, für Polizeiermittlungen in den USA zur Verfügung gestellt, um ungelöste Überfälle, Identitätsdiebstähle,

Kindesmissbrauch oder Kapitalverbrechen aufzuklären. Doch nicht nur die Polizei, auch Privatpersonen sollen Zugriff zu dieser App haben. Es mehren sich Berichte über eine unsaubere Geschäftspraxis des Entwicklers – unter anderem über einen Leak der Kundenliste. Das Schreckensszenario, das George Orwell in »1984« ersann, nimmt realistische Züge an.

Auch in China scheint »Big Brother« eine immer größere Rolle zu spielen. So gibt es dort keinen neuen Mobilfunkvertrag mehr, wenn sich der Käufer nicht zu einem Gesichtsscan bereit erklärt. Die Bezahlung funktioniert vielerorts über einen solchen Gesichtsscan, häufig auch das Einchecken am Flughafen oder im Hotel. Bereits seit 2015 müssen alle Onlinekonten mit dem Personalausweis und einem Foto verknüpft sein. Die Regierung plant zudem ein Sozialkreditsystem, bei dem Menschen nach Punkten bewertet werden. Das angebliche Ziel dahinter sei eine gerechtere Gesellschaft. Auch sollen Kameras an Laptops die Stimmung des Nutzers erkennen und bei einem sich nähernden Kunden dazu auffordern, ein Lächeln aufzusetzen.

Neben der erheblichen Einschränkung der Freiheitsrechte liegt die Problematik darüber hinaus darin, dass die künstliche Intelligenz noch nicht ausgereift ist und sie daher eine erhebliche Fehlerquote aufweist. Sobald jemand zum Beispiel etwas an seinem Aussehen verändert, etwa eine Kopfbedeckung trägt, ist die einwandfreie Erkennung nicht mehr gegeben. Auch eine angebliche Klassifizierung von ethnischen Minderheiten, um diese zu überwachen, bietet großen Anlass zur Sorge.

PERSÖNLICHKEIT UND CHARAKTER

»Der Mensch muss lernen, den Lichtstrahl aufzufangen und zu verfolgen, der in seinem Inneren aufblitzt.«

(RALPH WALDO EMERSON)

Gesichtleser sind der Ansicht, dass jeder Mensch mit einer bestimmten Persönlichkeit geboren wird und sich im Laufe des Lebens der Charakter ausbildet. Wie ist das zu verstehen?

Die Persönlichkeit ist das, womit wir auf die Welt kommen. Unsere Talente und Fähigkeiten, unser Potenzial, unsere Stärke sowie unsere Lebensaufgabe – all das ist in uns angelegt. Ob wir diese Dinge auch ausleben können und wollen, steht auf einem anderen Blatt. Wir werden von unserem familiären Umfeld, unseren Freunden, unserer Erziehung, der Genetik sowie von weiteren Umwelt- und Sozialfaktoren geprägt. Auch die Zuwendung und Unterstützung, die wir in jungen Jahren erhalten, ist ein wichtiger Nährboden dafür, wie wir als Menschen wachsen und gedeihen können. All diese Faktoren ebnen unseren Weg, entscheiden darüber, wie wir ihn gehen und wie wir mit Krisen umgehen.

Diese haben selbstverständlich auch Einfluss auf unsere Persönlichkeit. Sind wir eher empathisch und sensibel? Oder durchsetzungsstark und enthusiastisch? Menschlichkeit bedeutet aber kein Entweder-oder. Auch widersprüchliche Züge sind uns Menschen eigen und sogar überaus wichtig, da sie unsere Kompromissfähigkeit fördern – eine der Qualitäten, die wir im menschlichen Miteinander benötigen.

Sind wir jedoch möglicherweise zu große »Charakterköpfe«, können wir uns damit tatsächlich selbst im Weg stehen. Im Laufe unseres Lebens legen wir uns einen Charakter zu. Er ist für uns das Vehikel, um private und berufliche Ziele zu erreichen. Man könnte ihn auch als Identität bezeichnen. Wenn wir uns mit etwas identifizieren, suchen wir eine Gruppe. Wir suchen eine Gemeinschaft und Themen, mit denen wir im Einklang stehen.

Es geht dabei jedoch häufig darum, einer vorgegebenen Meinung zu folgen. Wenn wir auf die sozialen Medien blicken, nehmen wir oftmals Menschen wahr, die eine bestimmte Identität vermitteln möchten.

In Wahrheit grenzen wir uns in dieser Form eher ab. Eine echte Persönlichkeit besitzt Widersprüchlichkeiten und viele Facetten. Eine Identität ist oft konstruiert und damit glatt, ohne Ecken und Kanten. Sie fällt auf durch äußerliche Merkmale wie eine gekünstelte Mimik oder eine antrainierte Körpersprache, möglicherweise auch durch viel Make-up oder Beautybehandlungen. Eine Identität ist nicht per se schlecht, aber wir sollten uns vor Augen führen, dass sie nur einen kleinen Teil der Persönlichkeit widerspiegelt. Dennoch sorgt sie für einen gewissen sicheren Rahmen, für ein Gefühl der Zugehörigkeit und des Schutzes.

DIE WAHRE PERSÖNLICHKEIT LEBEN

Im Facereading geht es im Kern darum, dass wir unsere Persönlichkeit entfalten und zu dem Menschen werden, der in uns angelegt ist. In uns erstreckt sich ein weites Land, voller Entwicklungsmöglichkeiten und unentdeckter Schätze. Wenn wir uns auf die Reise begeben, gibt es unendlich viel zu entdecken. Wenn wir es schaffen, unsere Persönlichkeit mit unseren Talenten und unserer Lebensaufgabe zu ergründen und zu zeigen, leben wir gewinnend, wie wir Gesichtleser sagen. Wir sind authentisch, fühlen uns mit uns selbst und der Welt im Einklang. Es ist der Schlüssel zu tiefer innerer Zufriedenheit.

Haben sich allerdings charakterliche Merkmale herausgebildet, die unserer eigentlichen Persönlichkeit entgegenstehen, blockieren wir uns damit, treten wir vielleicht unsicher auf der Stelle und können wir keine liebevolle Beziehung zu uns selbst oder anderen Menschen aufbauen, dann leben wir verlierend.

Eine gute Verbindung zu anderen

Bestimmte charakterliche Merkmale, die unserer Entfaltung entgegenstehen, bemerken wir möglicherweise erst, wenn wir mit der Nase darauf gestoßen werden. Eines Tages, als wir im Restaurant saßen, sagte mein deutscher Meister aus dem Nichts heraus zu mir: »Eric, Sie können nicht richtig kommunizieren. Wie die Mehrheit der Leute sind Sie bei einem Gespräch vor allem daran interessiert, ob es Ihnen in irgendeiner Weise nützt. Es geht jedoch um ein echtes Interesse am Menschen und nicht an der Rolle, die er einnimmt. Von heute an setzen Sie sich, wenn wir unterwegs sind, immer zu fremden Leuten an den Tisch und sprechen mit ihnen.«

Ich war geschockt – schließlich hatte ich jahrelang in der Medienbranche gearbeitet, unter anderem als Journalist, Radiosprecher und im PR-Bereich. Ich hielt die Idee für vollkommen verrückt. Und doch tat ich es. Ich bekam die unterschiedlichsten Reaktionen: Während man mich im Süden Deutschlands herzlich aufnahm, in Österreich etwas skeptisch beäugte, hielt man mich in der Schweiz für distanzlos, als ich mich vor dem Tisch mit anderen Personen aufbaute und fragte, ob ich mich dazusetzen dürfe.

Im Laufe der Zeit gelang es mir, meinen großen Widerwillen zu überwinden. Ich lernte dadurch, mich ohne Erwartungen auf ein Gespräch einzulassen und mich von meinem Bauchgefühl leiten zu lassen.

MERKMALE IM GESICHT

Ob wir selbst oder das Gegenüber, mit dem wir es zu tun haben, gewinnend oder verlierend leben, können wir sehr schnell im Gesicht ablesen. Und zwar auf recht simple Art und Weise: Leuchten die Augen? Gehen die Mundwinkel nach oben? Besitzen wir zusätzlich zu den optisch wahrnehmbaren Anzeichen eine gute Intuition, gibt uns auch unser Bauchgefühl dazu Auskunft. Die positive Nachricht lautet: Dieses können wir gezielt schulen (mehr ab Seite 50).

Augen und Mund sind im Facereading, wie wir bereits gesehen haben, die zentralen Merkmale. Auch die Form unseres Gesichts, ob es rundlich, kantig, rund oder oval ist, wie unsere Nase und unsere Ohren aussehen, wie wir unsere Haare tragen bis hin zu Muttermalen, Sommersprossen und Falten – all das definiert unsere Persönlichkeit. Solche Merkmale tragen unseren inneren Kern nach außen. Auf diese gehe ich ab Seite 73 näher ein. Zunächst geht es in der folgenden Geschichte darum, wie unterschiedlich doch zwei auf den ersten Blick sich ähnelnde Menschen sein können, und es geht um einen jungen Mann, der zwischen zwei Welten hin- und hergerissen ist.

ZWEI UNGLEICHE FREUNDINNEN

Eines Tages kamen zwei Freundinnen zu mir zum Reading, die sich schon seit der Schulzeit kannten. Das war etwas ungewöhnlich, da mich meist entweder einzelne Leute oder Paare aufsuchen. Doch hin und wieder einmal kommt auch das vor. Es war erstaunlich, wie ähnlich sich beide sahen – so sehr, dass sie nach eigener Aussage oft für Schwestern gehalten wurden. Die beiden Frauen hatten einen ganz ähnlichen Körperbau, waren sehr gepflegt und mochten scheinbar beide figurbetonte, dunkle Kleidung. Nur die Haare der einen waren heller als die der anderen.

Nachdem die eine von ihnen einen Beautysalon gegründet hatte, aus dem schnell eine Kette wurde, stieg die andere Freundin mit ein. Als sie mir das erzählten, dachte ich zunächst, dass ich für sie arbeiten sollte.

Doch es kam anders – sie wollten tatsächlich ein Reading, und das mit einer ungewöhnlichen Fragestellung. Beide waren schon so lange miteinander befreundet, teilten einen ähnlichen Freundeskreis und hatten den gleichen Arbeitsalltag. Und doch schien die eine der beiden eine viel positivere Einstellung zu haben, viel glücklicher zu sein als die andere.

Die blonde Frau sagte zu mir: »Meine Freundin sieht die Welt leichter und farbenfroher, als ich es tue. Immer wenn etwas Positives in unseren Geschäften passiert, ist sie außer sich vor Freude. Ich achte nur auf mögliche Gefahrenquellen. Während sie die geborene Optimistin ist, scheine ich der geborene Schwarzseher zu sein. Woran liegt das?«

»Bestimmt ist es nicht einfach, das in unserem Gesicht zu sehen, weil wir uns so ähnlich sehen. Aber vielleicht kannst du etwas erkennen?«

Als ich sie mir genauer betrachtete, sah ich Ähnlichkeiten. Beide hatten starke Kieferknochen, die für Menschen stehen, die sich durch alles durchbeißen. Die Persönlichkeit der beiden schien sehr stark zu sein. Ich brachte beide zum Lachen, als ich ihnen sagte: »Eure Kiefer zeigen mir, dass ihr so produktiv seid, dass ihr vor nichts haltmacht.«

Ihre Gesichter waren so ähnlich, dass deutlich wurde, dass sie ähnliche Interessen und Werte teilten. Augen und Mund sind die wichtigsten Merkmale im Gesichtlesen. Sie haben immer das letzte Wort. Als ich den Mund der blonden Frau musterte, fiel mir sofort auf, dass er größer war als die Lippen. Dieses Merkmal steht für einen Menschen, der sehr zurückhaltend ist in dem, was er preisgibt (siehe Seite 100). Unterstützt wurde dieser Eindruck durch ihre ständig zusammengepressten Lippen. An den Mundwinkeln waren kleine Grübchen zu sehen, die den verschlossenen Eindruck, den sie ohnehin machte, noch unterstrichen.

Auch wie die Freundinnen ihre Haare trugen, verriet mir viel. Haare scheinen zwar ein recht veränderbares Attribut zu sein, doch wie wir es frisieren, trägt viel über unsere Einstellung nach außen.

Die dunkelhaarige Frau trug ihr kurzes lockiges Haar mit einem Mittelscheitel. Es umrahmte ihr Gesicht, ihre Augen und ihre Stirn waren gut zu sehen. Es verdeutlichte eine starke Offenheit und einen quirligen Geist. Die Stirn ist für das chinesische Gesichtlesen immens wichtig, denn sie fungiert als Landkarte für Gedanken (siehe Seite 119). Sie zu zeigen, steht für einen offenherzigen Geist. Die Augen der Frau strahlten und verdeutlichten nicht nur eine gute Verbindung zu ihren Emotionen, sondern auch ihre Fähigkeit, eine Verbindung zu einem anderen Menschen einzugehen. Sie lebte offensichtlich gewinnend.

Die blonde Frau trug einen sehr langen Pony, der bis in ihre Augen hineinragte. Ihr langes Haar schien aufwendig geglättet zu sein. Das zeigte mir, dass sie nicht nur ihre Emotionen stark zurückhielt, sondern sogar verstecken wollte.

Und so sagte ich ihr: »Du wirkst nicht nur introvertiert, sondern so, als hättest du etwas in dir eingeschlossen. Dein Mund sieht so aus, als würdest du über etwas auf keinen Fall sprechen wollen.«

Ich überlegte kurz, ob es vielleicht auch einen leisen Anflug von Eifersucht gab, weil die Freundin aus Kindertagen ein solch erfolgreiches Unternehmen auf die Beine gestellt hatte. Eine leichte Unzufriedenheit wäre somit verständlich. Doch dann machte ich mir klar, dass eine solche Vermutung im Gesichtlesen nichts zu suchen hat. Gesichtleser gehen streng nur davon aus, was wir deutlich im Gesicht eines Menschen erkennen können.

Als ich sie darauf ansprach, wie sie ihre Rolle im Beautysalon ihrer Freundin sah, antwortete sie: »Ich mag es sehr, mit ihr zusammenzuarbeiten. Ich habe meinen eigenen Bereich, und trotzdem sind wir gute Sparringspartner, wenn es um das große Ganze geht.«

Als sie dabei ihre Haare zurückstrich, bemerkte ich, dass sie in der linken Ohrmuschel ein Piercing trug. Ein Piercing steht allgemein für die Suche nach Erdung und auf der linken Seite für einen fehlenden Halt auf der emotionalen Seite. Dieser Bereich kann auch der mütterlichen Seite zugeordnet werden – die Ohren stehen im chinesischen Gesichtlesen für die Kindheit (siehe Seite 118).

»Ich denke, dass deine Traurigkeit für ein ungelöstes Problem aus Kindertagen steht. Vielleicht war deine Beziehung zu deiner Mutter nicht einfach.« Ich vermutete darin einen wichtigen Grund dafür, warum sie ihr Leben trotz eines ähnlichen Umfeldes in verlierender Art und Weise zu leben schien.

Die Frau nickte daraufhin nachdenklich, aber blieb, wie es ihr Mund schon vorgegeben hatte, stumm. Und doch verrieten ihre Augen, dass ein Prozess in ihr gestartet wurde. Bleibt zu hoffen, dass unsere Unterhaltung ein Schubser in die richtige Richtung war, sich mit ihrem Thema auseinanderzusetzen, um die innere Blockade zu lösen und Zugang zum Glück zu finden.

ZWISCHEN DEN WELTEN

In Berlin kam ein junger Mann, etwa Anfang zwanzig, zu mir ins Reading. Das ist für einen Mann ein ungewöhnliches Alter – die meisten Männer, die zu mir kommen, sind häufig Mitte dreißig aufwärts. Mein Kunde fand Facereading jedoch spannend und hoffte, damit eine Lösung für sein Problem zu finden.

Die Mutter des Mannes war eine dunkelhäutige Südafrikanerin, sein Vater war ein weißer Deutscher. Sein Hautton entsprach einem hellen Braun. Auffällig waren seine Augen: Das rechte Auge war blau und das linke braun. Sie schienen die stark unterschiedlichen Einflüsse seiner Herkunft und eine deutliche

Dysbalance zu verdeutlichen. Zudem besaß er viele Sommersprossen. Die sogenannten Sterne des Himmels, wie sie im chinesischen Gesichtlesen bezeichnet werden, stehen für das Talent der Welt (siehe Seite 243). Sie sind ein Merkmal von Menschen, die es in die Welt zieht.

Als der junge Mann von seinem Leben erzählte, wurde klar, dass er sich zerrissen fühlte. Er wusste nicht so recht, welches Land er als Heimat bezeichnen sollte, und schien enorme Schwierigkeiten mit dem Thema Zugehörigkeit zu haben.

»Ich will nicht mit dir über die unterschiedlichen Kulturen sprechen, aus denen du stammst. Wahrscheinlich hörst du das tagtäglich und es würde mich nicht wundern, wenn du davon genervt bist«, sagte ich zu ihm.

Er sah mich etwas perplex an. Doch ich nahm auch wahr, dass er sich gesehen fühlte.

»Ich möchte mit dir darüber sprechen, dass du erschöpft bist. Das erkenne ich daran, dass die Sclera, so nennt man den weißen Teil der Augen, unter deiner Iris sichtbar ist (siehe Seite 95). Dies stellt ein Merkmal großer Erschöpfung dar. Bist du dessen müde, deine Antwort, deinen Platz in der Welt zu suchen?«, fragte ich.

Der junge Mann nickte. Wie um das Gesagte zu unterstreichen, rieb er sich die Augen, als ob er sich erst jetzt, als ich ihn darauf ansprach, seiner Erschöpfung richtig bewusst wurde. Die innere Anspannung schien sich Bahn zu brechen. Für einen chinesischen Gesichtleser mangelt es einem Menschen, der zwei unterschiedlichen Ländern entstammt, an Balance. Und diese gewinnt er nicht, indem er sich nur einer Kultur zuschreiben möchte. Er gewinnt sie, indem er zu einem Brückenbauer wird. Ganz pragmatisch gesehen, muss er sich auf diese Art und Weise nicht entscheiden und spart Energie.

Ich stellte eine Verbindung zum Reggaemusiker Bob Marley her, ein berühmtes Beispiel für einen schüchternen Jungen, der später seine Lebensaufgabe als Botschafter lebte. Leider nahm sein Leben ein zu frühes Ende. Mit seinen Kräften zu haushalten, ist entscheidend dafür, nicht vorzeitig auszubrennen.

Der junge Mann fiel mir zum Abschied beinahe um den Hals. Zu Beginn des Gesprächs hatte ich fast den Eindruck gehabt, dass er in mir nur einen alten Mann sah. Mit meinem Verständnis für seine Situation erreichten wir Augenhöhe.

VERSTAND UND INTUITION

»Man kann einen Menschen nichts lehren,
man kann ihm nur helfen, es in sich selbst zu entdecken.«
(GALILEO GALILEI)

Gesichtlesen gibt uns eine Anleitung, unseren Verstand und unser sogenanntes Bauchgehirn miteinander in Einklang zu bringen. Wir bekommen bestimmte Werkzeuge an die Hand, um jemanden besser einschätzen zu können. Dank der Vokabeln, die uns das Facereading zur Verfügung stellt, handelt es sich bei der Wahrnehmung eines Menschen um ein mit Einfühlungsvermögen entstandenes Wissen. Auch eher analytisch geprägte Denker – zu denen ich selbst zähle – können mit Lesen dieser Vokabeln, die das Gesichtlesen vermittelt, Merkmale und Muskelbewegungen eines Gesichts entschlüsseln und dann wiederum umgekehrt beim Gefühl für den Menschen ankommen. Egal welche Herangehensweise, ob rational oder gefühlsbetont, beides ist »richtig«. Wir trainieren parallel ganz natürlich den ausgleichenden Zugang.

Durch die Kombination von Wissen und Gefühl erreicht Gesichtlesen eine Vielzahl an Menschen. Jeder kann sich darin wiederfinden. Wenn wir uns für unser Gegenüber interessieren, überreichen wir ihm ein Geschenk, das aus Empathie und Wertschätzung besteht.

Menschen wie ich, die sich eher dem logischen Denken zugehörig fühlen, betrachten einen Menschen und lesen Vokabeln. Darüber erkennen sie den Menschen dahinter und öffnen sich dem intuitiven Gefühl für den Menschen. Menschen, die eher dem Gefühl zugeordnet sind, fühlen sich zunächst in ihr Gegenüber ein. Im zweiten Schritt erkennen sie Details auf der Basis von Merkmalen. Das fördert Sicherheit sowie Orientierung und eröffnet neue Wege.

DIE ROLLE VON EMPATHIE, INTUITION UND INSTINKT

Die Aspekte Intuition, Empathie und Instinkt besitzen großen Einfluss auf unser Erleben. Unter Intuition versteht man die Fähigkeit, Einsichten und Impulse zu erhalten, ohne analytische Verstandesleistungen zu vollbringen. Wir agieren hier eher kreativ, als bewusst zu schlussfolgern – unser Gefühl und unser Verstand arbeiten zusammen, wobei wir diese weniger kopflastig steuern, als sie ganzheitlich zu begreifen. Manchmal erfahren wir sogar unbeabsichtigt einen Geistesblitz.

Auch Empathie spielt im Kontakt mit unseren Mitmenschen eine entscheidende Rolle. Sie ist die Bereitschaft, unser Gegenüber wohlwollend und einfühlsam wahrzunehmen. In einer zugewandten Haltung erfahren wir die Gefühlszustände anderer Menschen, ohne die Situation selbst zu erleben. Wir scheinen zu fühlen, was der andere fühlt. Dies wird meist durch Auslösereize wie das Lesen des Gesichtsausdruckes oder die Erinnerung an ein ähnliches Erlebnis initiiert. Daher kommt die Begrifflichkeit des Mitgefühls. Davon zu unterscheiden ist die kognitive Empathie, von der Psychologen wie Paul Ekman sprechen, wenn Menschen auf mentaler Ebene verständnisvoll agieren können. Sie erkennen mit dem Verstand, was im anderen vorgeht. Der amerikanische Psychologe Arthur Ciaramicoli, dessen Forschung auf der Arbeit des deutschen Psychoanalytikers Heinz Kohut beruht, differenziert den Empathiebegriff dagegen anders gelagert in authentische und funktionale Empathie. Während die authentische Empathie die Grundlage für menschliche Bindung darstellt, kann die funktionale Empathie vollkommen wertfrei eingesetzt werden – mit teilweise schlimmen Folgen.

Ein Zuviel von authentischer Empathie kann dazu führen, dass wir nicht nur mitfühlen, sondern mit dem anderen mitleiden. In diesem Fall ist jedoch weder unserem Gegenüber geholfen noch uns selbst. Denn wenn wir so stark in Resonanz mit dem anderen gehen, dass wir unsere eigenen Bedürfnisse nicht mehr wahrnehmen, ertrinken wir förmlich in Gefühlen. Daher sind ein gesundes Maß und eine gute Abgrenzungsfähigkeit gefragt.

Große Vorsicht ist geboten vor Menschen, die ausschließlich der funktionalen Empathie fähig sind. Diese Art der Perspektivübernahme kann von einer stark negativ geprägten Persönlichkeitsstruktur dafür genutzt werden, die Bedürfnisse des anderen so gut wahrzunehmen, dass das Gegenüber für seine Zwecke manipuliert wird. Mehr darüber ab Seite 201.

BOTOX VERMINDERT DIE EMPATHIEFÄHIGKEIT

Laut verschiedener wissenschaftlicher Studien wie der an der University of Wiscousin-Madison hat eine Botoxbehandlung Einfluss auf die menschlichen Gehirnareale, die für die Entwicklung von Emotionen zuständig sind. Nach einer solchen Behandlung konnten Probanden nur noch die Gefühle beim Gegenüber einschätzen, die mit starkem Ausdruck geäußert wurden. Feinere Unterschiede, die für den Kontakt mit unseren Mitmenschen überaus wichtig sind, gingen jedoch verloren. Offensichtlich lähmt die Behandlung zur Erreichung der Faltenlosigkeit nicht nur die entsprechenden Nerven, sondern auch das Mitgefühl.

Als instinkthaft gelten biologische Verhaltensweisen, die nicht erlernt werden müssen und dabei ein förderliches Leitsystem für unser eigenes Leben einnehmen. Neben biologischen Merkmalen zählen wir intuitiv wahrgenommene Gefühle, die unserem Vorankommen und unserer Sicherheit dienen, zu einem guten Instinkt. Der Unterschied zur Empathie liegt darin, dass Empathie unseren Blick für Bedürfnisse anderer öffnet, während unser Instinkt unserer eigenen Förderung und Leitung dient.

Als Gesichtleser stehe ich für die Mitte. Gesichtleser streben nach Ausgeglichenheit und suchen das Potenzial in einer Situation und bei den Menschen. Denn dort ist oft die Wahrheit zu finden. Extreme dagegen brauchen Leidenschaft. Schon im Wort steckt die Bedeutung: Wer Extremen folgen will, der muss bereit sein, Opfer zu bringen und zu leiden. Es gibt Menschen, die nehmen das möglicherweise nicht als Leid wahr, obwohl sie es selbst in die Welt bringen. Vielleicht tun sie das, weil ihnen ihr Leben nicht aufregend genug erscheint oder weil ihnen die Fähigkeit, sich selbst und anderen Menschen zu vertrauen, fehlt. Gesichtlesen bietet die Möglichkeit, dieses Vertrauen wieder zurückzugewinnen.

Wie uns diese Faktoren beeinflussen

Wenn sich Instinkt und Empathie verbinden, sprechen wir von Intuition. Wir können uns dann von einem »gesunden Bauchgefühl« durch das Leben leiten lassen. Empathie ohne Intuition allerdings macht uns zu einem hilflosen Helfer: Wir werden von Gefühlen übermannt, verlieren uns selbst aus dem Blickfeld und können so auch dem anderen keine echte Unterstützung bieten. Wenn bei einer Person Intuition ohne Empathie auftritt, wird diese im Gesichtlesen als »kalter Botschafter« bezeichnet. Jemand kann dann scharfsinnig seine Beobachtungen wiedergeben, ohne dabei darauf zu achten, wie seine Mitteilung formuliert ist und diese beim Gegenüber ankommt. Und wenn

Instinkt ohne Empathie gelebt wird, haben wir einen »Macher« vor uns – die emotionale Seite bleibt dabei unterrepräsentiert. Wie in so vielen Bereichen im Leben geht es auch hier um die rechte Balance.

GESICHTLESEN UND DIE KLARE SICHT

Gesichtlesen ist nicht esoterisch, auch wenn Menschen die Technik manchmal in Unkenntnis abtun. Es gibt wiederum auch hellsichtige Menschen, die denken, ein Gesichtleser sei völlig verkopft, denn er liest in Gesichtern lediglich nach Merkmalen. Kritik von beiden Seiten ist mir nicht unbekannt – spiritueller Spinner oder gefühlskalter Kopfmensch waren noch die harmlosesten Bezeichnungen, die ich in fünfzehn Jahren zu hören bekam. Die Ausrichtung, die ich von meinen Meistern erlernt habe, beruht auf einer kognitiven Methodik, die sich mit emotionaler Empathie verbindet. Sie fußt auf einer jahrtausendealten Tradition. Es ist nicht von der Hand zu weisen, dass manche der Systematiken mit ihren Bezeichnungen für unsere modernen Ohren vielleicht etwas althergebracht oder vielleicht sogar mystisch klingen. Doch meine Meister waren Männer, die mit beiden Beinen fest im Leben standen – aber klar ist, dass Gesichtlesen das Leben philosophisch betrachtet. Es nutzt Bilder und Weisheiten, um die Information oder Botschaft zu transportieren. Von meinen Meistern habe ich gelernt, Menschen unvoreingenommen und ohne Wertung zu beraten.

So hat mich mein deutscher Meister, wenn ich seiner Ansicht nach zu wenig im Hier und Jetzt verankert war, mit den Worten der Tür verwiesen: »Sie gehen jetzt ein Schnitzel essen und ein Bier trinken. Wenn Sie dann nicht mehr mit dem Kopf in den Wolken hängen, können Sie zurück in den Kurs kommen.« Die erdende Kraft eines Schnitzels ist nicht zu unterschätzen.

Als sein jüngster Schüler kam ich nicht aus der spirituellen oder therapeutischen Richtung, sondern aus dem Management, mit einem Studium der Pädagogik im Gepäck. Für ihn war ich jemand, der in der Lage war, sein Erbe weiterzugeben – indem ich die Bücher verfasse, die er nie schreiben würde. Und das in einer sehr zupackenden Art, mit der ich mich von den anderen Schülern etwas unterschied.

Eines Morgens machte ich vor dem Seminar nach einer Joggingrunde noch ein paar Klimmzüge. Die anderen beobachteten mich, während sie beim Frühstück saßen, und spöttelten etwas darüber, dass für mich der Körper noch eine wichtige Rolle zu spielen schien.

Der Meister schnitt ihnen daraufhin das Wort ab: »Es geht beim Lernen nicht nur darum, den Geist mit Wissen vollzustopfen, um dann heilig durch die Welt zu laufen. Man muss sich dabei auch um seine körperliche Gesundheit kümmern, um möglichst lange beruflich tätig sein zu können.«

An einem anderen Tag sagte er aus dem Nichts heraus mit einem teils ernsten, teils schmunzelnden Unterton: »Eric, wenn ich einmal im Himmel bin und Sie von dort aus in wallenden weißen Gewändern sehe, wie Sie von Frauen mit Palmwedeln begleitet werden, komme ich hinabgestiegen und gebe Ihnen einen Klaps auf den Kopf – dann sitzt auch alles wieder an der richtigen Stelle.«

Und so wurde mein Blick auf das Thema Esoterik geschärft. Gesichtlesen grenzt sich vom Talent der hellen, klaren Sicht auf die Dinge ab.

DIE WAHRNEHMUNG VON HELLSICHTIGEN

Ein Hellsichtiger ist für einen Facereader ebenfalls eine Person, die Gesichter liest – denn jeder braucht einen Kanal, und das Gesicht ist ein hervorragender Kanal und eine überaus gute

Informationsquelle. Ein Hellsichtiger hat es schwer, hellsichtig zu sein, wenn er nicht das Gesicht eines Kunden sieht. Manche erreichen dies über die Stimme, aber auch diese entspringt wie alle fünf Sinne dem Gesicht. Es gibt sogar Gesichtleser, die rein über die Stimme lesen.

Hellsichtige sind Menschen, die etwas wahrnehmen, was andere nicht sehen oder erkennen. Dies könnten aus Sicht eines Gesichtlesers auch andere Menschen, doch diese sind meist so fixiert auf das Faktische, auf die Realität, dass sie nur das für bare Münze nehmen, was ihnen die Logik vorgibt.

Hellsichtige dagegen verlassen sich stark auf ihre Intuition und auf ihre Empathie. Beide Fähigkeiten sind wie die Spiegelneuronen im Hypothalamus verankert, da hier das Gesichtserkennungsfeld sitzt. Die Wahrnehmung hängt mit dem limbischen System zusammen, denn dort werden Prozesse rasend schnell verarbeitet – aus diesem Grund können wir auch Dinge spüren, bevor wir sie bewusst wahrnehmen.

Die Intuition kann unterschiedlich stark ausgeprägt sein – entweder erhalten Menschen diese Fähigkeit gleich mit der Geburt aufgrund eines Talents oder sie wird später durch bestimmte Ereignisse stärker ausgeprägt. Sie kann willentlich trainiert werden, indem wir zum Beispiel raten, wer da gerade anruft oder eine Nachricht schreibt.

Auch Empathie lässt sich auf Wunsch schulen, indem wir uns bewusst häufiger in die Position anderer begeben. Auf diese Weise bauen wir unsere Empathie in kognitiver Form weiter aus, bis wir in der Folge auch emotional empathisch werden – sofern wir darüber hinaus in der Lage sind, unsere eigenen Gefühle gut wahrzunehmen und uns dementsprechend auch in die Gefühlslage von anderen Menschen hineinversetzen zu können.

INTUITION UND INSTINKT IM GESICHT

Diese Talente sind im Gesicht sichtbar – sie zeigen sich in der Falte der Intuition links über der Augenbraue und in der Falte des Instinkts rechts über der Augenbraue. Die Augenbrauen und damit die Falten sind mimisch stark beteiligt – dies verdeutlicht beispielsweise, dass uns im Gespräch etwas klar wird. Ein äußerst starker Hinweis darauf sind weiterhin sehr große, wahrnehmende Augen mit langen Wimpern und großen Pupillen. Dies bezeichnet man im chinesischen Gesichtlesen als Talent der Augen: Jemand ist sehr feinfühlig und empfindsam. Wenn der Blick dieses Menschen dann nicht so stark fokussiert auf sein Gegenüber ist und diese Falten über den Augenbrauen besitzt, dann nimmt er stärker wahr, was sich hinter dem Vorhang befindet – Intuition und Empathie sind dann stark ausgebildet. Es gibt auch Gesichtleser, die auf diese Weise veranlagt sind – dann ist es allerdings vonnöten, dass sie sich zwischendurch auch immer wieder auf das Gesicht fokussieren. Andere Gesichtleser kommen dagegen über den Verstand ins Gefühl, sprich in die Intuition und die Empathie.

Hellsichtigkeit wird dann gewinnend gelebt, wenn sie auch aktiv gelebt wird. Dazugehörig ist ein großer Mund, der in der Lage ist, das Wahrgenommene zu transportieren. Große Lippen sind nicht zwingend erforderlich, da mit ihnen noch mehr Feinfühligkeit ins Spiel käme, die eventuell eher hinderlich ist. Die Größe des Mundes ist deshalb von großer Bedeutung, da sie der so wichtigen Mimik um den Mund herum viele Facetten ermöglicht. Diese sind für das Talent des Ratgebens essenziell (siehe Seite 245). Je mehr Mimik um den Mund herum zu sehen ist, desto mehr wissen wir, dass die Hellsichtigkeit ausgedrückt wird.

Es folgen nun zwei Beispiele, wie unterschiedlich Menschen mit dieser Fähigkeit umgehen – und eine weitere Geschichte darüber, wie gut unser Bauchgefühl arbeitet, wenn wir es nur lassen.

GELEBTE UND UNGELEBTE HELLSICHTIGKEIT

Anfang des Jahres 2020 hatte ich interessanterweise an einem Tag gleich zwei Berührungspunkte mit dem Thema Hellsichtigkeit. Das für mich Überraschende dabei war, dass die ältere Frau ihre hellsichtigen Fähigkeiten nicht gelebt und sie sogar vermieden hatte, während die jüngere Frau diese gewinnend in ihr Leben integriert hatte.

Bei der zweiundsechzigjährigen Dame erkannte ich aufgrund der Lage eines Muttermals, dass sie in ihrem vierundzwanzigsten Lebensjahr ein bedeutsames Jahr erlebt hatte. Darüber hinaus nahm ich an den Merkmalen der Hellsichtigkeit der großen, unfokussierten Augen und der Falten über den Augen schnell wahr, dass sie hellsichtig war, dieses Talent jedoch nicht lebte. Sie besaß einen Mund, der im chinesischen Gesichtlesen als geschlossenes Buch bezeichnet wird. Deutlich wird dies über Linien, die senkrecht von oben nach unten über die Lippen verlaufen und den Mund so aussehen lassen, als wäre er zugenäht (siehe Seite 102). Zudem waren die Lippen kleiner als der Mund selbst, was für jemanden steht, der Geheimnisse in sich trägt (siehe Seite 100).

Im Gesichtlesen gibt es ein System, das verschiedene Gesichtsmerkmale und Talente miteinander verknüpft und darüber zu spezifischen Archetypen kommt (siehe Seite 261). Diese Frau konnte danach dem Orakel zugeordnet werden, doch diesen Archetypen lebte sie nicht.

»Ich kann an Ihrem Gesicht ablesen, dass Sie hellsichtig sind, Ihr Talent jedoch nicht leben. Im Gesichtlesen werden Sie anhand Ihrer Merkmale dem Archetyp des Orakels zugeordnet. Ist in Ihrem vierundzwanzigsten Lebensjahr etwas Bestimmtes vorgefallen?«, fragte ich die Frau.

»In dem Alter hatte ich ein sehr eindrucksvolles Erlebnis. Ich sah vor meinem inneren Auge den Treppensturz meiner Tante,

der am nächsten Tag darauf wirklich so stattfinden sollte. In diesem Jahr sind solche Dinge mehrmals passiert. Das erschreckte mich tief und ich habe mit niemandem darüber geredet. Stattdessen habe ich meine Energie in meinen Job als Buchhalterin gesteckt, um all das zu vergessen«, erzählte mir die Dame.

»Sie kamen zu mir ins Reading, weil Sie mehr über Ihre Berufung erfahren wollten. Ihr Talent ist die Hellsichtigkeit. Und da Sie diese Fähigkeit nicht leben, ist es das, was Sie unterbewusst unruhig macht«, erwiderte ich.

»Es ist nie zu spät dafür, seine Berufung zu leben. Auch nicht mit zweiundsechzig Jahren. Ihre Lebenserfahrung ist nun deutlich höher und Sie verfügen über mehr Selbstsicherheit«, fuhr ich fort.

Mein chinesischer Meister hat das sechzigste Lebensjahr als Fazitjahr bezeichnet. Der Ursprung der Zahl liegt vermutlich darin, dass es zwölf Tierkreiszeichen und fünf Elemente gibt. Viele Menschen überdenken in diesem Alter ihr bisheriges Leben und streben möglicherweise an, ihm eine neue Richtung zu geben. Wenn das Fazit nicht gut ausfällt, verspüren sie den Drang nach Veränderung. Oft heißt es dann: »Wenn ich in Rente bin, setze ich endlich diesen Traum in die Tat um.« Doch wer in diesem Alter noch nicht darin geübt ist, Veränderung in sein Leben zu bringen, andere Facetten zu leben, der wird es später sehr schwer haben, dies noch zu tun.

Meine Botschaft an die Dame war, dieses Talent zu leben, dann könne sie noch viele erfüllte Jahre genießen. Ich verabschiedete mich von ihr mit dem Hinweis, dass sie sich jederzeit bei mir melden könne, wenn sie Unterstützung brauche.

Sie tat dies nie. Meine Befürchtung ist daher, dass sie ihr Talent weiterhin unterdrückt. Sie schien zufrieden damit zu sein, dass ich ihr das Vorhandensein dieser Fähigkeit bestätigte – aber ihr Verstand schien ihr Unterbewusstsein zu blockieren, diese Fähigkeit wirklich gewinnend in die Tat umzusetzen und ihr Leben damit zu bereichern.

Die zweite Frau kam einige Stunden später zu mir. Sie war etwa Ende zwanzig und wies eine Mischung aus verschiedenen Gesichtsformen auf. Dies steht im chinesischen Gesichtlesen für eine komplexe Persönlichkeit. Es war sofort offensichtlich, dass sie ihr Leben gewinnend lebte.

Sie hatte Jura studiert und spürte, dass ihr weniger das Fach an sich, sondern eher der Austausch mit Menschen lag. Ihre Ratschläge wurden von Familie und Freunden sehr hoch geschätzt. Das überraschte mich nicht: Wie ihre Vorgängerin besaß sie einen großen Mund, doch er war nicht »zugenäht«. Er war mimisch sehr aktiv und wandelbar. Mit so einem Mund ist es ein Leichtes, zu unterhalten und Ratschläge zu erteilen.

Auch das Aussehen ihrer Augen ähnelte denen der Dame zuvor: In die Ferne blickende große Augen mit großen Pupillen und feinen Wimpern. Daraus leitete ich kognitiv empathisch ab, dass sie entweder Visionen verfolgte oder tatsächlich hellsichtig war. Die Falten über der Stirn waren jedoch noch nicht stark ausgebildet. Manchmal fordere ich Kunden auf, die Stirn zu runzeln, was ich diesmal jedoch nicht tat – üblicherweise eine gute Methode, um herauszufinden, ob die Falten ausgeprägt sind, und daraus die entsprechenden Rückschlüsse zu ziehen.

»Ich habe mein Studium beendet und frage mich, wie es weitergehen kann«, meinte sie.

Es ging also um das Thema Berufsbild. Mir war klar, dass die junge Frau aus einem ähnlichen Holz wie die hellsichtige Dame geschnitzt war. Aufgrund ihres Alters ordnete ich sie jedoch nicht dem Archetyp des Orakels zu, da ihr die Lebenserfahrung fehlte, um mächtigen Leuten Ratschläge zu erteilen. Ich sah in ihr eher einen Magier der Nacht – einen Menschen, der Licht ins Dunkel bringt und Geheimnisse lüftet (siehe Seite 261). Natürlich im Idealfall zum Vorteil der Menschen.

»Ich sehe dich weniger als Rat gebende Rechtsanwältin vor Gericht, sondern eher als Beraterin für große Unternehmen. Da du gut in die Ferne blicken kannst, könntest du auch gut ins Riskmanagement gehen und dort das Thema Recht einbringen. Dies würde dir unter materiellen Aspekten gut zu Gesicht stehen und du hättest damit ein gutes Auskommen«, sagte ich ihr.

»Möglicherweise reicht dies jedoch nicht aus. Du könntest dich als Hobby mit spirituellen Themen auseinandersetzen. Mit den Jahren hättest du dir dann schon ein zweites Standbein aufgebaut und könntest später hinüberwechseln«, schlug ich ihr vor.

Sie eröffnete mir daraufhin, dass sie bereits mit ebendiesem zweiten Standbein begonnen hatte. Nach ihrem Abschluss habe

sie nie als Anwältin gearbeitet. Während ihres Studiums sei ihr nämlich aufgefallen, dass sie äußerst eindrückliche Wahrnehmungen über Menschen habe. Diese hätten nicht immer etwas mit der Zukunft zu tun. So sagte ein Kommilitone einmal zu ihr, dass er etwas verzweifelt sei, weil er nicht wisse, wie er all den Stoff für die Prüfungen in den Kopf bekommen solle. Sie gab ihm daraufhin den Tipp, dass er von seiner aufmerksamkeitssuchenden Freundin etwas Abstand nehmen solle. Der Freund war vollkommen verdutzt, weil er ihr nie von seiner Freundin berichtet hatte. Dazu gab sie ihm noch einige Tipps praktischer Art, die ihm sehr weiterhalfen, wie er ihr später erzählte.

Vorkommnisse wie diese führten dazu, dass sich immer mehr herumsprach, welche Fähigkeiten die junge Frau besaß. Daraufhin beschloss sie, dies zu ihrem Beruf zu machen. Trotz der Ungewöhnlichkeit ihres Vorhabens war sie sich absolut sicher, dass es funktionieren würde. Ihr Wunsch war es, von mir eine Bestätigung zu erhalten, dass sie auf dem richtigen Weg war.

»Ich kann dir gratulieren, denn du nutzt alle deine Talente. Den einzigen Rat, den ich dir geben kann, ist folgender: Viele Menschen, die sehr früh ihre Lebensaufgabe leben, entfalten sich so stark, dass sie alle anderen Aspekte vernachlässigen und deshalb sehr früh verblühen. Das sieht man beispielsweise an Musikern, die in der Leidenschaft für ihren Beruf völlig aufgehen und dann manchmal ausbrennen oder sogar in jungen Jahren aus dem Leben scheiden«, sagte ich ihr.

Die junge Frau war sehr glücklich mit meiner Einschätzung und versprach, dass sie sich meine Hinweise zu Herzen nehmen würde: nicht jeden Auftrag, der an sie gerichtet werde, anzunehmen und auch öfter Dinge zu tun, die ihr einfach nur Freude bescherten und nichts mit der Lebensaufgabe zu tun hätten.

DAS BERECHTIGTE MISSTRAUEN

Meine Eingangsfrage bei Readings lautet oft: »Wie gut kennen Sie sich selbst?« Ich bin dann äußerst geschockt, wenn Leute sagen: »In- und auswendig.«

Ich würde von mir behaupten, mich etwa zu achtzig Prozent zu kennen. Die restlichen zwanzig Prozent bestehen aus einer interessanten Zeit mit mir, weil ich mich selbst überrasche. Wie gut also kann man jemand anderen kennen wie beispielsweise enge Familienangehörige oder den eigenen Ehepartner? Wenn wir hier fünfzig Prozent erreichen, halte ich das für einen guten Wert.

Aber es ist immer noch mehr, als eine außenstehende Person es kann, selbst ein Therapeut oder auch ein Facereader. Deshalb sage ich meinen Kunden immer: »Vertrauen Sie Ihrem Bauchgefühl!« Das gilt insbesondere dann, wenn sie überzeugt sind, dass es auf einer wahren Kenntnis des anderen beruht und nicht auf einer Unsicherheit, die möglicherweise aus ihnen selbst kommt.

Als eine Frau mit einem Foto in ein Reading kam, bei dem die Hälfte des Mannes von einer Kaffeetasse verdeckt wurde, dachte ich zunächst, sie scherzt.

»Ich kann wahrnehmen, dass er Kaffee trinkt«, zog ich sie ein wenig auf.

»Es tut mir leid, das ist das einzige Bild, das ich auftreiben konnte. Bitte helfen Sie mir weiter.« Sie klang verzweifelt.

Also schaute ich mir den Mann näher an: Offensichtlich baute er mit der Tasse eine Barriere auf. Das ist mir von Polizeibefragungen wohlbekannt, zu denen ich manchmal dazugerufen werde. Damit versuchen Verdächtige häufig, Abstand zu gewinnen.

Da nur die Augen und die Stirn zu sehen waren, konzentrierte ich mich auf diese Merkmale. Der Mann hatte etwa fünf vertikale Falten zwischen seinen Augen. Außerdem wies er zwei horizontale Falten auf der Stirn auf, die eher im unteren Teil angesiedelt waren. Im chinesischen Gesichtlesen ist das der Bereich, der materiellen Dingen zugeordnet wird. Doch während diese üblicherweise entweder durchgezogen sind oder sich wie kleine Häkchen zeigen, die dann als sogenannte »fliegende Vögel« bezeichnet werden – ein Merkmal für jemanden, der viele Ideen hat, aber wenige davon bis zum Ende verfolgt –, waren diese

Falten in sich unterbrochen und ungeordnet (siehe Seite 121). Dies offenbart einen unharmonischen Charakter, vielleicht sogar jemanden, der sich aggressiv verhält.

Unterstützt wurde mein Eindruck von seinen Augen. Sie blickten starr geradeaus, mit nur winzigen, stecknadelgroßen Pupillen und einem fordernden Blick. Beunruhigend war zudem, dass über seiner Iris Sclera, der weiße Teil der Augen, zu sehen war (siehe Seite 95). Dies ist nur bei stark unausgeglichenen Menschen voll negativer Emotionen wie Zorn oder Eifersucht der Fall. Vielleicht war der Mann auf dem Bild auch nur im Moment der Aufnahme wütend, aber angesichts der anderen Merkmale war ich mehr und mehr davon überzeugt, dass es seinem Charakter entsprach.

So traf ich die Aussage: »Diesem Mann würde ich nicht über den Weg trauen.«

»So denke ich leider auch. Der Mann ist mein Ehemann. Freunde und Familie glauben, ich bin verrückt – normalerweise ist er so witzig und liebevoll. Aber in letzter Zeit hat er sich stark verändert«, erwiderte die Frau.

»Ach herrje. Habe ich mit meinem Urteil dazu beigetragen, dass die Frau vielleicht ihre Ehe über Bord wirft – und das nur wegen einiger Merkmale, die ich auf dem Bild gesehen habe?«, fragte ich mich im Stillen.

So setzte ich an: »Ich würde mir lieber noch einen weiteren Eindruck verschaffen, bevor …« Doch die Frau unterbrach mich: »Das ist nicht nötig. Ich kann es tief in mir spüren, dass etwas nicht stimmt. Ich brauchte einfach noch einmal einen unabhängigen Blick von außen.«

Sie schrieb mir später, dass sie das Gespräch mit ihrem Ehemann gesucht und ihn mit seiner Wesensveränderung konfrontiert hatte. Er hatte zugegeben, dass er während ihrer vierjährigen Ehe schon mehrmals fremdgegangen war und zudem eine längere Affäre unterhielt. Ihr Bauchgefühl und meine Analyse der wenigen Merkmale, die ich gesehen hatte, behielten also leider recht. Die Geschichte zeigte mir wieder einmal, dass auf unsere Intuition Verlass ist und wir darauf vertrauen sollten. Das ist auch einer der Kernsätze, die ich meinen Kunden immer wieder mit auf den Weg gebe.

ANWENDUNGSMÖGLICHKEITEN DES FACEREADINGS

»Der größte Vertrauensbeweis der Menschen liegt darin, dass sie sich voneinander beraten lassen.«

(FRANCIS BACON)

Es empfiehlt sich, sich vor der Beschäftigung mit den einzelnen Merkmalen damit auseinanderzusetzen, was du mit dem Gesichtlesen erreichen möchtest. Willst du etwa deinen Partner, Familienmitglieder, Kollegen und Mitmenschen besser verstehen und auf sie eingehen? Wenn dies dein erklärtes Vorhaben ist, so wirst du durch das emphatische Lesen im Gesicht in Zukunft so manches Missverständnis umgehen oder einfach besser einschätzen können, weshalb verschiedene Dynamiken zwischen euch wirken.

Als Hinweis dazu möchte ich dir ans Herz legen: Humor ist ein bewährtes Mittel, um eine Stimmung mit einem Augenzwinkern aufzulockern. So können wir manche Situationen, bei der sich vielleicht ungewollt eine Missstimmung aufgebaut hat, wieder in angenehmere Bahnen lenken – und das auf eine wertschätzende Art und Weise ganz nebenbei. Oftmals wirst du feststellen, dass dein Gegenüber dankbar darauf eingeht und eventuelle Dissonanzen keine weitere Rolle mehr spielen.

Dieses Buch hält eine Vielzahl an Impulsen bereit, wie wir Menschen, die wir lieben, besser erreichen können. Aber nicht zuletzt können wir dadurch uns selbst, was wir benötigen oder wie und warum wir auf eine bestimmte Art und Weise denken, klarer fassen. Diese Form der Selbstreflexion ist ein wichtiger

Schritt dafür, uns selbst besser kennenzulernen, und hilft uns in der Folge dabei, auch unsere Wünsche und Bedürfnisse konkret kommunizieren zu können.

Möchtest du das bereits angesprochene Vertrauen in deine Menschenkenntnis ausbauen, um dich selbst sicherer zu fühlen und gewinnendere und wertschätzende Beziehungen zu leben? Facereading macht möglich, dass du Menschen deutlich klarer wahrnimmst – so kannst du deine Mitmenschen besser fokussieren, anstatt über deinen eigenen Unsicherheiten zu brüten. Oftmals können dann im Rahmen eines klärenden Gesprächs die Beteiligten ihre eigene Haltung deutlich machen.

Im Laufe der Zeit wirst du dein Selbstvertrauen ausbauen und das Wissen wird in dir reifen, was und wer wirklich passend für dich ist. Und das ganz ohne Menschen, mit denen du es zu tun hast, zu verurteilen. Es wird dir leichter fallen, auf der Basis deiner Beobachtungen eigene Entscheidungen zu fällen. Manchmal führt der Weg dann wieder zueinander, manchmal ist es auch in beiderseitigem Interesse, dass jeder wieder seiner eigenen Wege geht. Auch dies kann in vollem Respekt füreinander geschehen.

DEN ERSTEN SCHRITT SELBST GEHEN

Du kannst Menschen wertschätzende Hinweise geben und sie inspirieren. Du solltest aber vermeiden, zu einem Dauercoach für deine Angehörigen und deinen Partner zu werden. Helfende Impulse solltest du immer erst vorsichtig anbieten und niemals ungefragt Ratschläge erteilen (siehe auch Seite 278). Achte insbesondere auch darauf, selbst entsprechend zu handeln. Denn der erste Schritt zum erfolgreichen Erkennen des Anderen beginnt in dir selbst.

DIE INNERE EINSTELLUNG

Das Thema Empathie spielt nicht nur eine entscheidende Rolle für das Lesen von Gesichtern, sondern auch dafür, wie wir unsere Beobachtungen unserem Gegenüber mitteilen. Es beginnt mit unserer inneren Bereitschaft, den anderen Menschen wohlwollend und ehrlich interessiert wahrzunehmen. Auch wie es um das Interesse des anderen bestellt ist, können wir damit besser erkennen. Denn manchmal täuschen Menschen ihr Interesse auch nur vor. Sie sind zwar körperlich in einer Begegnung anwesend, strahlen aber eine Abwehrhaltung aus, da sie gegen ihr eigenes inneres Gefühl handeln.

Vielleicht denkst du, dass solche Situationen, die uns allen durchaus aus dem Alltag bekannt sind, überspielt werden können, ohne dass das Gegenüber es bemerkt, jedoch wird es den Verlauf des Gespräches beeinflussen.

Zunächst kannst du deinem eigenen Gefühl ausreichend Achtung und Vertrauen entgegenbringen und beobachten, ob du selbst bereit bist, einem anderen Menschen innerhalb einer bestimmten Situation wirklich begegnen zu wollen. Je freier du dich dabei fühlst, ganz authentisch zu entscheiden, und je selbstverständlicher es für dich bleibt, auch während eines Gesprächs deine Grenzen zu wahren, desto leichter wird es für dich sein, eine gute Erfahrung für dich und für deinen Gesprächspartner zu ermöglichen.

Im Flow sein

Warst du schon einmal von einem Thema oder einer Sache so begeistert, dass du vollkommen frei von Sorge anderen davon berichtet hast und dabei die in uns allen phasenweise auftretende Angst des »Nichtgenügens« einfach vergessen hast, weil das Gespräch so angeregt war? Auch deine ehrliche Aufmerksamkeit für einen anderen Menschen, sein Gesicht und damit auch seine

Geschichte wird dich vergessen lassen, vermeintlich etwas falsch zu machen oder womöglich ein Detail zu übersehen. Ich möchte dich dazu ermuntern, mögliche eigene Unsicherheiten beiseitezuschieben und dich vor lauter Lernen dennoch auf das zu konzentrieren, was du bereits weißt und dir binnen kurzer Zeit aneignen wirst.

Es geht zu Beginn nicht darum, alle Merkmale im Gesicht deines Gegenübers zu erkennen. Zunächst reicht es völlig aus, einige Merkmale zu erkennen, die zum Anliegen dieses Menschen passen. Schon allein damit hast du sehr viel erreicht. Begnüge dich daher damit und feiere deinen ersten Erfolg. Du kannst stolz auf dich sein!

Erst später kommen weitere Schritte hinzu – zum Erkennen gesellt sich das Benennen der spezifischen Merkmale, die du ab Seite 73 kennenlernen wirst. Darauf folgt das Verbinden der Gesichtsmerkmale, das im Zusammenspiel mit der Mimik des Menschen und spezifischen Hand-im-Gesicht-Gesten erfolgt. Ganz am Schluss steht der Rat, den du dem anderen erteilst, denn ein Facereader ist immer ein Ratgeber. Mehr über diesen Ablauf erläutere ich dir auf Seite 187 – hier gebe ich dir darüber hinaus ein anschauliches Beispiel dafür, wie ein Reading üblicherweise abläuft.

Mit Begeisterung bei der Sache sein

Mit deinem Interesse an diesem Buch und seinen Methoden ist der wichtigste Grundstein gelegt. Es ist der Fokus auf deine Fortschritte, der dich motiviert und immer neu ansetzen lässt. Versuche dem Lernen eine spielerische Komponente zu verleihen. Begeisterung ist die beste Herangehensweise, um uns erfolgreich aus unserer Komfortzone herauszubewegen – hin zu mehr persönlichem Wachstum. Was wir mit Respekt und Liebe anwenden, wird in uns den Wunsch wecken, es stetig zu verbessern. Und das ohne Perfektionismus, der oft aus Angst vor Fehlern oder Konkurrenz entsteht.

Diese Erfahrung führt geradewegs zu mehr Präsenz, die du ausstrahlen wirst. Du schenkst dem Menschen, dem du deine Aufmerksamkeit für die Begegnung widmest, die Hauptrolle, was neben Hemmungen auch Vorurteile lösen wird. Dein Gegenüber darf sich in seiner Vielfalt zeigen und landet weniger in Schubladen. Wer das emphatische Lesen im Gesicht bewusst anwendet, dem bieten sich Chancen, eine Menge neuer und guter Erfahrungen mit Menschen zu machen, die wir zuvor möglicherweise aus Unsicherheit oder erstem Desinteresse gemieden hätten.

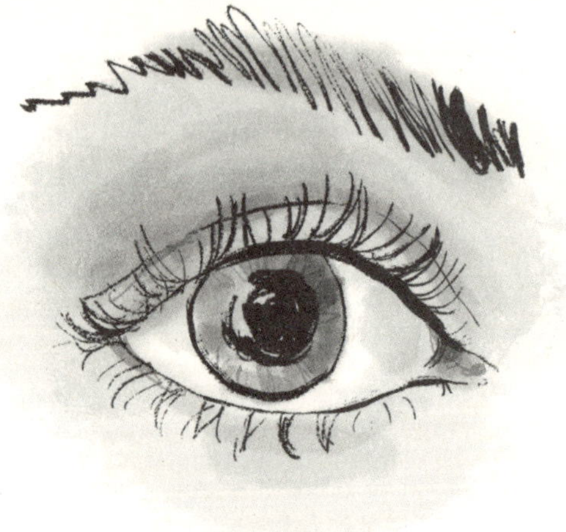

GESICHTS-MERKMALE, MIMIK UND GESTIK

Gesichtlesen lässt sich mithilfe bestimmter »Vokabeln« wie dem Rechts-Links-Vergleich, der Augen-und-Mund-Regel, weiterer Merkmale sowie der Gesichtsformen trainieren. Wir gewinnen wertvolle Erkenntnisse über unsere Mitmenschen und uns selbst, wenn wir um das Zusammenspiel der drei Säulen Gesichtsmerkmale, Mimik und Hand-im-Gesicht-Gesten wissen.

RECHTS-LINKS-VERGLEICH

»Ein Kind kann nichts für sein Gesicht,
jedoch ist der Erwachsene verantwortlich
für seine Erscheinung.«

(KONFUZIUS)

Eines Morgens vor dem Kindergarten saß ich neben meiner Mutter in der Küche. Die anderen Familienmitglieder hatten bereits das Haus verlassen. Ich erinnere mich, wie ich auf die Zeitung blickte, die meine Mutter las. Ich nahm einen Buchstabensalat wahr und wurde ganz traurig. Verzweiflungstränen stiegen in mir auf.

»Was ist denn los, Eric?«, fragte mich meine Mutter besorgt.

»Das sieht doch alles gleich aus! Ich werde nie lesen lernen. Wie soll das denn funktionieren?«, antwortete ich vollkommen niedergeschlagen.

»Nächstes Jahr kommst du in die Schule, dann lernst du das ganz langsam«, versuchte mich meine Mutter zu beruhigen.

»Das glaube ich nicht! Das dauert noch so lange«, rief ich deprimiert aus. Ich weigerte mich an diesem Tag, in den Kindergarten zu gehen.

Meine Mutter spürte wohl, wie wichtig mir das war. So übte sie den ganzen Tag mit mir lesen und schreiben. Auch in den folgenden Wochen unterrichtete sie mich immer nach dem Kindergarten darin. Als ich dann in die Schule kam, konnte ich bereits Druckbuchstaben schreiben und lesen.

Mein eiserner Wille zeigte sich also schon in jungen Jahren. Denn wenn ich etwas erreichen möchte, dann gehe ich jeden Weg. Die Geschichte zeigt auch meinen großen Wissensdurst –

am liebsten war mir der Teil der Zeitung, der über Geschehnisse in der Welt berichtete. Wie später für das Gesichtlesen gilt auch hier: Es gibt viele Buchstaben, viele Vokabeln, die man entdecken darf, bevor man in der Lage ist, sie zu ganzen Wörtern, Sätzen und schließlich einer Geschichte zusammenzusetzen. Auch wenn es zunächst als große Herausforderung erscheint, so werden wir mit Übung und Geduld unsere Fähigkeiten stetig verbessern. Und wer sich keine Zeit nimmt für einen Text, wird es auch schwer haben, in Gesichtern zu lesen.

DER GESICHTSVERGLEICH

Meine Beobachtungen lassen darauf schließen, dass es weltweit zwischen fünfzehn und zwanzig Techniken im Facereading gibt. Ich selbst beherrsche acht Methoden, die ich mir im Laufe der Jahre bei meinen Meistern und Lehrern aneignen durfte. Sie beruhen auf jahrtausendealten Traditionen. Da viele äußerst komplex sind, habe ich daraus für meine Schüler der Face Reading Academy zwei goldene Regeln entwickelt, die für den Einstieg ins Gesichtlesen optimal geeignet sind – der Rechts-Links-Vergleich und die Augen-und-Mund-Regel.

ACHTE AUF DIE »RICHTIGE« GESICHTSHÄLFTE

Beim Lesen deines eigenen Gesichts auf Fotos, aber auch beim Lesen deines Gegenübers siehst du jeweils die andere Gesichtshälfte vor dir. Das heißt, du siehst dich selbst und die Person spiegelverkehrt und musst für die Analyse jeweils die Seiten vertauschen. Es dauert am Anfang etwas, bis du dich an das Umdenken gewöhnt hast.

Der Rechts-Links-Vergleich baut direkt auf unserer intuitiven Fähigkeit des Gesichtlesens auf. Während die linke Gesichtshälfte für die persönliche, emotionale Seite steht, wird die rechte Gesichtshälfte der öffentlichen, materiellen Seite zugeordnet.

RECHTE GESICHTSHÄLFTE

- ◇ Die rechte Gesichtshälfte wird von unserer linken Hirnhälfte gesteuert und steht demnach für unsere rationalen Fähigkeiten, wie Analyse, Logik, Struktur, sowie für Entscheidungsstärke, Kraft und Instinkt.
- ◇ Sie wird der öffentlichen Seite, dem Beruf, aber auch der Herkunftsfamilie zugeschrieben, die insbesondere für das gesellschaftliche Leben zentral ist.
- ◇ Chinesische Gesichtleser bezeichnen die Seite als »Seite des Kriegers«.

LINKE GESICHTSHÄLFTE

- ◇ Die linke Gesichtshälfte wird von unserer rechten Hirnhälfte dirigiert. Sie steht für die Themen der Kreativität, Vision, Gefühl, Empathie und Intuition.
- ◇ Sie wird unserer emotionalen, privaten Seite zugeordnet und steuert Fähigkeiten wie Bindung, Kommunikation und Visionen.
- ◇ Chinesische Gesichtleser bezeichnen die Seite als »Seite des Träumers«.

Wenn wir beim Betrachten eines Antlitzes die jeweiligen Gesichtshälften vergleichen, können wir schnell feststellen, ob sie ausbalanciert sind. Das lässt uns darauf schließen, wie es um die beiden Lebensbereiche steht. Wir sehen im Spiegelbild oder an unserem Gegenüber, ob einer der beiden Persönlichkeitsanteile im Vordergrund steht oder ob es gelingt, beide Seiten gleichermaßen zu leben. Sie offenbaren uns Grundlegendes zur Lebensaufgabe und zum persönlichen Wachstum eines Menschen.

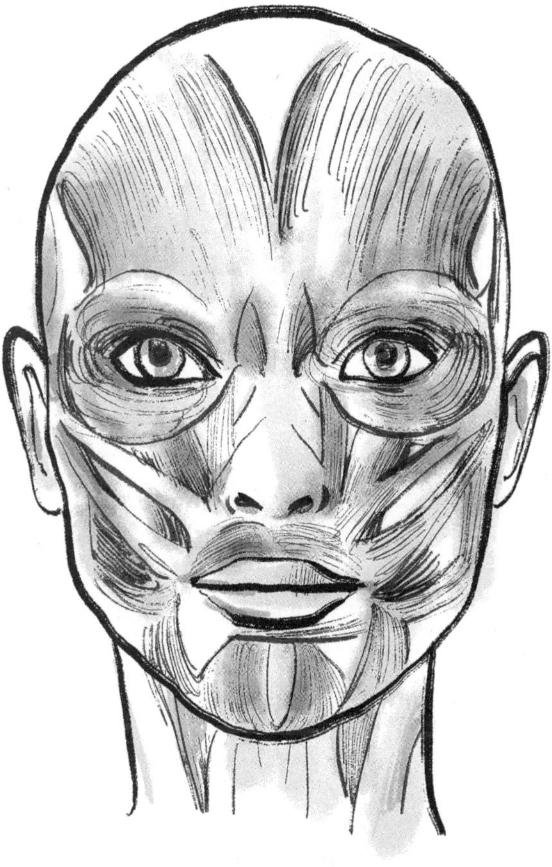

Eine Übersicht der dreiundvierzig Gesichtsmuskeln

Denn ein jedes Gesicht ist vom Aufbau her gleich: Egal aus welcher Kultur wir stammen, wir haben von Geburt an dreiundvierzig Muskeln im Gesicht. Als Kinder besitzen wir noch sehr symmetrische Gesichtszüge, die sich im Laufe unseres Lebens, mit unseren Erfahrungen und unserer inneren Einstellung, verändern.

Mit einem genaueren Blick können wir feststellen, welche Abweichungen es voneinander gibt. Sind die Augen etwa unterschiedlich groß? Besitzt das eine Auge einen Glanz, während das andere dumpf erscheint? Ist der Mund asymmetrisch? Ist möglicherweise eine Kieferseite deutlicher ausgeprägt als die andere? Dies lässt uns schon zu ersten wichtigen Rückschlüssen kommen, die wir dann nach und nach mit den anderen Methoden kombinieren können.

LIES NUN SELBST

Überlege dir zunächst: Leben die Personen auf der folgenden Seite wohl gewinnend oder verlierend? Decke dann mit einem Blatt Papier jeweils eine der Gesichtshälften ab. Wie nimmst du die Gesichtshälften wahr? Wo erkennst du Unterschiede und was könnten sie bedeuten? Was sagt deine Intuition über die beiden Personen? Lass bei den beiden Zeichnungen all das einfließen, was du bislang erfahren durftest.

DIE MUTTER VON ALLEN

Eine Frau aus Dänemark, die extra nach Deutschland zu ihrem Reading anreiste, war vermutlich eine der liebenswürdigsten Personen überhaupt. Sie trug ihr langes blondes Haar in einem dicken Zopf, der über ihrer linken Schulter baumelte. Wenn sie lächelte, bildeten sich kleine Fältchen um ihre Augen herum und sie zeigte Zahnfleisch – ein Merkmal einer Person, die anderen Menschen emotional viel gibt. Sie hatte mehrere u-förmige Falten unter ihrem Kinn, die sich bis zu jeder Wange zogen. Auch diese waren sinnbildhaft für ihre nährende und sorgende Natur, die möglicherweise zu stark ausgeprägt war. Denn eine solche Linie verdeutlicht, dass jemand gerne Verantwortung trägt. Wenn diese Person jedoch mehrere davon aufweist, zeigt dies eine Tendenz, sich bis zur Selbstaufgabe aufzuopfern.

Hinsichtlich ihres Berufsbildes tippte ich auf Kindergärtnerin oder Krankenschwester – und aller Wahrscheinlichkeit nach war sie Mutter. Es stellte sich heraus, dass sie tatsächlich alleinerziehende Mutter zweier Kinder im Schulalter war. Um für den Lebensunterhalt der Familie aufzukommen, arbeitete sie als Chefgrafikerin in einem Museum. Die Abteilungen für Lektorat, Herstellung und Druck berichteten dabei alle an den Chef der Publikationsabteilung.

»Für einen Grafikjob ist meiner nicht schlecht«, sagte sie. »Wir erstellen Ausstellungskataloge und darüber hinaus Karten und Kalender für den Museumsshop. Die Arbeit selbst kann manchmal etwas langweilig sein, aber wir haben es mit wunderschönen Dingen zu tun. Ich bin nicht unzufrieden, aber ich frage mich, ob es nicht auch noch mehr für mich im Leben geben könnte.«

Optisch gesehen lag bei der Frau jede Betonung auf der linken Seite, was bedeutete, dass ihr Handeln und Denken von der rechten beziehungsweise emotionalen und kreativen Hirnhälfte kontrolliert wurde: Ihr Haar lag auf der linken Schulter, auch ihre linke Körperpartie war mir zugewandt. Sogar ihr linker Schneidezahn ragte etwas hervor und überlappte sich leicht mit dem rechten. Im Gesichtlesen stehen die Schneidezähne für das Ego. Ein prominenter rechter Schneidezahn steht für die Wichtigkeit von Logik und materiellen Dingen, während ein auffälliger linker Schneidezahn – wie der ihre – zeigt, dass Gefühle bei der Person im Zentrum stehen.

Als ich ihr davon erzählte, stimmte sie sofort zu. Sie erwähnte zudem, dass sie als Enddreißigerin eine der Ältesten in der Publikationsabteilung sei und das Team, das sie leitete, aus Frauen zwischen zwanzig und dreißig Jahren bestehe.

»Bestimmt sehen deine Kolleginnen in dir eine Art Vorbild oder große Schwester und kommen mit ihren familiären Problemen oder Fragen in Liebesdingen zu dir«, meinte ich.

Auch hier stimmte sie wieder zu: »So ist es – kontrollsüchtige Eltern, leidenschaftliche Liebhaber, schreckliche Herzensbrüche, da ist alles dabei. In das Erwachsenleben zu starten, kann ganz schön hart sein.«

»Du bist zu großherzig, um irgendjemanden zurückzuweisen. Junge Leute spüren, dass du sie akzeptierst, du dich um sie kümmerst und sie gernhast. Aber wer ist im Gegenzug auch so zu dir? Wer bringt dir Liebe auf die Art und Weise entgegen, wie du es bei anderen Menschen tust?«, fragte ich sie.

Ihre Antwort war, dass ihre restliche Familie im Ausland sei, aber sie ihre Kinder hätte – und die Liebe zu ihren Kindern sei grenzenlos.

»Natürlich ist sie das, aber die Liebe zu Kindern ist häufig einseitig. Du bist für sie verantwortlich, aber sie sind es nicht für dich. Was du brauchst, ist ein liebender Erwachsener. Das ist vermutlich das, was du vermisst. Und was ist mit deiner kreativen Arbeit? Du sagst, bei deinem Job kommt etwas herum, auch wenn er manchmal langweilig ist. Aber die Ziele dort sind nicht die deinen. Vielleicht bedeutet dieses »Mehr«, das du suchst, auch, dass du deine eigenen Kunstprojekte starten solltest.«

»Leider kann ich mein Leben momentan so nicht leben«, erwiderte sie. »Ich habe keine Zeit für mich selbst.«

»Das trifft bestimmt auf jede arbeitende Mutter zu, insbesondere aber auf dich. Die Menschen belagern dich so, weil sie unbewusst wahrnehmen, wie großzügig du mit deiner Liebe bist. Für dich ist Geben so natürlich, dass du Nehmen und Kreativität als Luxusgüter ansiehst, während sie für die meisten von uns genau dieses »Mehr« im Leben ausmachen.«

Da kam mir eine Idee: »Zeit für dich zu haben, scheint sehr schwierig zu sein, aber es liegt ein Vorteil darin, mit jungen Menschen zu arbeiten. Warum bittest du nicht auch sie einmal um Hilfe? Frage sie zum Beispiel, ob sie nicht in einem rotierenden System einmal in der Woche auf deine Kinder aufpassen könnten. Das würde dir an einem Abend pro Woche ermöglichen, etwas nur für dich zu tun – sei es mit einem Mann auszugehen, sich mit Freunden zu treffen oder ein neues privates Projekt anzugehen. Es würde bedeuten, Zeit in dich selbst zu investieren.«

Meine Kundin war ganz erstaunt – bislang war sie noch nie auf diesen Gedanken gekommen. »Meine Kinder sind nachmittags mit ihrem schulischen Programm beschäftigt, also hole ich sie immer direkt nach der Arbeit ab. Es ist so schwierig, Babysitter zu finden«, erklärte sie.

»Am besten buchst du die Zeit so fest ein, als würde es sich um einen Termin handeln. Es ist eine Zeit, in der es keine Verantwortung für einen anderen Menschen gibt. Wenn deine Mitarbeiterinnen nicht können, haben sie vielleicht Freunde, die Interesse an einem Zusatzverdienst haben. Junge Leute brauchen immer Geld. Auf diese Art wäre es einfacher für dich, ein ganzes Netzwerk an guten Babysittern aufzubauen, die du kennst und denen du vertrauen kannst, um dir so Zeit für dich selbst freizuschaufeln«, sagte ich.

Manchmal kommt man selbst nicht auf die offensichtlichsten Lösungen für Probleme. Für Menschen, die stark im Geben sind, ist es äußerst schwierig, sich auch nur vorzustellen, einen Abend lang frei von Verpflichtungen zu sein.

Doch ich erklärte dieser »Mutter von allen«, dass sie, wenn sie weiterhin andere Menschen nähre, ohne etwas dafür zu erhalten, irgendwann vielleicht nichts mehr schenken könne. Es mag sich zwar einen Moment lang erfüllend anfühlen – aber an das Gefühl von »Mehr« reichen wir langfristig so nicht heran.

DER VAMPIR

Es gibt Menschen, die uns herunterziehen, ohne dass wir wissen, warum. Einer meiner besten Freunde, dem ich nahegelegt hatte, sich doch etwas mehr zu entspannen, machte eine solche unglückliche Begegnung auf einem Trip nach Indien. In einem Telefonat berichtete er mir, dass er meinem Rat gefolgt sei und dort zum Entspannen, um sich gesund zu ernähren und mehr zu bewegen, in einem Camp teilnahm.

»Einer der Kursleiter stammt aus Spanien. Ich finde ihn toll, aber ich bin nach jeder Kurseinheit vollkommen fertig.«

»Vermutlich hast du deshalb nie Yoga ausprobiert. Du lernst dabei Muskeln kennen, von denen du gar nicht wusstest, dass es sie gibt.«

»Vielleicht hast du recht. Aber eigentlich sollte man meinen, wir fühlen uns hinterher topfit und energiegeladen. An sich bin ich schon sportlich, aber wir hängen hinterher alle nur durch.«

»Halte noch etwas durch und melde dich dann, wie es dir ergeht«, sagte ich dem Freund. Einige Tage später schrieb er mir eine SMS: »Die Stunden machen Spaß, aber hinterher fühle ich mich wie gerädert, irgendwie leer.«

Ich forderte ein Foto des Yogalehrers an und hoffte, so mehr über seine Persönlichkeit herauszufinden. Auf dem Foto sah man, dass der Mann breite Schultern hatte, die auf beiden Seiten unterschiedlich waren. Er schien etwa in den Fünfzigern zu sein, besaß langes braunes Haar und sah auf den ersten Blick gut aus. Sein Gesicht besaß eine anziehende Mischung, die man im chinesischen Gesichtlesen als »warmherzigen Krieger« bezeichnet. Das war vermutlich auch der Grund, warum mein Kumpel ihn so gerne mochte. Ein anderer Grund war ohne Zweifel die sichtbare Spannung in seinem Körper, die der rastlosen Natur meines Freundes entsprach. Sie ging sogar so weit, dass sich die Augen des Yogalehrers etwas hervorstülpten. Wahrscheinlich hatte er deshalb mit Yoga angefangen, um dem etwas entgegenzusetzen.

Der Mann auf dem Bild besaß Tagträumer-Augen – so wird eine Augenform bezeichnet, die viel vom Oberlid zeigt (siehe Seite 96). Auffällig war auch sein sehr anziehender Blick, den Menschen mit Jadegesichtern oft zeigen (siehe Seite 150). Sein Mund war groß, damit schien er ausgesprochen gut im Kommunizieren zu sein. Seine Lippen hatten eine durchschnittliche Größe, waren aber etwas ungleichmäßig, etwas kleiner auf der rechten Seite. Die fehlende Balance könnte darauf hindeuten, dass er gerne mit Worten spielte, entweder zum Wohl oder zum Übel seines Zuhörers.

Auch seine Ohren waren ungewöhnlich, sie saßen tief und endeten daher schon vor dem Bereich der Augen. Das ist bei uns allen im Babyalter der Fall, aber wenn wir erwachsen sind, schließt der obere Teil der Ohren meist auf Höhe der Augen ab. Menschen mit tief sitzenden Ohren wird in der chinesischen Gesichtleselehre ein kalkulierendes Wesen und die Tendenz zugesprochen, Entscheidungen herauszuschieben, weil sie jeden Winkel erkunden wollen (siehe Seite 118).

Zwischen den Augen des Lehrers befand sich eine einzige lange Falte, die man als »hängende Nadel« bezeichnet (siehe Seite 121). Sie kann auf eine große Fähigkeit der Hingabe und Fokussierung hindeuten oder, verlierend gelebt, eine extreme Sturheit und die Missachtung der Gefühle anderer anzeigen. Ich konnte nur aufgrund des Fotos nicht ergründen, ob die hängende Nadel ein Überbleibsel aus der Vergangenheit war, wie zum Beispiel aus einer Businesskarriere, oder aber ob sie aus den aktuellen Umständen herrührte. Nachdem mein Kumpel so erschöpft war, schloss ich daraus, dass der Lehrer immer noch ein hartes Regiment führte.

Zusammengefasst sah ich: Der Yogalehrer war eine ruhelose, kalkulierende Person, die entscheidungsunfreudig war und Menschen stark beeinflusste. Alles nicht gerade positiv. Doch als ich einen Vergleich beider Gesichtshälften machte, konnte ich es nicht glauben: Wenn ich seine linke Seite bedeckte und nur auf die rechte blickte, also seine materielle, analytische Seite, sah ich ein perfektes ovales Gesicht mit einem wunderschönen Auge, um das nur wenige Falten zu sehen waren. Aber wenn ich auf seine linke, emotionale Seite schaute, sah sein Gesicht Furcht einflößend aus.

Das auffälligste Detail war sein linkes Auge. Üblicherweise liegt die Iris, der farbige Teil des Auges, inmitten der Sclera, des weißen Teils. Doch die Iris des Mannes ging so stark ins Innere des Auges, dass nur etwas Weiß sichtbar war. Da sein Augenlid auch noch halb geschlossen war, gab es ihm nach der chinesischen Tradition die Form eines uralten Messers, das auf die materielle Seite seines Gesichts deutete. Alles Anzeichen, die auf eine grausame Natur hinwiesen.

Als ich auf seine linke Gesichtshälfte blickte, erinnerte ich mich an eine Geschichte, die ich einmal gelesen hatte. Darin ging es um einen alten, geheimnisvollen Mann, der in einem Schloss wohnte und junge Dorfbewohner regelmäßig zum Essen einlud. Sie schlugen sich förmlich alle um die Ehre, neben ihm sitzen zu dürfen. Er erzählte während des Essens Geschichten über sein Leben. Als einer der jungen Leute sich die Ahnengalerie näher besah, bemerkte er, dass sich die Gesichter in Teufelsfratzen verwandelten. Und so kamen sie hinter das Ansinnen des alten Mannes: Er stahl ihre Seelen, um länger jung zu bleiben. Sie starben früh und er blieb umso länger am Leben.

»Ist das vielleicht die Methode des Yogalehrers?«, fragte ich mich. »Ernährt er sich von der Energie der Schüler?« Anhand des Fotos konnte ich natürlich nicht viel wahrnehmen, aber es schien etwas dran zu sein. Es gibt Menschen, die ihr eigenes Ego aufblasen, indem sie andere emotional manipulieren und kleinhalten.

Mein guter Freund hatte den Mann als einen solchen negativen Charakter kennengelernt. Der große Vorteil am Gesichtlesen ist, dass es uns dabei hilft, unsere eigene Intuition zu stärken und auf sie zu vertrauen.

Und so konnte ich meinem Freund eine Rückmeldung geben: »Ich glaube nicht, dass du so erschöpft bist, weil du außer Form bist. Der Lehrer scheint auf den ersten Blick charismatisch zu sein, doch dein Körper sendet dir eine Nachricht. Nachdem, was ich in diesem Foto gesehen habe, solltest du aufpassen und lieber die Klasse wechseln. Es gibt bestimmt auch andere Lehrer und nach dem Training mit ihnen wirst du dich besser fühlen.«

AUGEN-UND-MUND-REGEL

»Der Mensch hat drei Gesichter. Das erste zeigt er der Welt. Das zweite offenbart er nur der Familie und engen Freunden. Und das dritte Gesicht kennt niemand.«

(JAPANISCHES SPRICHWORT)

Nachdem mein deutscher Lehrmeister mich von einem auf den anderen Tag ganz ohne Vorwarnung hatte wissen lassen, dass meine Ausbildung nun abgeschlossen sei, brannte ich darauf, mein neu erlangtes Wissen in die Welt tragen zu dürfen. Ich eröffnete also in Karlsruhe ein Studio und bot mich als Gesundheits- und Ernährungsberater an. Mein Ziel war es, anderen Menschen mit meinen Kenntnissen wieder zu guter Gesundheit und mehr Fitness zu verhelfen. Mir selbst ging es zu diesem Zeitpunkt schon erheblich besser.

Doch das Vorhaben sollte kläglich scheitern. Wenn ich es heute im Nachblick betrachte, war es weder der richtige Zeitpunkt noch der richtige Ort gewesen. Die Sterne standen damals denkbar ungünstig für ein innovatives Beratungskonzept und für das Studio hatte ich einen Standort gewählt, der sich in einem nicht gerade kaufkräftigen Viertel befand.

Doch ich ließ mich von diesen ersten Rückschlägen nicht entmutigen. Ich arbeitete eine Weile in einem Café und überraschte die Kunden vor Ort mit all dem, was ich aus ihren Gesichtern las. Ich spürte nach wie vor, wie stark ich mich für das Thema begeistern konnte, doch ich wusste einfach nicht, wie ich davon leben könnte. Also suchte ich nach einer Inspiration außerhalb Deutschlands.

Ich flog nach Südamerika, um mir dort über meine Zukunft klar zu werden, als positiven Nebeneffekt Spanisch zu lernen und mir Sehnsuchtsziele wie Machu Picchu, die Atacama-Wüste oder die Iguazú-Wasserfälle von der Nähe zu besehen. Dabei verlief ich mich eines Tages bei einem Ausflug in der Wüste hoffnungslos, an einem anderen Tag überschritt ich unversehens eine Landesgrenze, ohne ein gültiges Visum in der Tasche zu haben, und zu guter Letzt wurde ich in Kolumbien auch noch für einen Tag entführt – aber das ist eine andere Geschichte. Die Suche nach einem Weg schien weiterhin die Überschrift meiner Lebensgeschichte zu sein.

Ein paarmal las ich auf meiner Reise auch die Gesichter der Menschen, die meinen Weg kreuzten. Die letzte Station sollte Kolumbien sein, bevor ich mich wieder auf die Rückreise nach Deutschland machen wollte.

Als ich in Cartagena gerade einen langen Sandstrand entlangspazierte, sah ich einen Mann, der in den Gesichtern einer amerikanischen Reisegruppe herumdeutete: ein Gesichtleser! Auf meine neugierige Nachfrage hin, was er da genau mache, erläuterte er, dass er Liebeszeichen nach der südamerikanischen Methode Lectura del Rostro entschlüssele. Mit ihrer Hilfe lässt sich herausfinden, ob eine Beziehung unter einem guten Stern steht.

Ich überredete diesen Lebemann, den man zugegebenermaßen nicht als Meister bezeichnen darf, mich in dieser besonderen Technik zu unterrichten. Er willigte ein. Mit ihm lernte ich, auf öffentlichen Plätzen, in Bars und Cafés vor allem Paare zu beobachten – wie sie sich miteinander verhielten und welche Rückschlüsse daraus zu ziehen waren. Seit dieser Zeit, als wir zusammen unterwegs waren, weiß ich: Liebe ist sichtbar. Die strahlenden Augen und der lächelnde Mund von Verliebten sprechen Bände (mehr ab Seite 197). Sie sind nicht ohne Grund die zentralen Elemente im Facereading.

AUGEN UND MUND ALS WICHTIGSTE MERKMALE

Die Augen und der Mund eines Menschen spielen im Facereading eine so große Rolle, dass sie bei der Analyse eines Gesichts immer das letzte Wort haben. Sie sind die wichtigsten Merkmale. Sie sind so herausragend, weil sie am schnellsten veränderbar sind. Beim Gesichtlesen werden eine Vielzahl an Merkmalen zurate gezogen, denn neben dem Rechts-Links-Vergleich und der eigenen Intuition offenbaren Gesichts- und Ohrenform, die Anwesenheit von Falten, Muttermalen oder Piercings und die Frisur viel über unser Gegenüber. Auf diese Merkmale gehe ich im Folgenden an verschiedenen Stellen gezielt ein.

An Kindern verblüfft uns oft ihre vollkommene Begeisterung für jede kleine Winzigkeit, die sie entdecken dürfen. Ihre großen Augen leuchten und der Mund steht häufig offen vor Erstaunen angesichts der Wunder der Welt. Doch im Laufe des Lebens kann es vorkommen, dass es sich verändert und sich aus dem freudvollen kleinen Wesen ein Mensch entwickelt, der ängstlich und voller Skepsis ist und sich vornehmlich innerhalb der Sicherheit der eigenen vier Wände aufhält.

Sind wir uns unsicher, was bestimmte Merkmale bedeuten oder ob der Mensch in gewinnender oder verlierender Art und Weise lebt, dann offenbart der genauere Blick auf diese zentralen Merkmale, wie es um unser Gegenüber bestellt ist. Sie verraten eindrücklich seinen momentanen Gefühlszustand. Mehr noch: Sie zeigen uns auch, ob der Mensch schon über einen längeren Zeitraum hinweg zufrieden mit seiner Geschichte ist – oder vielleicht auch nicht. Denn sie können nicht nur die Freude oder Trauer über eine aktuelle Situation in Form von Mikroausdrücken verdeutlichen (siehe Seite 170), sondern auch vermitteln, ob das Wesen des Menschen schon länger unter starkem Einfluss steht. Sowohl glücklich strahlende Augen als auch ein verkniffener Mund sprechen Bände.

DIE AUGEN ALS TOR ZUR GEDANKEN- UND GEFÜHLSWELT

Die Augen werden als das Tor der Seele bezeichnet. Dieser Vergleich ist in jeder Kultur zu finden. Sie stehen für Intimes, Tiefgründiges. Doch selbst wenn wir nicht an ein Konzept der Seele glauben, liegt auf der Hand, dass sich über die direkte Verbindung der Augen mit dem Hirn Gefühlszustände oder Denkvorgänge indirekt abzeichnen können.

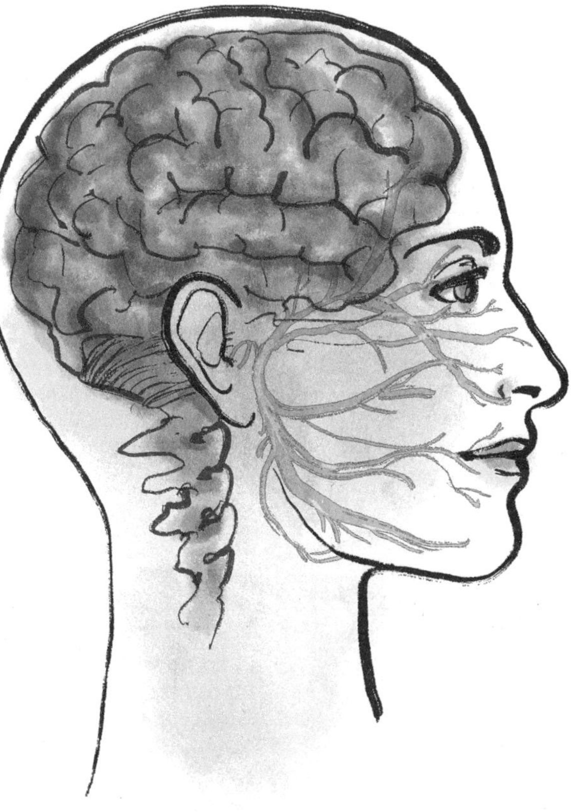

Die Verbindung des Gehirns mit den Gesichtsnerven

Um einen Menschen empathisch wahrzunehmen und eine Verbindung zu ihm aufzubauen, empfiehlt es sich, ihm direkt in die Augen zu blicken und öfter den Blickkontakt zu suchen. Nicht nur die Augenform, sondern auch die Pupillen, die Wimpern und Augenbrauen besitzen eine große Aussagekraft.

Die chinesische Gesichtlesekunst kennt je nach Technik zwischen vierzig und sechzig verschiedene Augenformen. Dabei in Augenschein genommen werden unter anderem ihre Form sowie ihre Größe. Interessanterweise sehen nämlich rein anatomisch gesehen alle Augen nahezu gleich aus. Dass sie dennoch so unterschiedlich sind, liegt in der Ausbildung von Gewebe und Haut begründet, die wiederum mit der Persönlichkeit und dem Charakter eines Menschen zusammenhängen. Wissenschaftler der Orebö University in Schweden haben dabei den Zusammenhang zwischen der Iris und dem Charakter eines Menschen untersucht.

Ich habe hier die Augenformen mit einer Kurzbeschreibung zusammengestellt, die für den Einstieg ins Gesichtlesen hilfreich sind.

Neutrale Augen

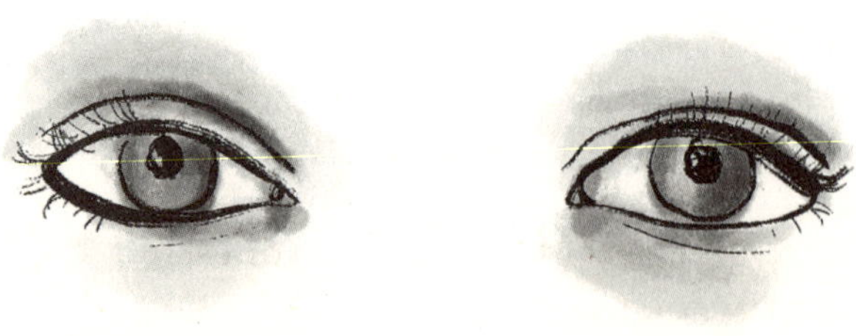

Die Ausgangsform stellen sehr ausbalancierte Augen dar, die ausgewogen in Stellung, Größe und Form sind.

Große Augen

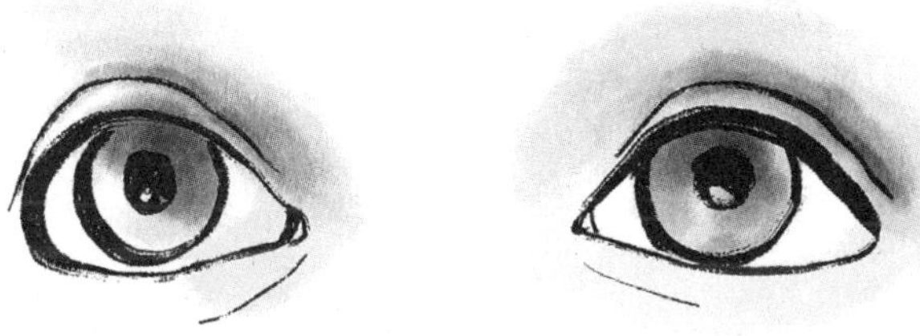

Diese Augenform steht für Dynamik und Leidenschaft. Sie strahlt enorme Präsenz aus, daher verraten sie auch schnell, wie es um die Person in emotionaler Hinsicht steht. Menschen mit diesen Augen können sich schnell öffnen, verfangen sich jedoch auch rasch in emotionalen Situationen.

Kleine Augen

Menschen mit kleinen Augen sind ein Geheimnis für andere – und das nicht aus Vorsatz, sondern weil sie sich selbst nicht gut kennen und dies deshalb unterbewusst ausstrahlen. Sie sind zudem häufig auf Sicherheit aus und befinden sich in einer ständigen Prüfhaltung. Für ihre Mitmenschen gilt: Nimm dir Zeit, diesen Schatz zu öffnen.

Augen mit großen Pupillen

Wenn ein Mensch auch bei normalen Lichtverhältnissen sehr große Pupillen hat, verdeutlicht das, dass er stark der empathischen Seite und dem Gefühl zugeordnet ist. Menschen mit großen Pupillen sind häufig kreativ und verträumt. Sie entscheiden nach ihrem Bauchgefühl und sprechen häufig gefühlsbetont.

Augen mit kleinen Pupillen

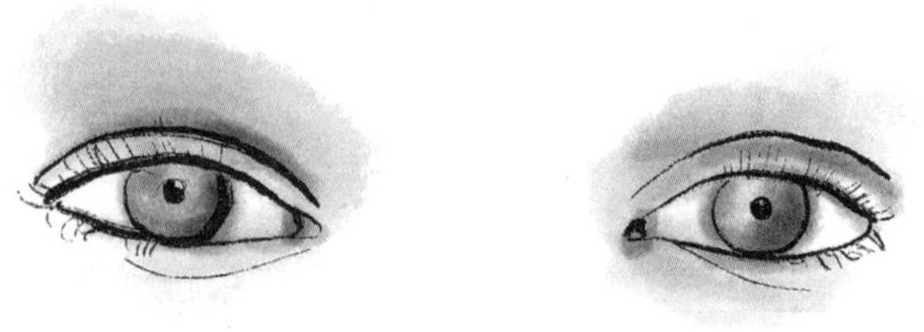

Menschen mit kleinen Pupillen werden der Logik, der Analyse und dem Verstand zugeschrieben. Sie ziehen konkrete Schritte und Informationen langen Überlegungen und Schilderungen vor. Menschen mit großen Pupillen besitzen häufig eine erhöhte Verstandesleistung. Sie sind auch zu tiefen Gefühlsregungen in der Lage, fokussieren sich jedoch meist auf die Analyse. Dabei sollte beachtet werden, dass sich Pupillen auch kurzfristig verengen können, wenn der Mensch sich stark konzentriert oder gerade viele Informationen gleichzeitig auf ihn einprasseln.

Augen mit sichtbarer Sclera unter der Iris

Wenn bei einem Menschen unter der Iris Sclera zu sehen ist, deutet dies auf eine starke Erschöpfung hin. Manchmal ist dies auch der Fall, wenn es sich um eine stark verträumte Person handelt. Sollte nur unter einer Iris Sclera zu sehen sein, ist das ein Hinweis darauf, in welchem seiner Lebensbereiche die Kraft schwindet.

Augen mit sichtbarer Sclera über der Iris

Sollte Sclera über der Iris zu sehen sein, ist das ein großes Warnzeichen. Es weist darauf hin, dass die Person heftigen Zorn oder Eifersucht empfindet. Von einer derart aggressiven Person sollten wir Abstand gewinnen.

Tagträumer-Augen

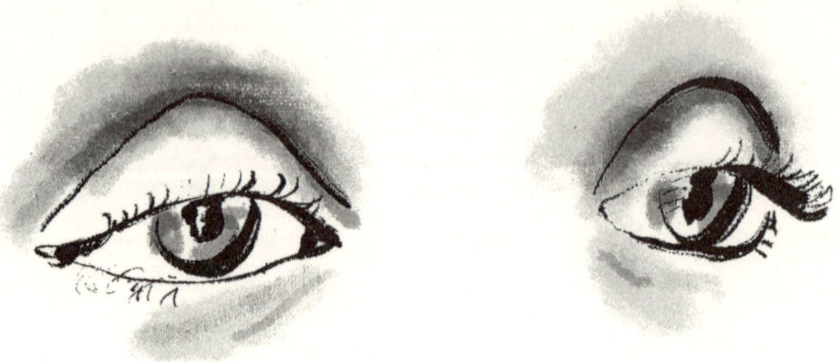

Als Tagträumer-Augen werden Augen bezeichnet, bei denen viel vom Oberlid zu sehen ist. Sie verdeutlichen, dass für diesen Menschen die Nacht nicht zum Träumen ausreicht. Er hängt auch gern tagsüber mit dem Kopf in den Wolken. Tagträumer-Augen stehen für Kreativität und zielgerichtete Visionskraft.

Augen der Gefälle

Diese Augenform fällt durch ihre große Asymmetrie auf – ein Auge steht dabei deutlich höher beziehungsweise tiefer als das andere. Im Gesichtlesen deuten diese Augen darauf hin, dass diese Menschen in ihrer ersten Lebenshälfte vor größere Herausforderungen gestellt sind. In ihrer zweiten Lebenshälfte, mit zunehmender Lebenserfahrung, können sie die Erkenntnisse aus den vorausgegangenen Jahrzehnten erfolgreich umsetzen.

Yin-Yang-Augen

Diese Augenform wird auch als Tag-und-Nacht-Augen bezeichnet. Die Augen sind unterschiedlich geformt, liegen aber im Gegensatz zu den Augen der Gefälle auf gleicher Höhe. Sie stehen für einen Menschen mit einer großen emotionalen Bandbreite. Dadurch sind sie von ihrer Persönlichkeitsstruktur nicht einfach zu »nehmen« und werden häufig missverstanden. In Liebesdingen sagen sie manchmal das eine und tun das andere, was zu Schwierigkeiten führen kann.

Dynamische Augen

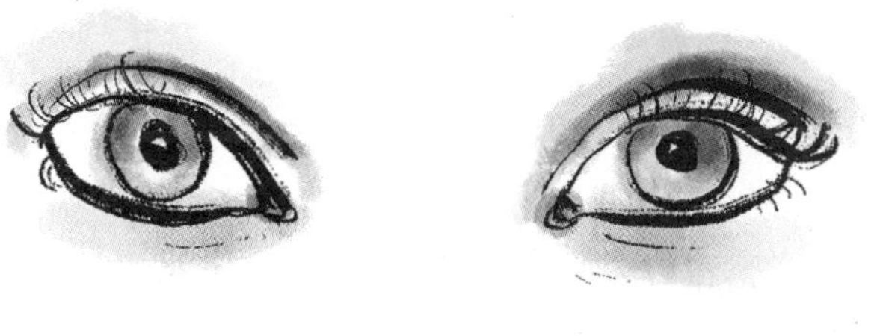

In überzeichneter Form ist diese Augenform in Comics oder Zeichentrickfilmen bei den Figuren zu finden, die die Helden darstellen. Diese Augenstellung steht demnach für Menschen, die äußerst proaktiv und dynamisch in ihrem Wesen sind. Sie müssen nicht angeschubst werden, sondern gehen ein einmal gefasstes Ziel entschieden an.

DER MUND ALS SINNBILD DER PERSÖNLICHKEIT

Der Mund steht für die drei Ks – also für Kommunikation, Küssen und Kreativität. Der Mund unseres Gegenübers verdeutlicht, ob jemand mit Freude seine Gefühle und Gedanken teilt oder ob er diese eher für sich behält. Auch verrät die Mimik des Mundes viel über die Lebenseinstellung eines Menschen. So zeigt ein verkniffener Mund deutlich, dass sich diese Person stark zurückhält. Ein Mund, der beim Sprechen in eine bestimmte Richtung geht, verdeutlicht, in welchem der Bereiche der Mensch sich eher zu Hause fühlt.

Darüber hinaus sind unter anderem die Mund- und Lippengröße, die Färbung, eventuelle Falten oder Grübchen wie auch das Vorhandensein von Symmetrie oder die Stellung der Zähne Merkmale, die beim Gesichtlesen ins Gewicht fallen. Auch ob eine Person Zahnfleisch beim Lachen zeigt, spielt eine Rolle. Letzteres wird auch als »Merkmal des Gebenden« bezeichnet, da dies auf eine Großherzigkeit hindeutet – bei der sich die Person in manchen Fällen selbst zu vergessen scheint. Im Folgenden findest du eine kleine Auswahl an verschiedenen Mundformen.

Volle Lippen

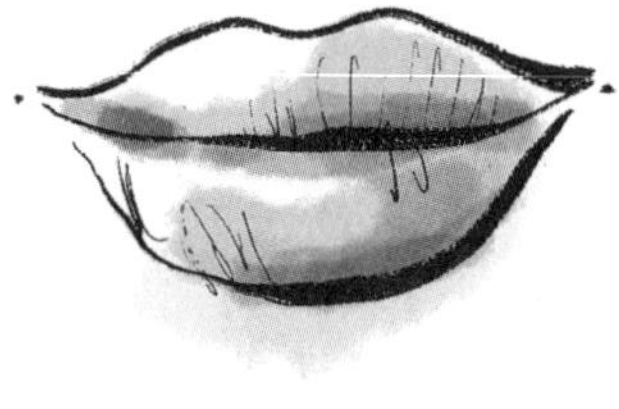

Menschen mit vollen Lippen sind extrovertierte, kommunikative Menschen. Sie sind gute Redner und lieben ausgedehnte Gespräche. Auch wenn Austausch für sie so wichtig ist, sollte man bei ihnen nicht jedes Wort auf die Goldwaage legen.

Schmale Lippen

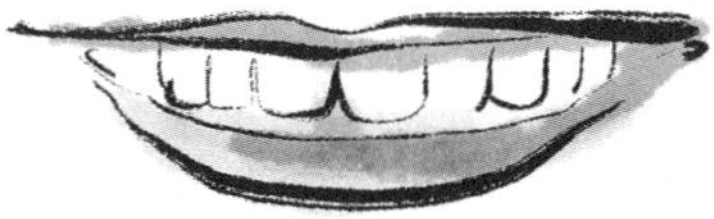

Menschen mit schmalen Lippen suchen sich ihren Gesprächspartner gezielter aus. Das heißt, sie kommunizieren meist auch gerne, jedoch gezielter. Je schmaler die Lippen sind, desto wortgewandter ist ein Mensch. Sie verdeutlichen, dass er jedoch wenig über sein Inneres spricht und möglicherweise auch mit dem Loslassen hadert.

Mund ohne Lippen

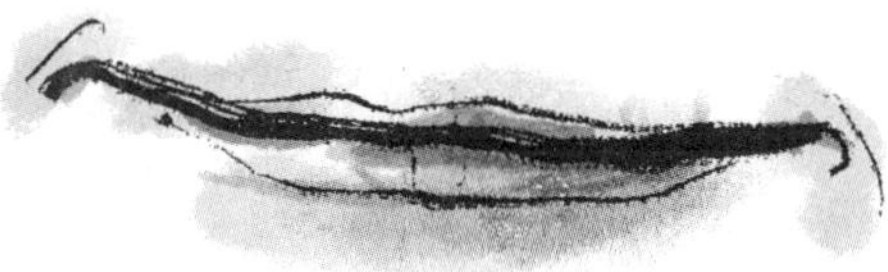

Die Steigerungsform der schmalen Lippen ist der Mund ohne Lippen. Hieran erkennt man eine deutliche Fokussierung auf materielle Dinge. Er ist häufig bei Geschäftsleuten zu finden, die mit Menschen in ihrer Umgebung über alles sprechen können, jedoch nicht über persönliche, emotionale Dinge.

Schiefer Mund

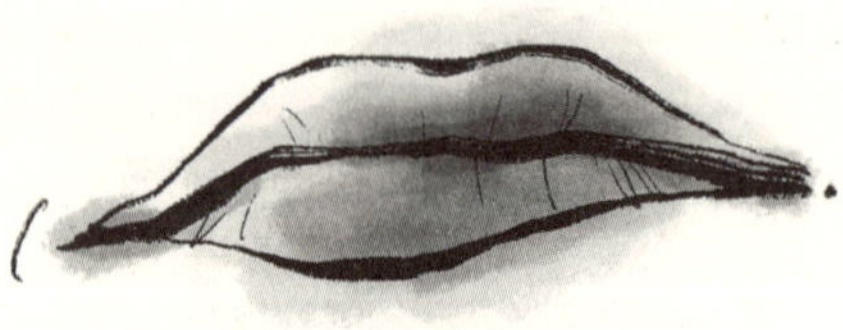

Ein asymmetrischer Mund verdeutlicht eine Unsicherheit bei bestimmten Themen. Da Menschen mit dieser Mundform ein Problem mit dem Thema Vertrauen haben, neigen sie unter Umständen zu Tricks im Umgang mit anderen. Beachtenswert ist hierbei auch, ob die Betonung des Mundes eher auf der emotionalen oder der rationalen Seite liegt. Hieraus lassen sich Schwierigkeiten in diesem Bereich ableiten.

Lippen, die kleiner sind als der Mund

Der Mund steht grundsätzlich für die Fähigkeit der Öffnung. Wenn der Mund größer als die Lippen ist, steht das für einen Menschen, der wenig Informationen über sich selbst preisgibt.

Oberlippe ist kleiner als Unterlippe

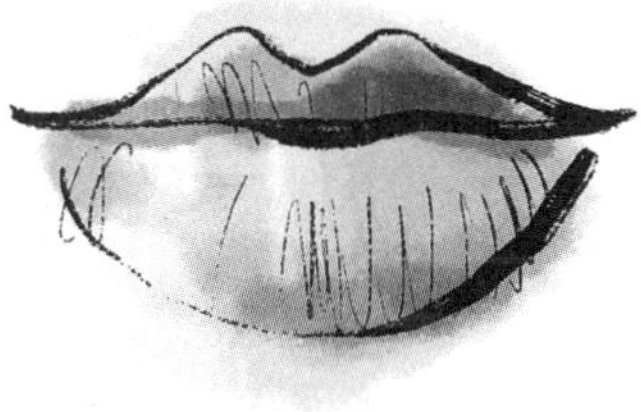

Menschen mit kleiner Oberlippe und großer Unterlippe sind eher am Austausch über sachliche Themen interessiert als am Gespräch über gefühlsbetonte, private Dinge. Sie werden darüber hinaus dem körperlichen Genuss zugeordnet.

Oberlippe ist größer als Unterlippe

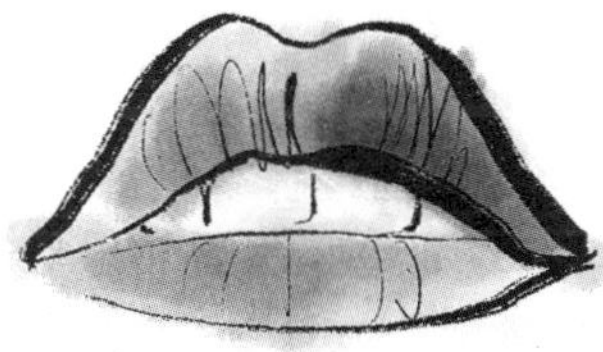

Menschen, bei denen die Oberlippe stärker betont ist als die Unterlippe, legen mehr Wert auf den Austausch persönlicher Dinge. Sie diskutieren lieber über Ansichten als über rein rationale Aspekte. Im Zuge dessen bevorzugen sie auch eine gefühlsbetonte Sprache.

Geschlossenes Buch

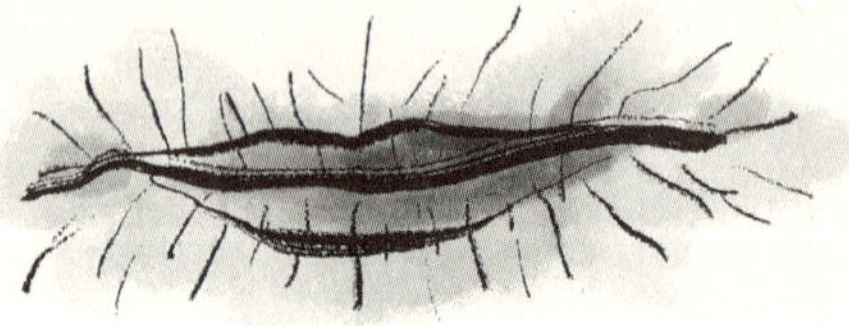

Beim geschlossenen Buch verlaufen Falten vertikal über die Lippen und der Mund sieht deshalb so aus, als wäre er zusammengenäht. Diese Mundform findet man bei Menschen, die äußerst wenig über sich und ihr Gefühlsleben preisgeben.

GEFÜHL UND VERSTAND IM EINKLANG

Vor etwa zwei Jahren hatte ich Readings in einer Londoner Galerie in Mayfair, einem Stadtteil nahe Kensington, wo vor allem äußerst privilegierte Menschen wohnen. Zu mir kam ein Mädchen im Alter zwischen vierzehn und sechzehn Jahren. Sie war blond, sehr hübsch und legte offensichtlich viel Wert auf ihr Äußeres.

Ich sah sofort, dass sie zwei unterschiedlich geweitete Pupillen hatte, und fragte mich, woran das wohl lag. Dieses Phänomen kann etwa die Folge von Erkrankungen sein. Als sie so auf mich zukam, dachte ich zunächst, dass es bei dem Gespräch um ihre Zukunft und ihr Studium gehen sollte, dass sie auf irgendeine Art ihre Persönlichkeit voranbringen wollte. Doch es kam ganz anders.

»Sie haben sicherlich bemerkt, warum ich bei Ihnen bin«, meinte sie geradeheraus. »Ich bin sehr unglücklich über meine Augen. Ich weiß nicht, welches Auge richtig ist. Immer wieder werde ich darauf angesprochen.«

»Warum? Deine Augen sind doch ungewöhnlich schön«, entgegnete ich.

»Manche Menschen behaupten, sie wären hässlich«, war ihre Antwort.

Ich war darüber sehr verwundert – ihre Augen waren zwar verschieden, besaßen aber eine große Ausstrahlungskraft. Mir war jedoch klar, dass junge Menschen in der Pubertät dazu tendieren, solch drastische Aussagen zu treffen. Oftmals sind sie sehr unsicher in ihrem Erwachsenwerden. Sie fragen sich ständig, ob alles normal und natürlich gewachsen ist und ob sie gut bei den Gleichaltrigen ankommen. Aufgrund von solch negativen Kommentaren fühlte sich die junge Frau in ihrem sozialen Umfeld unwohl und war stark verunsichert. Anders, als es üblich ist für Menschen in ihrem Alter, hing sie nicht mit Freunden ab und ging nicht auf Partys.

Wenn diese optische Dysbalance seit der Geburt vorhanden ist, liegt ihr normalerweise keine Krankheit zugrunde. Die Pupillengröße steht im Facereading für die Stimulanz des Nervensystems. Während kleine Pupillen auf strategisches Ausrichten, Denken, Vergleichen und Kalkulieren hindeuten, verdeutlichen große Pupillen großes Einfühlungsvermögen, Kreativität und Visualisierungskraft (siehe Seite 94).

Eine große und eine kleine Pupille zu haben, demonstriert, dass man in der Lage ist, beides auf einmal zu tun: denken und fühlen. Das kann jedoch auch großen Stress in dieser Person auslösen, weil sie sich ständig fragt: »Ist es denn nun das Herz oder der Kopf, der zu mir spricht?«

»Das ist der Vorteil daran: Du nimmst Dinge nicht nur vom Verstand her wahr, sondern fühlst sie auch. Viele Leute switchen zwischen diesen Fähigkeiten hin und her, du kannst dagegen beides gleichzeitig. Das ist völlig einzigartig. In der aktuellen Phase deines Lebens erscheint dir das noch von Nachteil, da du eher so sein willst wie die anderen. Später wird es dann zu einer gewinnenden Eigenschaft. Du könntest sie in deiner beruflichen Ausrichtung einbringen – in einem Job, in dem du beides verbinden kannst, etwa als Psychologin.«

Das Mädchen schien angetan von der neuen Sichtweise, die ich ihr vermitteln konnte. Ich hatte zudem noch einen Rat für sie: »Versuche deine Fähigkeit positiv und gewinnend zu sehen. Wenn du so wie andere Menschen sein willst, geht verloren, wie besonders du bist. Es ist deine Antwort auf negative Reaktionen zu deinen Augen, die sie gewinnend oder verlierend macht. Denn wenn man dich darauf anspricht und du antwortest: ›Cool, gell?‹, wertschätzt du dich. Wenn du dich jedoch selbst abwertest und dir nicht vertraust, wie soll dich jemand anderes lieben und dir vertrauen?«

Wir führten daraufhin noch ein langes Gespräch darüber, was Menschen besonders macht. Meine simple Botschaft an sie lautete, dass Gleichheit Menschen nicht zu etwas Besonderem macht. Wenn ein Mensch schon außergewöhnlich ist, ist seine Aufgabe, dies auch selbstbewusst zu leben.

Ich erhielt noch zwei E-Mails von ihr. Darin berichtete sie, dass sie einen Freund gefunden habe, der ihre Augen cool fand – und dass sie mittlerweile gut damit umgehen könne.

DIE VERSCHLEIERTE

Diese Geschichte ist eine meiner liebsten – auch wenn ich manchmal den Überblick über die vielen interessanten Menschen verliere, die ich bisher kennenlernen durfte. Doch schon die Umstände dieser Begegnung waren ganz besondere. Im Februar 2017 hatte ich die große Ehre, vor dem World Gouvernment Summit, dem Weltregierungsgipfel, in Dubai zu sprechen. Dort treffen sich internationale Vereinigungen, Organisationen, Entrepreneurs und auch der ein oder andere Regierungschef, um über Visionen und die Zukunft der Welt zu sprechen. Unter anderem hielten der japanische Premierminister sowie die Gründer des Transportunternehmens Uber jeweils eine Keynote Speech.

Gleich morgens um 8 Uhr hielt ich meinen Vortrag – nicht meine beste Zeit. Ich war entsprechend nervös. Die Rede wurde simultan in verschiedene Sprachen übersetzt und es war überaus spannend, vor mir die Übersetzer mit Headsets zu sehen. Ich musste also langsam sprechen und gleichzeitig die große Uhr vor mir im Auge behalten, damit ich mich an die Zeitvorgabe hielt.

Der Titel meiner Rede lautete »Das Gesicht als erste universelle Sprache der Welt – unser Gesicht hilft uns, zu kommunizieren«. Es war sehr erfreulich, welch großen Anklang mein Vortrag fand. Im Anschluss strömten zahlreiche Menschen auf mich zu, die allerlei Fragen hatten, mir eine Rückmeldung geben oder eine Visitenkarte ergattern wollten. Darunter waren auch Wissenschaftler und Ärzte.

Eine Frau aus dem arabischen Raum in einer schwarzen Burka kam auf mich zu. Nur ihre Augen waren zu sehen. Sie bedankte sich im besten Oxford-Englisch bei mir: »Ihre Rede war so interessant – ich glaube auch, dass das Gesicht überaus aussagekräftig ist. Es ist schade, dass es Kulturen gibt, in denen das Gesicht nicht wertgeschätzt wird und sogar verhüllt werden muss.«

Sie fuhr fort: »Ich wünschte, Sie könnten mein Gesicht lesen. Aber das geht wohl nicht, wenn Sie nur meine Augen sehen?«

»Die Augen spielen neben dem Mund eine ganz wesentliche Rolle beim Gesichtlesen. Daher kann ich an Ihnen schon ein paar Dinge ablesen, wenn Sie mögen«, antwortete ich.

Ich betrachtete sie mir genauer. Ein ganz offensichtlicher Hinweis waren die dunklen Ringe unter ihren Augen. Sie weisen immer auf einen Energiemangel hin, der üblicherweise von einem Schlafdefizit, einer kürzlich zurückliegenden Krankheit oder einem Eisenmangel herrührt. Der äußere Rand der dunklen Ringe hatte eine rötlich-violette Tönung, was eine übermäßige Cortisolausschüttung anzeigt – eine Folge von zu viel Stress. Das stärkste Merkmal, das ihre große Erschöpfung zeigte, war die sichtbare Sclera, der weiße Teil der Augen, unter der Iris (siehe Seite 95). Normalerweise wird ein kleiner Teil der Iris immer vom Unter- und Oberlid bedeckt. Wenn man diesen Bereich jedoch sehen kann, deutet das auf eine starke Müdigkeit hin.

»Sie schlafen nicht gut, und das schon seit einigen Wochen. Sie wirken sehr erschöpft, vermutlich, weil Sie auch in den wachen Stunden zu viel erledigen. Vielleicht hatten Sie auch eine Grippe.«

Sie war überrascht, denn sie war tatsächlich erst kürzlich von einem Infekt genesen. Ich konnte ihr Alter nicht schätzen, aber sie hatte Falten unter den Augen, die eine Bindegewebsschwäche zeigten. Auch waren ihre Augenlider geschwollen, was

eine Nieren- und Blasenschwäche erkennen ließ. Drei horizontale Falten auf dem Nasensteg sind ein Zeichen für Rückenprobleme. Je höher sie liegen, desto höher sind die Schmerzen verortet. Die Lage ihrer Falten ließen mich vermuten, dass sie einen steifen, schmerzenden Nacken hatte, der vermutlich von einer großen Anspannung herrührte.

Als ich sie auf all das ansprach, bejahte sie durchweg. Nun wollte sie mehr über ihre Persönlichkeit hören. Mir fiel sofort ein Muttermal zwischen dem linken Auge und der linken Schläfe auf. Ein Muttermal auf dieser Position ist ein Zeichen eines Reisenden (siehe Seite 116). Wenn es auf der rechten Seite erscheint, steht es für jemanden, der gerne in die Welt hinausgeht. Auf der linken Seite hingegen symbolisiert es jemanden, der eher im Inneren reist, also durch Emotionen, wie es ein Tagträumer oder ein Melancholiker tut. Ihr Muttermal war auf der linken Seite – und meine Kundin bestätigte mir, dass sie zur Introspektion neigte.

»Sie sind sehr entschlossen und mutig«, fuhr ich fort. »Mit diesen Charaktereigenschaften sehen Sie sich in einer Welt, in der Frauen viele Zwänge hinnehmen müssen, sicher vor viele Herausforderungen gestellt.«

»Das ist wahr«, stimmte sie zu. »Doch woher wissen Sie, dass ich entschlossen bin?«

»Sie haben die Augen eines Jaguars«, erklärte ich ihr. Tatsächlich gingen ihre Augen an den Augenwinkeln schräg nach oben (siehe Seite 97). Wir alle kennen das von Zeichentrick- oder Comiccharakteren – egal ob es Helden oder Bösewichte sind, sie weisen häufig die übertriebene Version einer solchen Augenstellung auf. Diese verdeutlicht, dass es sich um eine sehr proaktive, dynamische Person handelt, die man sicherlich nicht anstubsen muss, damit sie vorangeht. Ganz im Gegensatz zu Figuren mit schräg nach unten zeigenden Augen, die passive oder gebrochene Rollen darstellen.

»Ihre Augen lassen darauf schließen, dass Sie eine Frau mit starkem Willen sind. Sie nehmen sich, was Sie brauchen, anstatt darauf zu warten, dass es zu Ihnen kommt. Sie sind ausdrucksstark, aber auch intuitiv und empfänglich für Stimmungen. Das zeigen mir Ihre großen Pupillen. Sie deuten auch darauf hin, dass Sie kreativ sind und über eine große Vorstellungskraft verfügen. Nachts träumen Sie bestimmt viel. Sie haben ein großes Herz, das Sie für die Worte anderer Menschen verletzlich macht.«

Nachdem ich ihr all das berichtet hatte, war sie vollkommen davon begeistert, was ich allein an ihren Augen ablesen hatte können. Nun wollte sie ein Reading direkt vor Ort. Um mir ihr ganzes Gesicht zeigen zu können, musste sie jedoch erst ihren Ehemann um Erlaubnis fragen. Ihr Gatte habe auch in England studiert und sei daher liberaler, aber sie müsse das trotzdem vorher abklären. Als sie ihn anrief, nahm er nicht ab. Zwei weitere Male versuchte sie es noch, dann meinte sie kurzum: »Also gut, ich nehme das als Zustimmung.« Sie entfernte die Burka vom Gesicht und sagte: »Sie haben fünf Minuten, machen Sie also schnell. Dann möchte ich die Burka wieder aufsetzen.«

Ich war überrascht, ihr Gesicht zu sehen, und freute mich gleichzeitig. Sie war etwa Anfang vierzig und sah, abgesehen von den etwas erschöpften Augen, ganz gesund aus. Im Anschluss sprachen wir eine ganze Stunde darüber, was ihre Lebensaufgabe war. Die Frau sagte zu mir: »Es wäre so toll, Gesichtlesen zu erlernen und auch für mich nutzen zu können. So könnte ich die Männer hier besser einschätzen, ohne dass sie wiederum Dinge über mich wüssten.«

Diese Geschichte hat mich einerseits zum Schmunzeln, aber auch zum Nachdenken gebracht. Denn sie zeigt: Wenn wir unser Gesicht verhüllen, werden wir unsichtbar gemacht. Vielleicht steckt hinter dem Konzept der Burka auch, dass Frauen auf diese Weise ihrer Persönlichkeit beraubt werden sollen. Schön war für mich jedoch zu sehen, dass diese Frau ein glühendes – und nicht das einzige, wie ich während meiner Zeit im Nahen Osten feststellen sollte – Beispiel an Entschlossenheit war.

HINTER MASKEN VERBORGEN

Die globale Pandemie, die von COVID-19 ausgelöst wurde, hat unser aller Alltag, unser tägliches Miteinander, unser Berufs- und Privatleben vollkommen verändert. Auf den Straßen, in den Nachrichten sehen wir Menschen, die voller Angst sind. Sie sorgen sich um ihre Gesundheit, um Familie und Freunde und um ihre Zukunft. Es kursieren Verschwörungstheorien, die zu Verunsicherung führen. Auch die noch andauernde Unklarheit über die tatsächliche Datenlage macht die Sache nicht leichter. Bei all den Unsicherheiten müssen wir außerdem feststellen, dass der Kontakt zu manchen Menschen abbricht, die wir bisher eigentlich als uns nahestehend wähnten. Dafür rücken andere näher, von denen wir es nicht gedacht hätten. In Zeiten, in denen wir Masken tragen müssen, scheinen viele Menschen ihre Masken fallen zu lassen und ihr wahres Gesicht zu zeigen. Es geht mir hierbei nicht darum, Masken zu verteufeln oder den medizinischen Sinn in Abrede zu stellen. In meiner Rolle als Botschafter der Mitte ist es mir ein Anliegen, darüber zu reflektieren, was das Tragen von Masken mit uns als Gesellschaft macht.

Die Maske besitzt in der Kunst, dem Theater oder bei rituellen Zwecken eine lange Tradition. Das Wort basiert auf dem Arabischen »maschara«, was so viel heißt wie Narr, Scherz oder Hänselei. Mit ihr wollen wir in eine andere Rolle schlüpfen – oder mit der Totenmaske jemanden, der nicht mehr ist, zurückholen. Masken können also eine andere Identität geben und die echte Person dahinter verschwinden lassen. Sie verhindern das Erkennen des Anderen und sorgen daher für ein latentes Misstrauen.

Auch andere Sichtweisen treten zutage. Studien in Japan zeigen, dass Frauen die Maske nicht nur aus hygienischen Gründen tragen, sondern um nicht belästigt zu werden und einen privaten Raum für sich zu haben. Die Frage ist, ob diese Sicherheit jedoch nur eine scheinbare ist.

Etwa fünfundachtzig Prozent der Kommunikation funktioniert nonverbal. Es fehlt uns mit dem Verhüllen der Hälfte des Gesichts ein wichtiges Mittel hierfür. Die Spiegelneuronen unseres Gehirns (siehe Seite 12) arbeiten dann nur noch eingeschränkt. Unsere Fähigkeit der Empathie kann sich vermindern. Im täglichen Austausch können sich Menschen schlechter verständlich machen und werden zunehmend gestresst. Wichtige Grundpfeiler des gesellschaftlichen Miteinanders wie Freundlichkeit scheinen sich zurückzuentwickeln. Damit hat sich ein Professor der amerikanischen Bentley University auseinandergesetzt. Der Forscher sieht es wie ein Facereader: Das Gesicht steht im Mittelpunkt, es ist das Zentrum der Kommunikation. Die berühmte Stanford-Prison-Studie aus dem Jahr 1971 zeigte, dass Menschen unter bestimmten Voraussetzungen bereit sind, sich überaus radikal gemäß einer Rolle zu verhalten. Eines der Hilfsmittel waren Masken oder spiegelverglaste Sonnenbrillen.

Wie können wir uns also unsere Individualität erhalten? Mit einer selbst genähten oder bemalten Maske zum Beispiel. Diese können unserem Gegenüber etwas über unseren Seelenzustand vermitteln. Auch sind wir dazu aufgerufen, uns nicht nur auf schnelle mimische Zeichen zu verlassen, sondern uns bewusst mehr Mühe in der Kommunikation mit anderen zu geben und uns vermehrt auch über Gesten zu verständigen.

WEITERE GESICHTSMERKMALE: MUTTERMALE, STIRN, OHREN

»Jeder möge sein eigener Geschichtsschreiber sein, dann wird er sorgfältiger und anspruchsvoller leben.«

(BERTOLT BRECHT)

Vor einigen Jahren traf ich einen älteren, äußerst gebildeten Herren, der aus London stammte. Er war Wissenschaftler und hatte im Zuge seiner Erhebungen die ganze Welt bereist. Im Zentrum seines Forschergeistes stand die Beschäftigung mit der menschlichen Entwicklung und er schien jede Zeile zu kennen, die jemals darüber geschrieben worden war.

Der Mann war der festen Überzeugung, dass er für sich das Mysterium gelöst hatte, und schien etwas ernüchtert darüber zu sein, dass der Mensch kein Geheimnis mehr für ihn darstellte.

So sagte er zu mir: »Der menschliche Körper ist bis auf die letzte Zelle erforscht worden. Lediglich die Gene scheinen Gelehrten noch Rätsel aufzugeben.«

Ich musste widersprechen: »Denken Sie doch nur an Muttermale – bislang gibt es nur wenig Fachliteratur über diese körperlichen Besonderheiten. Man kann zwar feststellen, dass zu diesem Thema allmählich vermehrt neue medizinische Artikel entstehen, aber der Stand der Forschung ist weiterhin rudimentär. Warum heißen sie überhaupt so, wo doch manchmal auch der Vater sie trägt oder oftmals keine der beiden Elternteile?

Woher kommen sie? Was löst ihr Wachstum aus? Was ist ihre Funktion?«, fuhr ich fort.

Der Mann nickte nachdenklich. Ich deutete auf das Muttermal, das er an seiner linken Schläfe trug.

»In der chinesischen Gesichtlesekunst bezeichnet man dieses Muttermal als Mal des Reisenden«, erklärte ich ihm.

Die Augen des Mannes begannen zu funkeln wie die eines Kindes. Er schien sich gesehen zu fühlen – denn trotz seiner zunehmenden Gebrechlichkeit war seine Reiselust ungebrochen. Meine Überlegungen zu den Muttermalen hatten neues Feuer in ihm entfacht.

Es freute mich daher sehr, als er mich einige Monate später anrief, um sich nochmals für unser Gespräch zu bedanken.

»Was machen Sie gerade?«, fragte er mich.

»Sie werden schmunzeln – ich schreibe gerade ein Buch über Muttermale«, entgegnete ich. Ich nahm ein Lachen auf der anderen Seite der Leitung wahr.

»Sie müssen ein glücklicher Mensch sein. Sie lesen in den Gesichtern von Menschen und schreiben Bücher darüber«, sagte der ältere Herr.

»Es ist schön, dass Sie mich daran erinnern. Manchmal vergesse ich, dass meine Bücher meine Kinder sind. Ich hoffe, dass sie möglichst viele Menschen erreichen werden«, antwortete ich ihm froh.

»Das werden sie. Haben Sie Geduld. Versuchen Sie nicht, das Glück einzuholen, womöglich überholen Sie es!«, riet er mir.

Das Gesagte erinnerte mich an einen Ratschlag, den ich schon in früheren Zeiten erhalten hatte. Wir tauschten uns noch eine Weile lebhaft aus. Am Ende des Gesprächs schloss der Mann mit den Worten: »In England haben wir ein Sprichwort: Being a writer is like having a birthmark – you die with it.«

»Was für ein schönes Bild«, dachte ich bei mir – die Liebe zum Schreiben als eine Fähigkeit anzusehen, die uns angeboren sein kann und mit der wir sterben. Und doch gibt es Bücher, deren Worte mit dem Tod des Urhebers nicht aus der Welt sind. Die Geschichten bewegen uns so sehr, dass sie in den Bücherregalen überdauern und in unseren Köpfen noch lange Zeit lebendig bleiben.

Neben den Muttermalen soll es nun um einige weitere wichtige Merkmale gehen. Du erfährst, welche Rolle die Ohren sowie die Stirn im Gesichtlesen spielen. Darüber hinaus gibt es selbstverständlich noch weitere Merkmale im Gesicht eines Menschen, die hinsichtlich Form, Größe, Kontur und Struktur im Facereading zurate gezogen werden. Dazu zählen unter anderem Nase, Wangen, Philtrum – die vertikale Rinne zwischen Nase und Mund –, Kinn, Haar, Zähne und Körperschmuck wie Piercings oder Tattoos. Diese seien an dieser Stelle aus Platzgründen nur der Vollständigkeit halber genannt. Mit den drei folgenden weiteren Merkmalen möchte ich dir noch etwas mehr Analysetools an die Hand geben, die du leicht anwenden kannst.

MUTTERMALE IM GESICHT

Muttermale werden also im Englischen als »Birthmarks«, wörtlich übersetzt als »Geburtsmale«, bezeichnet. Im chinesischen Gesichtlesen ist man derselben Auffassung – die Male versteht man dort als Hinweise, die bereits seit der Geburt existieren und die auf ein mögliches Schicksal eines Menschen hindeuten. Ist ein Muttermal schon bei der Geburt sichtbar, besitzt es in der chinesischen Gesichtlesekunst eine herausragende Bedeutung. Sie können sogar das Thema eines Menschen in sein Gegenteil verdrehen.

In der europäischen Physiognomik spielen Muttermale hingegen keine große Rolle. In der heutigen westlichen Welt werden sie vor allem unter gesundheitlichen Aspekten gesehen – gibt es Veränderungen der Leberflecke, die unter dermatologischen Gesichtspunkten beobachtet werden müssen?

Auf die richtige Spur geraten wir, wenn wir die Bedeutung des sogenannten Schönheitsflecks in der Historie betrachten. Wenn Muttermale gezielt an bestimmten Stellen im Gesicht oder am Körper aufgemalt oder angebracht werden, werden sie auch als »Mouche« (lat. »musca« für »Fliege«) bezeichnet. In Frankreich, Russland, aber auch am preußischen Hofe offenbart sich ab dem 17. Jahrhundert der Einsatz von Muttermalen als eine eigene Geheimsprache. Mit ihr drückte die Trägerin oder der Träger bestimmte Absichten oder Launen aus. Also: Ist die Person in einer traurigen oder leidenschaftlichen Stimmung? Strebt sie Diskretion an? Ist sie auf eine Affäre aus? Dafür suchte man sich bestimmte Stellen im Gesicht, wie die Wange, den Bereich über der Oberlippe, das Kinn, oder auch das Dekolleté aus. Natürlich wurden Mouches auch schon damals zum Überdecken von Narben oder Hautunreinheiten eingesetzt.

Die Mouches nahmen eine derart hohe Bedeutung ein, dass der französische Verleger Pierre Larousse (1817–1875) sie sogar in seinem Lexikon erwähnte. Einträge dazu lauten zum Beispiel:

- Mouche im Augenwinkel: eine leidenschaftliche Frau
- Mouche über den Lippen: eine kokette Frau
- Mouche auf der Nase: eine fröhliche Frau
- Mouche unter der Unterlippe, nahe am Kinn: eine Frau, die Diskretion verspricht

Auch im 20. Jahrhundert wurden Schönheitsflecke zur Steigerung der Attraktivität eingesetzt – denken wir zum Beispiel an Marilyn Monroe (1926–1962). Heutzutage sind echte Muttermale sogar zum Markenzeichen einiger Supermodels und Schauspielerinnen geworden.

Im Facereading spielen künstlich aufgebrachte Muttermale eine eher untergeordnete Rolle. Sie weisen lediglich darauf hin, dass ein Mensch einen bestimmten Eindruck erwecken möchte. Als Merkmale, die bei der Analyse eines Gesichts zurate gezogen

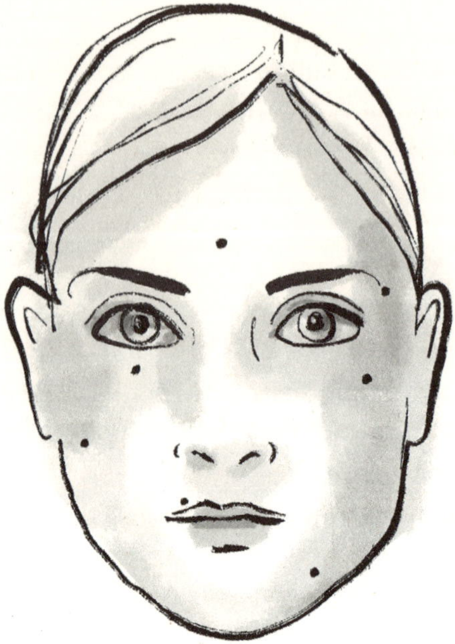

werden, eignen sich jedoch echte Muttermale. Auf der Illustration oben findest du einige der häufig vorkommenden Male und ihre Bedeutung – selbstredend gibt es eine erheblich höhere Zahl davon.

Muttermal auf der Schläfe

Es stellt das Mal des Reisenden dar. Wenn es sich auf der linken Seite befindet, deutet es auf die Vorliebe für mentale Reisen hin, auf der rechten Seite hingegen steht es für eine Person, die gern physisch reist.

Muttermal zwischen den Augenbrauen

Dieser Leberfleck wird als Mal des Dritten Auges bezeichnet. Es steht für eine Person mit hoher Intelligenz, die eine klare Sicht auf die Dinge und die Welt hat.

Muttermal unter dem Auge

Es stellt einen Warnhinweis dar – das Leben prüft die Person auf tränenreiche Ereignisse. Jemand mit diesem Muttermal sollte an seiner Abgrenzungsfähigkeit arbeiten, um sich selbst zu schützen, und sich nicht mit Menschen abgeben, die ihn zum Weinen bringen.

Muttermal über der Oberlippe

Dieser Leberfleck wird auch »Mal des Genießers« genannt. Auf der rechten Seite steht es für körperliche Genüsse wie Essen oder Sexualität, während es auf der linken Seite eine Vorliebe für seelische Genüsse wie Musik, Kunst oder Literatur zeigt.

Muttermal auf der Wange

Es zeigt jemanden, der ideal als Anführer geeignet ist. Auf der linken Wange steht der Leberfleck für den privaten, emotionalen Bereich, auf der rechten Wange für die öffentliche, berufliche Seite. Die Aufgabe dieser Person ist es, im jeweiligen Bereich mit einer weichen Hand anzuleiten.

Muttermal am Kinn

Dieses Muttermal wird als Mal der Extravaganz bezeichnet. Es offenbart einen Menschen, der einem bunten Vogel gleicht – und das je nach Lage eher im privaten oder beruflichen Bereich.

Muttermal am Jochbein

Ein Muttermal auf dem Jochbein steht für Menschen, die eine große Anziehungskraft auf das andere Geschlecht besitzen. Es wird deshalb auch »Mal des Charmes« genannt. Für sie gilt, dass sie vorsichtig mit dieser Gabe umgehen sollten.

OHREN

Dank unserer Ohren können wir über vierhunderttausend Töne wahrnehmen. Pro Sekunde können wir fünfzig Eindrücke verarbeiten, die über die Ohren zu uns dringen – unsere Augen schaffen nur fünfundzwanzig Eindrücke. Unsere fünfundzwanzigtausend Haarzellen im Ohr leisten also großartige Arbeit.

Im chinesischen Gesichtlesen stehen die Ohren für die Kindheit. Sie sind das Startkapital ins Leben: Im Laufe der Jahre verändern sich lediglich ihre Größe und ihr Gewebe, die Struktur bleibt jedoch immer gleich. Wissenschaftler der Panjab University haben die Einzigartigkeit der Ohren untersucht. Ohren sind ein weiteres visuelles Merkmal unserer inneren Landkarte. Aus der Einzigartigkeit der Ohren lassen sich Rückschlüsse auf die Persönlichkeit ziehen. Die folgenden Ohrstellungen eignen sich als Basiswissen – tatsächlich kennt der chinesische Gesichtlesemeister mehr als dreißig verschiedene Ohrformen sowie ihre entsprechende Bedeutung.

Hoch sitzende Ohren

Sie sind bei Menschen zu finden, die gern und schnell Entscheidungen treffen.

Tief sitzende Ohren

Menschen mit diesen Ohren brauchen oft etwas länger, bis sie sich für etwas entschlossen haben. Je tiefer die Ohren liegen, desto schwerer fallen ihnen Entscheidungen.

Eng anliegende Ohren

Sie stehen für eher angepasste Menschen, während es sich bei abstehenden Ohren um Personen handelt, die ein oftmals freigeistiges, kreatives Wesen haben.

Angewachsene Ohrläppchen

Diese Menschen sind warmherzig und besitzen viel Empathie. Sie verfügen über einen guten Instinkt.

Breite Ohrläppchen

Menschen mit diesen Ohren lachen viel und haben häufig einen guten Humor.

STIRN

Sicher kennst du den Ausdruck: »Es steht dir auf der Stirn geschrieben.« Der Sinnspruch könnte ebenso gut aus China stammen. Dort wird traditionellerweise die Stirn als äußerst individuelles Merkmal angesehen. Sie ist vergleichbar mit dem Schild, das Ritter im Mittelalter trugen. Die Form und die darauf aufgebrachten Heroldsbilder auf dem Wappen verrieten die Zugehörigkeit seines durch die Rüstung geschützten und gleichsam versteckten Trägers.

In der heutigen Zeit scheinen oftmals der Anzug beim Businessoutfit des Mannes, ein extravagantes Verhalten, eine bestimmte Sprache oder ein gewisses Verhalten mit einer solchen schützenden Verkleidung vergleichbar zu sein – insbesondere wenn es sich mit einem eigentlich von Unsicherheiten geplagten Menschen handelt. Doch die Stirn zeigt immer noch, wie es um den Menschen bestellt ist, wenn wir mit den »Vokabeln« der Gesichtlesekunst im Hinterkopf gezielt den Blick auf ihn richten. Nachfolgend erläutere ich die Basisaspekte zum Thema Stirn.

Höhe der Stirn

Die Stirnhöhe wird gemeinhin als Indiz dafür angesehen, wie intelligent eine Person ist. So kennen wir aus Science-Fiction-

Romanen hochintelligente Außerirdische, die eine extrem lang gezogene Stirn aufweisen. Ob es dem Menschen jedoch gelingt, ein größeres Gehirnvolumen auch gewinnend einzusetzen, steht auf einem anderen Blatt. Um diese Fähigkeit tatsächlich einer Person zuschreiben zu können, müssen selbstverständlich noch weitere Merkmale in Betracht gezogen werden.

Breite der Stirn

Wie breit oder schmal die Stirn eines Menschen ist, verdeutlicht nach chinesischer Gesichtslehre, wie viel Weitsicht und Offenheit ein Mensch besitzt – oder ob er eventuell eher zu einer engen Sicht auf die Dinge neigt.

Waagrechte Stirnfalten

Die Falten auf der Stirn haben nicht zwangsweise etwas mit dem Alter eines Menschen zu tun. Sie symbolisieren vielmehr die Denkweise und Haltung ihrer Trägerin oder ihres Trägers.

Im Folgenden erläutere ich dir einige typische Falten, wie wir sie an uns und anderen beobachten können. Natürlich kennt das chinesische Gesichtlesen deutlich mehr Arten.

Zunächst einmal wird zwischen durchgängigen und durchbrochenen Falten unterschieden. Dabei werden drei durchgängige Falten für den Gesichtleser als ideal angesehen. Die untere Falte steht dabei für materielle Themen, die mittlere für das Ego und die oberste für ideelle Inhalte. Sind diese drei Linien durchgezogen, bedeutet dies, dass sich der Mensch auf allen drei Ebenen bewegt und in der Lage ist, einmal angefangene Dinge auch zu Ende zu bringen. Fehlt hingegen eine der drei, so heißt das nicht zwangsläufig, dass der Mensch hier keine Interessen besitzt – sie mögen möglicherweise gerade begonnen haben und sich daher erst später auf der Stirn abzeichnen. Sind Falten brüchig, so können sich diese durchaus später noch verbinden. Zum jetzigen Zeitpunkt lässt sich nur so viel sagen, dass dieses Thema noch nicht abgeschlossen ist. Viele in sich geschlossene Stirnfalten verraten einen vielfach interessierten Menschen.

Zahlreiche Falten jedoch, die brüchig und unsortiert auf der Stirn verteilt sind, werden im chinesischen Gesichtlesen als »fliegende Vögel« bezeichnet. Sie offenbaren den Träger als Person mit vielen Interessen, die diese zwar alle bedienen möchte, jedoch nur schwer vollenden kann. Dies liegt in ihrer enormen Rastlosigkeit und geistiger Überaktivität begründet.

Vertikale Stirnfalten

Schließlich gibt es noch verschiedene Arten von senkrechten Falten. Die parallelen vertikalen Falten werden im Volksmund auch Grübel- oder Unmutsfalten genannt. Sie verdeutlichen, dass sich ein Mensch häufig im kritischen Denken und in der übermäßigen Konzentration verliert. Im chinesischen Gesichtlesen sieht man diese jedoch positiv: Sie stehen für eine Person, die erst nach gründlichem Abwägen Entscheidungen trifft.

Eine einzelne Stirnfalte wird im chinesischen Gesichtlesen als »hängende Nadel« bezeichnet – ich selbst trage ein ausgeprägtes Exemplar zwischen meinen Augenbrauen. Im gewinnenden Fall steht sie für Verlässlichkeit, jemanden, der Dinge voranbringt und sich extrem fokussieren kann. Im verlierenden Fall hingegen symbolisiert sie die Sturheit und Engstirnigkeit ihres Trägers, die bis hin in Extreme wie Fanatismus münden können.

Zum Thema Stirnfalten lässt sich abschließend noch sagen, dass diese in China weitaus weniger kritisch gesehen werden, als es hierzulande der Fall ist. Dort sieht man sie als Merkmale eines Menschen, der über einen reichen Schatz an Lebenserfahrung verfügt und deshalb besonders vertrauenswürdig ist. Vielleicht ist dies ein kleiner Denkanstoß, wohlwollender mit den eigenen Falten umzugehen – auf Seite 170 erzähle ich von einem Gespräch mit meinem chinesischen Meister darüber.

GESICHTSFORMEN

»Man sieht oft etwas hundert Mal, tausend Mal, ehe man es zum allerersten Mal wirklich sieht.«

(CHRISTIAN MORGENSTERN)

Nach meiner Zeit in Südamerika reiste ich für einen Tai-Chi-Kurs nach Thailand. Dort lernte ich ein englisches Pärchen kennen, mit dem ich mich über das Thema Facereading austauschte. Beide wohnten in Hongkong – er war Modefotograf und sie war in der Hotelindustrie tätig. So kam ich auf die Idee, dort eine Weile meine Zelte aufzuschlagen. Ich war neugierig auf eine völlig fremde Kultur und gespannt darauf, die dort ansässigen Gesichtleser an Ort und Stelle zu erleben.

Doch kurz darauf stand ich kopfschüttelnd auf dem Nachtmarkt und beobachtete das bunte Treiben: Zwischen Essensständen und Händlern, die allerlei feilboten, saßen auf winzigen Holzschemeln Touristen und Einheimische vor einem Facereader und wurden im Akkord abgefertigt. Für wenig Geld erhielten sie ein Reading.

Diese Facereader gaben relativ wenige Informationen preis. Doch eigentlich war dies ja vorhersehbar. Auf einem Markt wird nur billige Ware angeboten. Es muss also irgendwo auch Premiumqualität geben. Überzeugt davon, dass sich ein Weg für mich auftun würde, erkundete ich die Stadt.

Und tatsächlich geschah es schneller, als ich geahnt hatte. Die Dame, die ich in Thailand kennengelernt hatte, rief mich eines Tages an. Sie bat mich darum, mich mit ihrer Chefin zu treffen. Diese würde schon seit Jahren gesundheitliche Probleme haben und keiner könne ihr helfen.

Und so saß ich der Chefin, die ursprünglich aus Australien stammte, schon tags darauf gegenüber und besah mir ihr Gesicht: »Sagen Sie mir erst einmal nichts. Sie leiden oft an Migräne. Ich kann auch erkennen, dass Sie Stimmungsschwankungen haben, außerdem Heißhunger auf Süßes. Darüber hinaus sind Sie daueraktiv und zudem feinfühlig. Ein weiteres Symptom ist, dass Sie einen Magnesiummangel aufweisen und nachts wohl unter Wadenkrämpfen leiden.«

Die Frau sah mich sprachlos an.

»Dieses Mineral wird der Leistungsfähigkeit zugeordnet. Ihre Symptome sollten sich durch die Einnahme von hoch dosiertem Magnesium in einigen Tagen deutlich verbessern«, riet ich ihr.

Woran ich all dies sehen konnte? Die Frau trug das Element Feuer in sich (siehe Seite 132 und 154), besaß große Augen mit langen Wimpern, die ihre Feinfühligkeit veranschaulichten. Als Widerspruch dazu sah ich ihre kleinen Pupillen, womit also Herz und Kopf in einem aufreibenden Clinch zu liegen schienen. Und ich bemerkte eine stark ausgeprägte Kiefermuskulatur, die auf nächtliches Zähneknirschen hindeutete. Mir fielen zudem ihr einseitiges Augenflattern, ihre roten Wangen sowie die für ihr Alter stark ausgeprägten Denkerfalten auf. In ihr schien es regelrecht zu arbeiten.

Drei Tage später erhielt ich einen Anruf von der Frau. Sie war vollkommen aus dem Häuschen und schilderte mir in den buntesten Farben, wie sich ihre Symptome in den letzten Tagen stetig verbessert hatten. Sie lud mich nochmals ein, um ein Auge auf ihr Team zu werfen. Hier ging es jedoch mehr darum, die Persönlichkeit der Mitglieder zu lesen, weniger um gesundheitliche Probleme. Auch dies lief gut – alle konnten mit dem Gesagten etwas anfangen und waren hellauf begeistert.

»Eric, ich weiß nicht genau, wie es funktioniert. Aber es hat offensichtlich großen Wert für Menschen. Deshalb biete ich dir an, hier zu wirken«, sagte sie mir.

Und tags darauf arbeitete ich schon als »Visiting Practitioner« im Spabereich des altehrwürdigen Mandarin Orienial. Kurze Zeit später war ich täglich ausgebucht. Ich fühlte mich großartig, denn zum ersten Mal erhielt ich Wertschätzung, die sich auch in zahlender Kundschaft ausdrückte. Schnell folgten Zeitungsberichte, unter anderem im dortigen »Wall Street Journal«, der »South China Morning Post«, Radiointerviews und Einladungen zu Vorträgen wie der »Asia Yoga Conference«. Ich war endlich angekommen.

DIE VERÄNDERBARKEIT UNSERES GESICHTS

Hätte ich damals schon gewusst, dass sie ein Feuergesicht besitzt, hätte ich noch mehr Informationen über sie sammeln können. Diese Technik lernte ich erst später kennen. Zunächst möchte ich dir eine Methode nahebringen, die Gesichter nach der Elementelehre analysiert. Hier werden fünf verschiedene Gesichtsformen unterschieden, die sich natürlich auch mischen können. Sie ist insbesondere für den Einstieg gut geeignet und unterstützt dich durch schnelle Erfolgserlebnisse beim Lernen.

Im Anschluss an eine Geschichte, die dir einige dieser Formen erzählerisch näherbringen will, geht es um eine weitere Technik namens Siang Mien. Sie ist durchaus schwieriger, kann dir im Laufe der Zeit jedoch weitere, tiefe Einblicke in deine Persönlichkeit sowie die deines Gegenübers geben. Auch sie lehre ich in Anfängerkursen. Bei dieser südchinesischen Form werden dreißig Formen unterschieden, die sich auch noch untereinander mixen können. So bekommen wir es tatsächlich mit etwa sechzig bis achtzig Varianten zu tun. Aus diesem Grund stelle ich in diesem Buch nur die sechs in Europa häufig vorkommenden Formen vor.

Dazu sei noch vorweggeschickt: Im Laufe unseres Lebens kann sich unsere Gesichtsform durchaus verändern. Als Kinder haben wir alle meist runde oder ovale Gesichter, die wir vor dem Hintergrund dieser Technik als Jade- (siehe Seite 150) oder Metallgesicht (siehe Seite 136) beziehungsweise als Mond- (siehe Seite 158) oder Wassergesicht (siehe Seite 158) einordnen würden. Siehe dazu auch die ersten beiden Geschichten, die ich auf Seite 15 und Seite 19 erzählt habe.

Erst mit der Pubertät und der Ausreifung der Persönlichkeit gelangen wir zu einer Gesichtsform, die wir nach den Maßstäben der Gesichtlesekunst validierend einschätzen können. Ein drittes Mal verändert sich die Form dann etwa im Alter von dreißig Jahren. Und dennoch: Die Gesichtsform kann sich im Laufe eines Lebens mehrmals wandeln. Ihrer Veränderung liegen Parameter wie Gesundheit, Alter, Lebensstil sowie Ernährung zugrunde. Doch auch modische Präferenzen, wie eine bestimmte Frisur oder ein Bart, können Einfluss darauf haben. Wie sehen die Formen nun konkret aus?

DIE GESICHTSFORMEN IN DER ELEMENTELEHRE

Im chinesischen Feng-Shui gibt es ähnlich wie im Westen eine sogenannte Elementelehre. In der Heilkunst des Abendlandes sprechen wir von vier Elementen, während die Chinesen von fünf ausgehen: Wasser, Feuer, Metall, Holz und Erde. Feng-Shui-Meister erklären viel mit der ursprünglichen Kraft des Universums: die Ordnung der Welt, die rechte Ernährungsweise, die Gesundheit, die Arbeit der inneren Organe wie auch die Persönlichkeit eines Menschen. Auch Töne, Geschmäcker, Formen, Farben, ja sogar Handlungen gehören dazu.

Diese Lehre wird von einigen Meistern auch im Gesichtlesen angewandt. Jeder Gesichtsform, selbst jedem Gesichtsmerkmal und Ausdruck wird ein bestimmtes Element zugeordnet. So besitzt jeder Mensch auch optisch ein dominantes Element. Dieses

Von außen nach innen: Ernährungszyklus • Erschöpfungszyklus • Kontrollzyklus • Auflehnungszyklus

Wissen ist wertvoll, wenn es um Persönlichkeit, um Beziehungen, um Potenziale und um Gesundheit geht. Sie ist daher tief in die Tradition Chinas eingebettet. So beruht die Traditionelle Chinesische Medizin (TCM) auf jahrtausendealtem Wissen.

Die Elementelehre zählt zu den narrativen Methoden des Gesichtlesens. Der Facereader blickt in die Landschaft eines Menschen, entdeckt seine Anlagen und noch unentdeckten Schätze. Auch hier gilt: Kombiniere diese Methode mit deiner Fähigkeit der Intuition und den Vokabeln, die du bereits kennst. So erweiterst du Schritt für Schritt deinen Werkzeugkoffer und sorgst für spannende Erfolgserlebnisse.

ORTE UND DIE ELEMENTELEHRE

Auch Orte können einem Element zugeordnet werden. Wenn beispielsweise ein »Feuermensch« an einem »Feuerort« lebt, ist dies zwar nachvollziehbar, zugleich aber auch gefährlich, da er schnell(er) ausbrennen könnte. Derselbe Mensch würde sich sehr wahrscheinlich an einem Ort, der dem Element Holz zugeordnet wird, viel wohler fühlen. Städte wie New York oder Hongkong werden beispielsweise dem Element Feuer zugeordnet und nähren daher eine Person, die dem Element Erde zugehört. Sie sind aber nicht für einen Menschen geeignet, der dem Element Metall angehört. London hingegen wird dem Element Metall zugewiesen. Die Stadt ist für Menschen prädestiniert, die dem Element Wasser angehören, wirkt sich jedoch wiederum nicht gut auf jemanden aus, der eine Holznatur hat.

Nachdem ich zunächst die einzelnen Elemente vorgestellt habe, erfährst du in einer Geschichte, wie eine New Yorker Familie damit umgegangen ist, dass die Stadt sich äußerst negativ auf ihre Gesundheit auswirkte.

DIE ELEMENTE DEUTSCHER STÄDTE

München ist wie die gesamte Alpenregion dem Element Erde zugeordnet. Während Leipzig zum Element Holz gehört, wird Frankfurt dem Element Metall zugeschrieben – genauso wie die Hauptstadt Berlin. Hamburg fällt dem Element Wasser zu, nicht jedoch, weil die Stadt an der Elbe liegt, sondern aufgrund ihrer Eigenschaften. Diese Zuschreibungen stehen übrigens nicht in Büchern, sondern werden mithilfe von Hintergrundwissen vom Meister an seinen Schüler weitergegeben.

ELEMENT HOLZ

- ◇ Menschen, die dem Element Holz zugeordnet werden, weisen eine rechteckige Gesichtsform auf. Dadurch gibt es deutliche Überschneidungen zum Baumgesicht im Siang Mien (siehe Seite 156). Zwischen den Augenbrauen sind meistens Denkerfalten zu sehen. Oft zeigen Holzmenschen außerdem einen energischen Gesichtsausdruck mit einem prüfenden Blick.
- ◇ Auffällige Gesichtsmerkmale sind die Augenbrauen, die Augenbrauenknochen sowie der Kiefer. Holzmenschen wird der Sehsinn zugeordnet.
- ◇ Vom Körpertypus her sind sie meist entweder groß und schlaksig oder klein und energetisch.
- ◇ Holzmenschen sind intelligent und gewinnen leicht Freunde. Ihre Bedürfnisse liegen im Tun, sie besitzen einen großen Wunsch nach Intensität und sind dabei stark fokussiert. Holzmenschen weisen einen großen Wunsch nach Expansion auf.
- ◇ Die Natur mit ihren Bäumen und Pflanzen ist für sie ein wichtiger Kraftort. Ihre Jahreszeit ist der Frühling.

ELEMENT WASSER

- ◇ Menschen, die dem Element Wasser zugeordnet werden, zeigen neben ihrer runden Kopfform viele weitere Rundungen im Gesicht – das Kinn, die Wangenknochen und die Stirn sind eher rundlich. Dabei besitzen sie einen deutlich sichtbaren Kiefer und verträumte Augen. Dadurch gibt es deutliche Überschneidungen zum Mondgesicht im Siang Mien (siehe Seite 158).
- ◇ Auffällige Gesichtsmerkmale sind die Stirn und die Ohren. So werden Wassermenschen dem Hörsinn zugeordnet.
- ◇ Zu ihrem Körpertypus gehören schattige Augen, dicke Knochen und breite Hüften.
- ◇ Wassermenschen sind behutsam und nehmen auf emotionaler Ebene viel wahr. Sie fühlen sich gern verantwortlich und nehmen auch häufig die Schuld auf sich. Ihre Bedürfnisse liegen im Sein, sie haben einen großen Sinn für Kreativität. Sie benötigen viel Zeit für sich selbst.
  Zu Wassergesichtern gehört die Emotion.
- ◇ Selbstredend ist Wasser ein wichtiger Kraftort für sie.
  Ihre Jahreszeit ist der Winter.

ELEMENT FEUER

- Menschen, die dem Element Feuer zugeordnet werden, haben ein nach unten spitz zulaufendes Gesicht. Hier gibt es deutliche Überschneidungen zum Feuergesicht im Siang Mien (siehe Seite 154).
- Auffällige Gesichtsmerkmale sind die Augen, Falten sowie Kanten. Feuermenschen werden dem Tastsinn zugeordnet.
- Vom Körpertypus her sind sie klein, haben schmale Hüften und eine Röte im Nacken.
- Feuermenschen besitzen ein großes Temperament, zeigen viel Mimik und ein lebhaftes Lachen. Ihre Augen sind faszinierend und funkeln stark. Sie mögen die Bühne und sind äußerst ambitionierte Menschen. Häufig haben sie deshalb Schwierigkeiten damit, das rechte Maß zu halten, und verfallen in Extreme. Feuermenschen sind sozial, loyal und einfühlsam. Ihre Bedürfnisse liegen im Spielen und Kommunizieren. Zu Feuermenschen gehört die Gestaltung. Sie lieben Farben und Licht.
- Ihre Jahreszeit ist der frühe Sommer.

ELEMENT ERDE

- ◇ Menschen, die dem Element Erde zugeordnet werden, haben eher Aufsätze im Gesicht, etwa am Kinn, an den Wangen oder an den Ohren. Ihre Nase ist eher rund und die Haut grobporig. Hier gibt es deutliche Überschneidungen zum Erdgesicht im Siang Mien.
- ◇ Auffällige Gesichtsmerkmale sind der Mund, die unteren Wangen und die Oberlippe. Sie werden dem Geschmackssinn zugeordnet.
- ◇ Vom Körpertypus her sind Erdmenschen eher rundlich und fleischig.
- ◇ Erdmenschen sind verlässlich, produktiv und streben die Erreichung von Zielen an, die sie sich gesteckt haben. Stabilität und Permanenz sind für sie wichtige Faktoren. Es mangelt ihnen jedoch an der Fähigkeit, loszulassen. Ihre Bedürfnisse liegen in der Familie und der Freundschaft, im Komfort und im Materiellen. Zu Erdmenschen gehört das Ergebnis.
- ◇ Ihre Jahreszeit ist der späte Sommer.

ELEMENT METALL

- Menschen, die dem Element Metall zugeordnet werden, weisen ein ovales Gesicht auf. Sie haben zudem eine schlanke Nase und kräftige Wangenknochen. Hier gibt es deutliche Überschneidungen zum Jadegesicht im Siang Mien (siehe Seite 150).
- Auffällige Gesichtsmerkmale sind darüber hinaus ihre Muttermale. Sie werden dem Geruchssinn zugeordnet.
- Vom Körpertypus her haben Metallmenschen dünne Knochen und sind eher hellhäutig. Männer zeigen in ihrer Statur muskulöse Rundungen, Frauen dagegen eher eine feminine, aber definierte Muskulatur. Sie fallen darüber hinaus durch ihre fließenden Bewegungen auf.
- Metallmenschen sind scharfe Beobachter und äußerst wortgewandt. Ein reger Austausch ist ihnen sehr wichtig. Sie haben ein großes Bedürfnis nach Reinheit und Grenzen. Sie benötigen einen Auftrag, einen tieferen Sinn. Raum und Zeit sind für sie wichtige Konstanten. Zu Metallmenschen gehört die Essenz.
- Ihre Jahreszeit ist der Herbst.

LIES NUN SELBST

Hier eine kleine Übung mit den Umrissen zu den genannten Formen aus der Fünf-Elemente-Lehre. Welches Gesicht würdest du welcher Form zuordnen und warum?

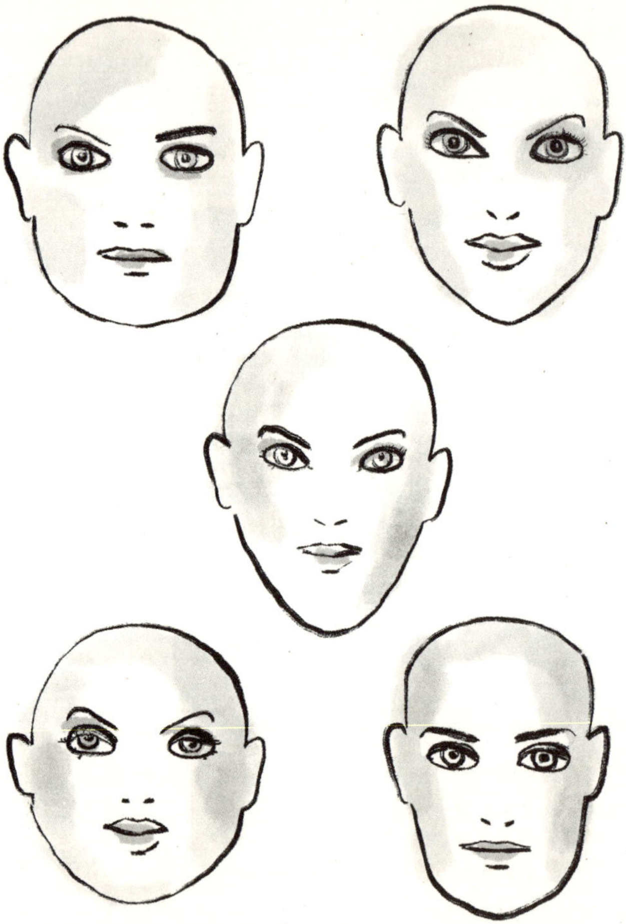

DER FALSCHE WOHNORT

Bei einem meiner letzten Besuche in New York rief mich meine Agentin an. Es war Sonntag und sie bat mich, Kunden zu besuchen, die ich bereits ein Jahr zuvor getroffen hatte. Ich freute mich sehr darüber – es ist immer schön, Menschen wiederzusehen, die ich schon einmal gelesen habe. So kann ich beobachten, wie sie sich in der Zwischenzeit entwickelt haben.

Bei dieser Familie war der Anlass für meinen ersten Besuch jedoch kein schöner gewesen. Der Familienvater hatte damals Lungenkrebs gehabt. Dieser war inzwischen operativ entfernt worden, von daher ging ich davon aus, dass es um etwas anderes gehen würde. Ich freute mich darauf, ihn wiederzusehen und zu hören, wie es ihm seitdem ergangen war.

»Du kannst die beiden nicht zu Hause besuchen, du musst in die Krebsklinik fahren«, sagte meine Agentin zu mir.

Mir stellten sich sofort die Haare auf, denn wie die meisten Menschen gehe ich nicht gerne in Krankenhäuser – und dann auch noch in die Krebsklinik! Ich hatte schon die Sorge, dass es einen Rückfall gegeben hatte, aber dieses Mal ging es nicht um den Vater.

»Eric, der Sohn ist erkrankt«, berichtete meine Agentin mit leiser Stimme.

Nun hatte ich noch mehr Anlass zu Sorge und Unbehagen. Ich wollte den Termin verschieben, doch meine Agentin meinte, dass ich die Eltern nicht zu Hause in Manhattan besuchen könne, da sie ihre gesamte freie Zeit im Krankenhaus bei ihrem Kind verbrachten.

Ich machte mich also auf zur Krebsklinik und fuhr in die achte Etage – dort, wo Kinder mit Leukämie behandelt werden. Ich fand ein überaus trauriges Bild vor: stark erschöpfte, blasse Kinder ohne Haare, Spielzeug, das trostlos zwischen den vielen medizinischen Gerätschaften herumlag, und viele besorgte Eltern.

Dort traf ich auf die Familie. Zuerst sah ich mir den Mann an und dann die Frau. Der Mann hat ein Berggesicht, das seinen Namen nicht umsonst trägt: Es steht für jemanden, der massiv und nicht so leicht verrückbar ist, der zu seinen Worten und Taten steht. Aber auch für jemanden, der sich, wenn er sich einmal festgelegt hat, nicht mehr so schnell abbringen lässt. Er erholt sich auch schnell von Rückschlägen, denn einen Berg haut nichts so schnell um.

Zusätzlich trägt der Vater auch Feuerelemente im Gesicht, da es am Kinn spitz zuläuft. Und dieses Feuer, das zusätzlich in ihm brodelt, ist ein krasser Widerspruch zu seinem Berg. Denn der Berg ist verlässlich, feststehend und loyal. Feuer ist impulsiv, brennend, inspirierend. Die beiden stehen in einer Konkurrenz zueinander. Wenn man sie zusammenführt, hat man einen brennenden Berg. Einen Vulkan, der viel abdeckelt. Dadurch werden Emotionen, Gefühle und andere Dinge im Verborgenen gehalten, bis sie eben ausbrechen.

Deshalb hatte ich ihm auch schon bei seinem ersten Reading gesagt: »Lass doch schon eher etwas Lava ab. Sag früher, was dich bekümmert. Lass rechtzeitig los. Mach Sport, bei dem du ausbrechen kannst.«

All das hatte er jedoch nicht getan. Er hielt sprichwörtlich mit allem hinter dem Berg und begrub so Erlebnisse und Emotionen. Das hat ihm weiteres inneres Feuer beschert – also viele Entzündungsherde. Eine der Entzündungen war ehemals seine angeschlagene Gesundheit gewesen, wobei er inzwischen glücklicherweise geheilt war. Kein Wunder – er ist ein Berg.

Doch ich war weiterhin besorgt. Denn er lebte nach wie vor am gleichen Ort, im südlichen Manhattan, nahe der Wall Street. Dieses Viertel wird ebenfalls dem Element Feuer zugeordnet, da dort das Leben und der Wettbewerb zu Hause sind. Wie lange konnte das noch gut gehen?

Andererseits war es kein Wunder, dass er sich dort wohlfühlte als Hedgefondsmanager. Doch wenn Feuer auf Feuer

trifft, ist es manchmal des Guten zu viel. Daraus entsteht unter Umständen eine Supernova. Das Feuer kommt nie zur Ruhe. Und das hat natürlich auch Auswirkungen auf einen Menschen.

Ein Feuermensch, der an einem Feuerort lebt, ist nichts Außergewöhnliches. Schließlich stellt dies seine natürliche Umgebung dar. Doch es kann Auswirkungen auf seine Gesundheit haben. Da der Vater auch Bergelemente in sich trägt, hat er sich glücklicherweise auch immer wieder von Erkrankungen erholt. Aber er war vorsichtig.

»Wie kann ich meine neu erlangte Gesundheit erhalten?«, fragte er mich.

»Du solltest das Feuer auch hin und wieder verlassen. Du musst dich erholen und dir diese Pausen bewusst zugestehen«, sagte ich ihm. »Vielleicht fahrt ihr öfter mal aufs Land, in die Natur. Wo du von Holz umgeben bist, denn Holz nährt dein Feuer.«

Mein Blick fiel auf seine Ehefrau. Sie trägt ein Holz- oder Baumgesicht mit einer länglich gezogenen Gesichtsform. Baumgesichter sind sehr abwechslungsreich innerhalb ihrer Form – wie es auch die verschiedenen Baumarten sind. Das zugehörige Holz nährt das Feuer. Diese Frau nährte ihren Mann durch ihre Lebenslust, ihre verständnisvolle Art und ihre Liebe. »Aber lebt sie auch ihr eigenes Leben?«, fragte ich mich.

Leider war dies nicht der Fall, wie ich feststellen sollte. Ihr Dasein schien sie als Weggefährtin ihres Mannes zu verstehen. So ein liebevoller Wesenszug von ihr das auch sein mochte, es führte dazu, dass sie sich selbst stark in den Hintergrund stellte. Selbstverständlich steht es jedem Menschen offen, frei darüber zu verfügen, wie er leben möchte. Doch ihre Frage an mich lautete: »Wie kann ich meine Lebensaufgabe leben? Wie kann ich mehr ich sein?« Also musste sich die Situation für sie erheblich verändern. Der erste Hinweis führte mich auf das Zusammenspiel von Holz und Feuer.

»Nimm mehr Rücksicht auf deine Frau. Nimm sie nicht nur als Brennholz, als Unterstützung für deine Lebensweise, die dich sogar krank gemacht hat«, sagte ich zum Ehemann.

Dann wandte ich mich an sie: »Vielleicht solltest du deinem Mann öfter das Holz entziehen, denn sonst macht er so weiter, wie er es gerade tut. Du solltest zu ihm sagen: ›Ich möchte woanders meinen Baum pflanzen, damit er dort grünen und Früchte tragen kann. Das ist hier in Manhattan nicht möglich.‹«

Beide schienen am Ende ganz zufrieden mit dem zu sein, was ich ihnen gesagt hatte – sogar ziemlich happy, denn ich hatte ihnen darüber hinaus auch einige persönliche Ratschläge gegeben.

Dann hatten sie noch eine letzte Bitte an mich: »Eric, kannst du noch nach unserem Kind schauen?«

Ein Schauer lief mir über den Rücken. Ich wollte nicht zurück in den Raum, wo der Junge mit seinem Glatzköpfchen lag. Ich fürchtete, dass das meine Kräfte übersteigen würde – ich konnte mir kaum ausmalen, was der Junge und seine Eltern durchmachen mussten. Und ich hatte Sorge, dass die Frage kommen würde: »Wird er es schaffen? Wie wird die Krankheit verlaufen?«

Ich bin selbstverständlich kein Arzt und darf keine Diagnosen stellen. Durch meine berufliche Tätigkeit und meine Erfahrungen mit dem Tod meines Vaters und meines Onkels konnte ich jedoch die zwölf Merkmale des Todes nach Hippokrates lesen (siehe Seite 30).

Als ich also nun doch einen Blick auf das Kind in seinem Bettchen warf und die Frage der Eltern hörte – »Wie wird es mit unserem Jungen wohl weitergehen?« –, war ich erleichtert. Ich sah, dass er nur wenige Zeichen des Todes an sich trug. Er zeigte nur drei Zeichen, die man auch aufweist, wenn man eine schwere Grippe hinter sich hat – auch wenn eine Grippe natürlich nicht mit einer Chemotherapie vergleichbar ist.

Der Kleine schien eine unbändige Energie in sich zu haben. Er stritt in der kurzen Zeit, in der ich bei ihm war, mit seinem Bruder um das Spielzeug. Auch bei seiner Mutter, die nur für einen Moment den Raum verlassen hatte, beschwerte er sich lauthals über ihre Abwesenheit. Jemand, der so kämpft und nur so wenige Zeichen zeigt, hat allen Grund zur Hoffnung.

»Ich bin zwar kein Mediziner, aber mit dem, was ich gelernt habe, bin ich sicher: Euer Sohn wird es schaffen. Und ich hoffe, dass ich euch etwas von meinem Optimismus weitergeben kann«, sagte ich zu den Eltern.

Doch mir war noch etwas aufgefallen: Im Gegensatz zum Feuer-Berg-Gesicht des Vaters und dem Baumgesicht der Mutter waren beide Söhne reine Feuergesichter. Und sie wohnten ganz ohne den Ausgleich, den die Eltern dank ihrer Gesichtsformen leben konnten, im Feuerstadtteil Manhattan. Also nahm ich die Eltern nochmals zur Seite.

»Beide Jungs sind Feuer. Sie wohnen beide an einem Feuerort. Und das größte Vorbild der Jungs ist der Papa, der auch Feuer lebt. Möglicherweise ist das keine gute Idee, denn die beiden könnten dadurch früh ausbrennen. Sie haben aber nicht die Regenerationsfähigkeit ihres Vaters. Sie werden sich nicht so schnell erholen«, sagte ich den beiden.

»Vielleicht ist das ein Ansatz, warum die Krankheit bei eurem älteren Sohn entstanden ist«, fuhr ich fort.

»Dank seiner jugendlichen Stärke wird er sich zwar erholen, aber es ist möglicherweise eine gute Idee, den Wohnort zu verändern, den Ort des Feuers zu verlassen und auf einen Ort zu setzen, der eher dem Holz oder der Erde zugeordnet ist. Das stärkt die Jungen, unterstützt die Mutter beim Wachstum und schwächt den Vulkan des Vaters ab.«

Aus dem Nichts kamen plötzlich eine Vielzahl an Ideen. Die Eltern sprachen das Ferienhaus in Connecticut an, in dem sie sich alle so wohlfühlten. Die Geschäfte des Vaters ließen sich auch über den Computer regeln, oder? Begeistert hielten die vier einen Familienrat ab, in dem der Umzug ins Grüne besprochen wurde. Sie glaubten, dass sie dort mehr am Thema Gesundheit dran waren als in der Stadt.

Den Weg zurück zum Hotel ging ich zu Fuß, um das Erlebnis für mich verarbeiten zu können. Bei dem einstündigen Spaziergang durch New York versuchte ich, das Erlebte, das mich sehr bedrückte, zu verarbeiten. Ich war dankbar, dass ich mithilfe der Elemente und der Gesichtlesekunst die Situation klären konnte. Wir essen, wohnen, lieben ein Element. Was uns nährt, das schätzen wir auf diese Weise. Was uns nicht guttut, meiden wir. Manchmal ist es ein bestimmter Mensch, eine bestimmte Tätigkeit, häufig ist es aber auch ein Ort.

LIES NUN SELBST

Versuche nun, auch dein eigenes Gesicht einem der Elemente zuzuordnen. Lege hierfür einige Fotos von dir neben die jeweiligen Zeichnungen und schaue dir auch die Beschreibungen genau an. Worin findest du dich wieder?

Du kannst auch die Spiegelübung von Seite 14 versuchen, um dein Element herauszufinden. Meistens entsprechen wir keinem Element zur Gänze, sondern tragen auch Merkmale eines anderen Elements im Gesicht.

Als weitere Übung kannst du nun eine Zeitschrift durchblättern. Versuche einzelne Merkmale zu identifizieren, auch wenn du vielleicht nicht das ganze Gesicht siehst. Am besten fängst du mit dem Merkmal an, das dir am auffälligsten erscheint. Versuche zudem, auch die zuvor vorgestellten Tools wie den Links-Rechts-Vergleich oder die Augen-und-Mund-Regel anzuwenden. Vergiss auch nicht, auf dein Bauchgefühl zu hören und dich zu befragen, ob die Person, die du siehst, gewinnend oder verlierend lebt.

Probiere auch im Alltag immer öfter, Menschen, denen du in der Bahn oder beim Einkaufen begegnest, mit einem schnellen Blick auf die Merkmale abzuscannen. Das ist für den Anfang eine wertvolle Übung, um das Auge zu schulen. Mit der Zeit wird dir das immer besser gelingen.

DIE GESICHTSFORMEN NACH SIANG MIEN

Eine ganze Weile schon ging ich im Mandarin Oriental Hotel in Hongkong meiner Tätigkeit als Gesichtleser nach und war glücklich darüber, wie sich alles für mich gefügt hatte. Es bot sich darüber hinaus des Öfteren die Gelegenheit, zu Retreats nach Thailand zu fliegen, um dort meine Dienste anzubieten. Auch nach Dubai, Malaysia und Singapur wurde ich für Readings eingeladen – und als Reisender fühle ich mich stets äußerst wohl in meiner Haut.

Eines Abends erhielt ich in meinem Büro im Hotel einen Anruf. Ich melde mich auf Englisch mit den Worten: »Hallo, hier spricht Eric Standop.«

»Was tust du in unserer Stadt?«, wurde ich rüde von einer Männerstimme angesprochen.

»Ich bin Gesichtleser«, erwiderte ich.

»Nein, das bist du nicht!«, schallte es mir in gebieterischem Ton auf der anderen Seite entgegen.

»Natürlich bin ich das ...«, versuchte ich mich an einer Entgegnung.

»Weiße Männer können keine Gesichter lesen!«, wurde ich erneut angeblafft.

So lieferten wir uns eine ganze Weile einen Schlagabtausch. Ich erfuhr, dass es sich bei dem Mann um einen Großmeister im Gesichtlesen handelte, der auf der anderen Seite des Hafens in Kowloon sein selbst ernanntes Hoheitsgebiet hatte. Kürzlich hatte ich im Hotel seine Nichte gelesen, die äußerst zufrieden mit dem Ergebnis war. Ihr Bericht brachte den knapp achtzigjährigen Onkel dazu, sich bei mir zu melden, um mir die Leviten zu lesen.

Wir trafen uns am nächsten Tag und führten unsere hitzige Diskussion über mehrere Stunden hinweg weiter. Ich beharrte darauf, dass auch westliche Menschen in der Lage sind, im Facereading gute Arbeit zu leisten. Ich zeigte auf das chinesische Bier, das er trank: Bier sei eine deutsche Erfindung, dennoch stellten chinesische Brauereien welches her, auch würden Chinesen als Nichtinder erfolgreich Yoga betreiben, argumentierte ich.

Aus dem Nichts heraus rief der alte Mann: »Von heute an bist du mein Schüler!«

»Vielleicht will ich gar nicht dein Schüler sein«, gab ich zurück.

»Du willst es!«, war seine Antwort. Natürlich hatte er es längst in meinem Gesicht gelesen.

Als ich den Raum schließlich verließ, nahm mich die Nichte beiseite: »Du weißt, was für eine Ehre das ist? Großmeister wie mein Onkel wählen nur ein-, zweimal im Leben einen Schüler aus. Du bist es geworden – und das als weißer Mann! Deine Ausbildung bei ihm wird hart. Du darfst nichts fragen. Und nichts kommentieren.«

Zunächst tat ich die Begegnung mit dem chinesischen Gesichtleser ab. Möglicherweise wollte ich mich befreien, mich etwas von der großen Bedeutung lösen, die dieses Ereignis für mich und mein Leben nach sich ziehen würde. Im Nachhinein wurde mir klar, dass unsere Unterredung eine Prüfung gewesen war. Die erste aus einer Vielzahl an Prüfungen und Lektionen, die noch kommen sollten.

Noch etwas war augenscheinlich: Das, was ich bei diesem Meister erlernen durfte, konnte man nirgendwo anders erfahren. Es existieren keine schriftlichen Überlieferungen, denn die Tradition des Gesichtlesens wird seit Jahrtausenden mündlich weitergegeben. Und mit einem Mal war ich Teil dieser langen Tradition geworden.

Das Lesen von Gesichtsformen

Im Gegensatz zur Antlitzdiagnostik, die zwischenzeitlich verloren gegangen war, hatte das chinesische Pendant über die gesamte Geschichte des Landes eine große gesellschaftliche, persönliche und berufliche beratende Funktion innegehabt. Es besitzt nicht nur lebensphilosophische Ansätze, aus denen Rat suchende Menschen immer wieder Auswege und neue Perspektiven suchen. Auch im geschäftlichen Rahmen ist Gesichtlesen gang und gäbe. Wenn man in China am Verhandlungstisch mit mehr als fünf Leuten sitzt, kann man sich sicher sein, dass ein Gesichtleser dabei ist. Zu einem Einstellungsgespräch gehört Facereading als Standard dazu. Der große Vorteil liegt auf der Hand: Wenn jemand für die Stelle eines Buchhalters gesucht wird, liegt das Hauptaugenmerk beim Bewerbungsverfahren auf Menschen, die viele Merkmale in Richtung Logik, Verstand und Rationalität zeigen. Ein Mensch mit einer kreativ-künstlerischen Seite, der gerne auf der Bühne steht, wird mit dieser Stelle weder sich selbst noch seinen Chef glücklich machen.

Das Konzept der Gesichtsformen gehört zu den komplexesten Methoden des Gesichtlesens. Ich hatte es bereits angerissen: Es gibt insgesamt dreißig verschiedene davon, die sich auch untereinander mischen können. Ich beherrschte diese Technik erst nach einigen Jahren. Anfängern erscheint sie häufig ausgesprochen schwer – und das zu Recht. Dennoch möchte ich in diesem Buch einmal durch das Schlüsselloch blicken lassen und einige Gesichtsformen vorstellen. Sie bilden die häufigsten Kopfformen unserer Region ab und dienen dir mit zunehmender Kenntnis als eine Art weiterer Türöffner zur Persönlichkeit eines Menschen.

Sie helfen dir beim Einlesen und Einfühlen in die Persönlichkeit, während detaillierte Merkmale auf ganz individuell zugeschnittene Lebenswege, Bedürfnisse und Gewohnheiten hinweisen. Ich wünsche mir, dass du interessiert mit dem Wissen umgehst, dich jedoch nicht verunsichern lässt, falls du eine Gesichtsform nicht gleich einordnen kannst. Denn dazu gehören etwas Übung und ein paar positive Erlebnisse.

Nachdem ich die Gesichtsformen vorgestellt habe, folgen zwei Geschichten, in denen einige dieser Formen vorkommen.

Aber auch hinsichtlich der Fünf-Elemente-Lehre im vorhergehenden Kapitel kannst du dein Wissen darüber mit den neuen Kenntnissen über die Gesichtsformen verbinden, denn in manchen Fällen gibt es Überschneidungen.

JADEGESICHT

- Jadegesichter sind rautenförmig, haben hohe Wangenknochen, volle Lippen, große, einfangende Augen mit großen Pupillen und langen Wimpern. Das Kinn ist häufig abgerundet, die Lippen sind voll und wohlgeformt.
- Die Gesichtsform stellt in unserem Zeitalter das weibliche Schönheitsideal dar. Man findet sie häufig bei Models. Sie transportiert viel weibliche Energie, strahlt Charme und Harmonie aus.
- Jadegesichter legen viel Wert auf Sicherheit, Frieden und Schönheit und sind deshalb oft in kreativen oder therapeutischen Berufen zu finden. Sie neigen zu Perfektionismus und machen sich manchmal zu abhängig von anderen Menschen.
- Gewinnend gelebt begeistern Jadegesichter und versprühen ihren Enthusiasmus. Sie leben ihre Kreativität aus und pflegen wertschätzende Freundschaften.
- Verlierend gelebt sind Jadegesichter unsicher und konfliktscheu. Sie versuchen andere zu manipulieren und sind unversöhnlich.

KÖNIGSGESICHT

- ◇ Königsgesichter sind kantig und fallen durch ihren kräftigen Kiefer auf. Die Augen liegen tief und besitzen kleine Pupillen. Durch eine der Wangen, die im Chinesischen als »Kissen der Macht« bezeichnet wird, zieht sich eine Falte. Die Lippen sind schmal, insbesondere die Oberlippe ist dünner als die Unterlippe. Königsgesichter zeigen häufig ihre Stirn.
- ◇ In Europa stellt diese Gesichtsform das männliche Schönheitsideal dar. Königsgesichter sind in jeder Form Genießer – vom guten Essen bis hin zur Sexualität.
  In jungen Jahren sind Königsgesichter sehr kämpferisch, dies lässt später nach. Häufig findet man sie in Führungspositionen oder in der Legis- und Judikative, da Macht eine natürliche Anziehung auf sie ausübt. Über die Schwachen halten sie ihre schützende Hand.
- ◇ Wenn es Königsgesichtern nicht gut geht, können sie dies sehr gut verbergen. Häufig sprechen sie eher Gedanken als Gefühle aus.
- ◇ Gewinnend gelebt sind Königsgesichter starke Anführer und beschützen benachteiligte Menschen. Sie führen enge, lang anhaltende Beziehungen und geben gute Eltern ab.
- ◇ Verlierend gelebt sind Königsgesichter genusssüchtig und haben eine Neigung zum Fremdgehen. Sie können intolerant sein und im schlimmsten Fall zu Gewalt neigen.

FEUERGESICHT

- Feuergesichter sind keilförmig und dreieckig. Ihr Kinn ist äußerst spitz, der Mund dabei klein. Sie weisen häufig kleine Pupillen auf. Menschen mit dieser Gesichtsform sind häufig sehr attraktiv.
- Feuergesichter sind sehr impulsive und enthusiastische Menschen, die meist ungeduldig sind. Sie wollen wahrgenommen werden, lieben andere Menschen und möchten geliebt werden. In jeder Hinsicht zeigen sie großen Einsatz. Wenn ein Feuergesicht den Raum betritt, fängt er an zu funkeln. Sie haben hohe Erwartungen an sich selbst und an andere Menschen. Feuergesichter sind äußerst kommunikationsstark und besitzen einen regen Geist, der ständig mit Wissen gefüttert werden will.
- Ihre Schwachstelle ist ihre Neigung zum Ausbrennen. Sie sind in jungen Jahren häufig von Selbstzweifeln geplagt und tun sich später schwer, zu vertrauen und die Kontrolle abzugeben.
- Gewinnend gelebt sind Feuergesichter selbstsicher und voller Leidenschaft. Sie lernen schnell und vertrauen ihrem guten Instinkt. Sie unterstützen gerne andere Menschen.
- Verlierend gelebt zweifeln Feuergesichter an sich selbst und anderen Menschen. Sie sind ungeduldig und manipulieren andere. Dabei können sie narzisstisch und kontrollsüchtig agieren.

BAUMGESICHT

- ◇ Baumgesichter besitzen eine eher rechteckige, länglich nach oben gezogene Form. Wie unterschiedlich die verschiedenen Baumarten sind, so unterschiedlich können Baumgesichter untereinander sein. Baumgesichter werden ungern verglichen. Eine zusätzliche u-förmige Falte am Kinn weist auf ihr Dasein als Kümmerer hin. So gern sie in Gesellschaft sind, so häufig machen sie auch viel mit sich selbst aus – sie schätzen ihr Dasein als Einzelgänger. Deshalb werden sie auch »Einsamer der Gedanken« genannt. Baumgesichter sind loyal und wissbegierig, wollen nähren und für andere da sein. Sie kommen dabei nicht so schnell ans Ziel, dafür grünen sie jeden Frühling aufs Neue. Liebesbeziehungen beginnen Baumgesichter häufig erst später im Leben.
- ◇ Ihre Schwachstelle ist ihre mangelnde Fähigkeit, offenzulegen, wie es wirklich in ihnen aussieht.
- ◇ Gewinnend gelebt sind Baumgesichter vertrauenswürdig, reflektiert und besitzen viel Durchhaltevermögen. Sie geben anderen Menschen Halt und Schutz.
- ◇ Verlierend gelebt kümmern sich Baumgesichter eher um die Ziele anderer als um ihre eigenen. Sie opfern sich dafür auf und gehen daher das Risiko ein, auszubrennen.

MONDGESICHT

- Mondgesichter sind, wie ihr Name schon sagt, sehr rundlich. Sie haben häufig einen großen Mund, wobei die Ober- und die Unterlippe unterschiedlich geformt sind. Dieses Merkmal weist auf ihre große Kommunikationsstärke hin – die geselligen Mondgesichter lieben es, Menschen zu unterhalten. Sie sind sehr loyale Freunde, die einen lockeren Umgang schätzen und nicht klammern. Sie zeigen einen ganz eigenen Humor und sind sehr neugierige Menschen.
- Mondgesichter haben kein Bedürfnis, Karriere zu machen, denn sie übernehmen nicht gerne Verantwortung. Häufig sind sie jedoch gut mit Menschen mit Königsgesichtern befreundet. Gemeinsam ist ihnen die Neigung zum Genuss.
- Eine Schwachstelle von Mondgesichtern ist ihr Mangel an Disziplin.
- Gewinnend gelebt sind Mondgesichter die perfekten Entertainer, die gut im Netzwerken sind. Sie sind sehr vertrauenswürdige Freunde. Zudem haben sie ein hohes Qualitätsbewusstsein.
- Verlierend gelebt sind Mondgesichter gefallsüchtig. Sie machen sich zu sehr abhängig vom Rampenlicht und von anderen Menschen. Öffentlich geäußerte Kritik kann sie tief verletzen.

BERGGESICHT

- Berggesichter zeigen eine birnenförmige Gesichtsform. An der Wangenpartie sind sie fülliger als an der Stirn, die eine Neigung aufweist.
  Wie Baumgesichter sind sie sehr individuelle Menschen. Sie lassen andere schwer an sich heran und schließen nur langsam Freundschaften. Hat man jedoch einmal die Freundschaft eines Berggesichts erlangt, hat man einen Freund fürs Leben. Berggesichter sind große Gönner und sehr gute Mentoren. Sie verfügen über eine große Kommunikationsstärke.
- Menschen mit einem Berggesicht sind äußerst widerstandsfähig und ruhen in sich. Sie sitzen Dinge gerne aus und warten lange ab – sie gehen also häufig den langen Weg. Da sie über ein ganz eigenes Zeitverständnis verfügen, gibt es für sie keine Eile. Sie vergessen selten einen Gefallen oder einen Groll.
- Eine Schwachstelle von Berggesichtern ist, dass sie häufig über Gedanken anstatt über Gefühle sprechen.
- Gewinnend gelebt sind Berggesichter äußerst geduldig und resilient gegenüber Krisen. Was Freundschaften angeht, gehen sie großzügig mit ihrer Zeit und ihren Ressourcen um.
- Verlierend gelebt sitzen Berggesichter unhaltbare Zustände zu lange aus. Sie neigen außerdem dazu, Dinge zu lange aufzuschieben. Darüber hinaus ziehen sie sich zu stark zurück.

LIES NUN SELBST

In einer fundierten Ausbildung wird praktischem Üben eine große Bedeutung beigemessen. Ich selbst habe die Technik erlernt, indem mein Meister und ich monatelang im Park saßen oder auf der Straße unterwegs waren und Leute beobachtet haben. Mein Meister fragte mich, was mir auffiel, und nach und nach kam ich selbst auf die verschiedenen Gesichtsformen. Ihre Namen teilte mir der Meister erst viel später mit.

Mit dem folgenden Wissen wirst du die Potenziale vieler Menschen bereits auf den ersten Blick erkennen. Deshalb kann ich dir auch an dieser Stelle wieder nur raten, möglichst oft in Zeitschriften, im Fernsehen oder auf der Straße nach Merkmalen dieser Formen zu suchen.

Setze auch hier die Spiegelübung von Seite 14 ein, um es an dir selbst zu versuchen, oder lege dir einen Stapel Fotos neben die Zeichnungen. Auch ich habe diese Übung von meinem Meister bekommen – es ging ihm um die ständige Wiederholung von bereits Bekanntem, um mein Wissen zu vertiefen. Die Fotos können auch aus verschiedenen Jahren stammen. Es ist überaus interessant zu sehen, wie sich die Geschichte unseres eigenen Gesichts mit fortschreitendem Alter verändert. Gesichtsformen wechseln wie bereits beschrieben etwa dreimal im Leben, aber auch die anderen Merkmale, die du bereits kennenlernen durftest, bilden im Wechselspiel mit unseren Erfahrungen und inneren Einstellungen ab, wie es um uns zu diesem Zeitpunkt stand.

EINE STARKE FRAU

Einst war ich in Greenwich Connecticut Gast einer großen Wohltätigkeitsgala, die für sozial benachteiligte Kinder ausgerichtet wurde. Einer meiner Kunden hatte mich dazu eingeladen, zudem sollten noch weitere Kunden vor Ort sein. So fühlte ich mich schnell wohl und war froh, einen Abend ohne Arbeit zu verbringen. Was die meisten Leute nicht von mir wissen: Wenn ich nicht arbeite, dann arbeite ich nicht. Ich lese nur Gesichter auf Anfrage und nicht, wenn ich privat unterwegs bin. Dann gehe ich wie die meisten Menschen meinem Beruf aus dem Weg. Man wird genauso wenig Chirurgen finden, die in ihrer Freizeit operieren, wie Lehrer, die ihr Umfeld dazu bringen möchten, ein Diktat anzufertigen.

Ich bin aus diesem Grund meist gar nicht unglücklich darüber, wenn im privaten Rahmen niemand weiß, was ich so mache. Meist gebe ich auf Nachfrage Berater oder Buchautor als Berufsbezeichnungen an. Das ist weniger spannend als jemand, der gleich etwas vorführen könnte.

Ich lauschte an jenem Abend den Reden, bediente mich am Büfett und tauschte mich angeregt mit verschiedensten Leuten aus. Auf einmal registrierte ich, dass drei etwa dreißigjährige Frauen die Fährte aufgenommen zu haben schienen. Sie beobachteten mich relativ ungeniert und tuschelten miteinander, während sie an ihren Champagnergläsern nippten.

Dem Aussehen nach zu urteilen stammten sie aus der High Society. Alle drei waren außerordentlich hübsch und auf die Art und Weise gestylt, wie es in diesen Kreisen üblich ist.

»Alles klar, jetzt ist Schluss mit Feierabend«, dachte ich, als sie plötzlich entschlossen auf mich zukamen.

Und tatsächlich: »Sie sind doch der Gesichtleser, richtig? Ich will Ihnen ja keine Arbeit machen, aber vielleicht können Sie mir doch zu einer Antwort auf eine wichtige Frage verhelfen«, sagte eine der dreien.

Leicht seufzend entgegnete ich: »Was ist es denn?« Ich überlegte insgeheim, wie ich mich aus der Situation herauswinden könnte, etwa mit der Ausrede: »Sie sind ja geschminkt, was soll ich da sehen können?«

Was dann kam, war überraschend. Sie sagte ziemlich unverblümt: »Die anderen beiden werden beim Ausgehen öfter als ich von Männern angesprochen. Das geht schon über einen längeren Zeitraum so. Auf Partys, Events oder beim Sport, eigentlich egal wo – es sind immer die anderen, die Flirts haben und nach ihrer Telefonnummer gefragt werden«, sagte sie. Der Frust in ihrer Stimme war deutlich zu vernehmen.

»Ich kann es einfach nicht nachvollziehen. Mein Gesicht ist genauso hübsch wie das der anderen beiden. Ich treibe genauso viel Sport und habe eine gute Figur«, legte sie nach. Es schien förmlich aus ihr herauszusprudeln.

Ich musste ein wenig schmunzeln, weil meine Analyse diesmal ganz schnell ging. Die Kombination aus der Körpersprache der Frau, ihrer Mimik und schließlich ihrer Gesichtsform war sehr aufschlussreich.

Alle drei der Freundinnen hatten ohne Frage sehr schön geschnittene Gesichter. Bei der Frau jedoch, die sich vor mir aufgebaut hatte, waren die Kieferknochen deutlich stärker ausgeprägt. Dies ist in der chinesischen Gesichtslehre ein Hinweis auf ein Königsgesicht (siehe Seite 152) und damit auf eine starke Persönlichkeit, bei der das Gegenüber unterbewusst spürt, dass viel Druck vorhanden ist. Auch besaß sie tief liegende Augen mit kleinen Pupillen – also eine Frau, die rational dachte und daher eher der Logik und Vernunft zugeordnet werden muss. Die anderen beiden besaßen Jade- und Feuergesichter (siehe Seite 150 und 154), mit weich geschnittenem Kiefer, großen Augen mit großen Pupillen, die demnach viel Gefühl in sich trugen.

Der nächste Hinweis war ihre Körpersprache: Sie stand vollkommen gerade da, ihre Beine waren parallel aufgestellt, sie hatte die Hände meist in der Hüfte abgestützt. Nur ab und zu verwendete sie die rechte Hand zum Gestikulieren.

Um direkt zu werden: Wie sie da so stand, sah sie aus wie ein Mann. Was erst einmal selbstverständlich kein Fehler ist. Starke, unabhängige Frauen, die wissen, was sie wollen, braucht die Welt.

Wenn man sie jedoch so neben den anderen beiden stehen sah, die sich links und rechts neben ihr postiert hatten, konnte man feststellen, dass die anderen beiden stärker eingedreht waren. Sie standen fast schon etwas kokettierend da, mit einem Stand- und einem Spielbein, mit dem sie etwas nachwippten. Auch ihre Gesichter waren nur seitlich zu sehen.

Manche Frauen versuchen mit einer solchen Körpersprache unbewusst ein wenig zu reizen – sie lassen viel im Ungewissen und machen ein Geheimnis um sich. Deshalb schaut man automatisch ins Gesicht und möchte sie ergründen. Wenn man der entsprechende Männertyp ist, versteht sich. Entweder sieht der Jäger: »Da ist etwas ganz klar nicht in Balance, damit ist sie angreifbar.« Es löst also den Jagdtrieb aus. Oder aber der Beschützertyp fühlt sich angesprochen: »Dank meiner tollen männlichen Fähigkeiten will ich diese Frau in Balance bringen, deshalb kümmere ich mich um sie.«

Es gibt Menschen, die haben den Ansatz, dass sich Männer meist entweder in Jäger oder Beschützer einteilen lassen – insbesondere in den Zwanzigern und Dreißigern –, wenn es um Partnerschaft und Heirat geht.

Als ich aber diese New Yorkerin zwischen ihren beiden kokettierenden Freundinnen betrachtete, mit ihren stolzen und kämpferischen Gesichtszügen, der direkten Ansprache, dem fordernden Blick und beiden Beinen fest im Boden verankert, wusste ich: Sie spricht weder den Beschützer noch den Jäger an.

Doch wie muss der Mann sein, der zu einer solch starken Frau passt? Es muss jemand sein, der entweder eine gleichberechtigte Partnerschaft sucht, oder jemand, der selbst beschützt werden will.

»Du suchst offensichtlich den weißen Ritter, den Traummann. Doch so, wie du gestrickt bist, ist das eine große Herausforderung.« Es war vorherzusehen, wie sie auf diese kleine Provokation reagieren würde. Wie zur Bestätigung reckte sie ihr Kinn nach vorne und musterte mich angriffslustig. Ich erklärte ihr ein paar ihrer Gesichtsmerkmale und erläuterte ihr, wie ihre Körpersprache wirkte.

Dann fuhr ich fort: »Möglicherweise gibt es weniger Männer, die eine Frau suchen, mit der sie eine Partnerschaft auf Augenhöhe eingehen können. Ich könnte dir also raten: Wenn du etwas mehr reizen möchtest, solltest du dich etwas kleiner machen und deinen Kopf schräger halten.«

Die Frau schüttelte sofort den Kopf. Ich war froh zu sehen, dass ihr danach nicht der Sinn stand.

»Wenn du dich aber so verhalten würdest, wärst du nicht authentisch und würdest möglicherweise Typen anziehen, die du gar nicht haben willst. Eine Frau wie du möchte keinen Jäger oder Beschützer, sondern jemanden, der es mit ihr aufnehmen kann. Einen Mann, wie du ihn haben möchtest, gibt es nicht an jeder Ecke. Freu dich also deiner Stärken. Es wird jemand kommen, mit dem du ein Leben von Angesicht zu Angesicht führen kannst.«

Ich konnte sehen, wie es in ihr arbeitete. Doch sie schien ganz zufrieden mit dem Gesagten zu sein. Nachdem sie sich bedankt hatte, zog sie mit ihren Freundinnen von dannen. Ich bin mir sicher, dass sie mit einer realistischen Einschätzung ihrer selbst die nötige Geduld aufbringen wird, die eine etwas ungewöhnliche Partnersuche erfordert.

DAS BERGGESICHT

Als ich einem sehr guten Freund in London einen Besuch abstattete, bekamen wir an dem Abend große Lust auf Pizza. Eine Empfehlung führte uns zu einer netten Location. Der winzige Laden wurde von einem sizilianischen Ehepaar und deren Tochter geführt.

Die Tochter wirkte wie Anfang zwanzig, hätte aber mehr ihrem Alter entsprechend ausgesehen, wenn sie nicht ein Berggesicht gehabt hätte (siehe Seite 160). Es war birnenförmig, da ihre Stirn schmaler war als der Kiefer und sich von der Nase weg abschrägte. Ein Berggesicht ist ungewöhnlich bei Frauen und bei so jungen allemal. Als sie unsere Bestellung aufnahm, konnten wir ihre Eltern in der Küche streiten hören. Da sie italienisch sprachen, verstanden wir die Worte nicht, aber ihre Wut kam klar heraus. Das Gesicht der Tochter brachte keine Reaktion hervor. Sie guckte weder entschuldigend, noch rollte sie die Augen oder quittierte den Tumult mit einem Lächeln. Als sie unsere Bestellung in der Küche aufgab, hörten wir, wie ihre Eltern sie anschrien. Doch als sie uns das Essen brachte, war ihr Gesicht weiterhin teilnahmslos.

Glücklicherweise ebbte der Streit etwas ab, sodass wir in relativer Ruhe essen konnten. Als wir gingen, sahen wir die Tochter draußen auf einer kleinen Bank hocken und eine Zigarette rauchen.

»Woher kommt ihr?«, fragte sie uns.

Während sie sich mit meinem Freund unterhielt, bekam ich die Chance, sie näher zu betrachten. Ihr Augen waren nahezu verschleiert von starkem schwarzem Eyeliner. Aber darunter konnte ich geschwollene Tränensäcke erkennen, als ob sie die ganze Nacht geweint oder gefeiert hätte. Wenn solche Säcke länger vorhanden sind, zeigen sie an, dass Nieren und Blase damit zu schaffen haben, Flüssigkeitsansammlungen zu verhindern. Außerdem waren säckchenartige kleine Schwellungen rechts und links neben ihrer Unterlippe zu sehen. Das deutet auf eine geschwächte Gallenblase hin. Ihre Mundwinkel zeigten nach unten und bestätigten damit, was ohnehin schon zu erahnen gewesen war: Sie war sehr unglücklich.

»Warum arbeitest du hier?«, fragte ich sie. »Es scheint anstrengend zu sein.«

»Meine Eltern brauchen meine Unterstützung«, meinte sie.

»Brauchen sie diese oder erwarten sie sie nur? Der Laden scheint klein genug zu sein, dass sie damit allein zurechtkämen.«

Sie räumte ein, dass das wohl stimmte. »Ich bin aber auch ehrgeizig«, sagte sie. »Ich spare mein Geld, um aufs College gehen zu können. Es ist schwer, in so einem kleinen Restaurant genug Geld zu verdienen, aber ich denke, ich kann es noch eine Weile aushalten.«

Das war eine typische Aussage eines Berggesichts. Berggesichter nehmen immer den »langen Weg«, wie chinesische Gesichtleser zu sagen pflegen. Ihr Blick liegt immer in der Zukunft, nicht in der Gegenwart. So schieben sie Dinge hinaus und werden zu Spätzündern.

Ich erklärte ihr das Gesichtlesen und die Eigenschaften des Berggesichts. »Du hast zwar die Ausdauer und Geduld, das durchzustehen«, sagte ich, »aber du zahlst einen körperlichen Preis dafür. Normalerweise können Nieren und Gallenblase eine Übersäuerung des Körpers gut ausgleichen, insbesondere in deinem Alter. Du aber sammelst alles an. Ich erkenne das in deinem Gesicht.«

Ich zeigte auf zwei Muttermale, die ich über ihren Augen entdeckte. »Diese Muttermale, eines rechts und eines links, sind deine zweiten Augen. Du umrandest deine Augen schwarz, um zu verstecken, was sie ausdrücken. Aber auch, um nicht zugeben zu müssen, was du siehst. Doch das Dritte Auge zu haben, bedeutet, dass du über eine gute Intuition verfügst und einfühlsam bist. Du kommst nicht umhin, Gefühle aufzunehmen, insbesondere den Konflikt zwischen deinen Eltern. Du kannst nicht leugnen, wie sehr dich das verletzt. Diese Gefühle verursachen deine Übersäuerung.«

Sie hörte sehr genau zu.

»Du magst dazu bestimmt sein, den langen Weg zu nehmen, aber du musst ihn nicht jedes Mal einschlagen«, sagte ich. »Wenn du in einem besseren Job den langen Weg nimmst, hast du zumindest eine Chance, dein Ziel zu erreichen. Je länger du das nach hinten schiebst, desto unwahrscheinlicher wird es, dass du Fortschritte machst. Eben weil du ein Berggesicht bist.«

An diesem Punkt begann ich darüber nachzudenken, dass ich gerade im Begriff war, jemandem ungebetene Ratschläge aufzuzwingen. Aber das Bewusstsein, dass sie gefangen war, machte mich betroffen – ebenso das Wissen, dass sie in ihrer dem Berggesicht typischen Art eher abwarten würde, als sich zu befreien. Deswegen blieb mir nichts anderes übrig, als mit ihr zu sprechen. Sie wirkte dankbar und nachdenklich. Noch heute frage ich mich hin und wieder, wohin sie ihr Weg wohl führte.

MIKROEXPRESSIONEN

»Dem Klugen wird auch ein Gesicht zur Sprache.«
(PUBLILIUS SYRUS)

Als wir eines Morgens in seiner Küche bei einer Tasse Tee zusammensaßen, fragte mich mein chinesischer Lehrmeister: »Eric, woran erkennt man, dass ein Mensch alt ist?«

Ich antwortete natürlich das, was eigentlich jeder antworten würde: »An der Anzahl seiner Falten sowie seiner grauen Haare.«

Die Antwort schien ihn zu amüsieren. Sein schelmisches Lachen auf manche meiner Antworten klang so, als würde er sich insgeheim ein wenig freuen, dass ich ihm auf den Leim gegangen war – aber vielleicht ist das auch eine kleine Unterstellung meinerseits.

»Nein. Ob jemand alt ist, erkennt man an seiner Mimik.«

Ich sah ihn etwas verwundert an.

»Wir reden nicht über das gleiche Altsein. Es gibt Menschen, die im Herzen jung geblieben sind. Sie zeigen in ihrem Gesicht immer noch die Mimik, die ein Kind aufweist – die Begeisterung und Lebenslust, die in ihnen steckt, äußern sich an einem regen Mienenspiel mit weit aufgerissenen Augen und Mündern«, sagte der alte Mann.

Er fuhr fort: »Kinder leben Grundemotionen noch stärker aus. Manche Erwachsenen hingegen bilden im Laufe ihres Lebens eine stark zugespitzte oder kontrollierte Mimik aus. Die Mimik eines Menschen verrät uns, ob jemand alt oder jung denkt. Ob jemand neugierig und offen ist oder festgelegt und dogmatisch.«

DAS MIENENSPIEL

Die Mimik ist neben den Gesichtsmerkmalen die zweite wichtige Säule, wenn es um die Analyse eines Gesichts geht. Die Mimik ist als Ausdruck der aktuellen Situation anzusehen. Deshalb müssen wir diese als Momentaufnahme verstehen, die nur in einem eingeschränkten Maße mehr über den Menschen verrät. Eine Ausnahme bildet wie eben geschildert dabei, zu welcher Mimik der Mensch grundsätzlich fähig ist.

Wir entwickeln über die Spiegelneuronen im Laufe unserer frühen Kindheit Emotionen, die sich in unserem Gesicht ablesen lassen (siehe ab Seite 12). Die Forschungen und Veröffentlichungen des amerikanischen Psychologen Dr. Paul Ekman (geb. 1934) gelten in diesem Bereich als bahnbrechend. Seine Hauptarbeit widmet sich den Bewegungen der Gesichtsmuskeln und deren Bedeutung. Über Mikroexpressionen verrät ein Mensch seine wahren Gefühle und Absichten. Ekman hat dabei sieben Basisgefühle definiert: Freude, Wut, Traurigkeit, Ekel, Verachtung, Furcht und Überraschung. Seine Forschungen haben ergeben, dass diese Emotionen vollkommen unabhängig von der jeweiligen Kultur sind. Sprich, egal ob es sich um westliche, südliche oder fernöstliche Länder handelt, oder gar um einen indigenen Stamm, alle Menschen reagieren mit dem gleichen Mimikspiel, wenn sie diese Gefühle in sich spüren. Umgekehrt sind auch wir in der Lage, diesen Gesichtsausdruck bei anderen Menschen zu entschlüsseln, egal wo wir aufgewachsen sind oder wie wir erzogen wurden.

Wir drücken Gefühle grundsätzlich unwillkürlich aus. Dennoch spielen bei der jeweiligen Ausdrucksstärke unsere Erziehung, unser kultureller Hintergrund, aber auch unser Temperament eine wichtige Rolle. Auch das Geschlecht ist dabei nicht zu vernachlässigen, da für Emotionen wie Traurigkeit oder Wut andere Muster vermittelt werden – so liegt die Reizschwelle im Hinblick auf Trauer bei Männern häufig immer noch höher, als es bei Frauen der Fall ist. Hierbei ist jedoch in den letzten Jahrzehnten eine gesellschaftliche Veränderung feststellbar.

Die Bandbreite der Gefühle

Bei Emotionen gibt es selbstverständlich ein breites Spektrum. Wenn wir beispielsweise das Gefühl der Angst betrachten, besteht ein erheblicher Unterschied zwischen einer leichten Überraschung, bei der wir bei unserem Gegenüber lediglich leicht hochgezogene Oberlider wahrnehmen, und echter Panik. Denn je größer die Angst ist, desto stärker sind die Augenlider beteiligt – die Oberlider werden immer weiter nach oben gezogen und die Unterlider sind immer stärker angespannt. Das übrige Gesicht bleibt dabei meist ungerührt.

Auch liegt auf der Hand, dass sich eine leichte Traurigkeit in Mimik und Stimme anders zeigt als tiefe Trauer oder Verzweiflung. Dass uns diese Gefühle bei starker Ausprägung ins Gesicht geschrieben stehen, hat eine wichtige Funktion: Es ist ein Aufruf dafür, Zuwendung und Trost zu erhalten. Der Gesichtsausdruck hilft nicht nur dabei, unangenehme Erlebnisse besser zu verarbeiten, sondern er stärkt auch die Bindung zu unserem Gegenüber – mitunter sogar zu Menschen, die wir bisher nicht gut kannten. Ekman bezeichnet den Drang, einem verzweifelten Kind seinen Trost anzubieten, als Basis des Gemeinschaftssinns.

Manche Menschen gehen Emotionen jedoch gezielt aus dem Weg. Sie möchten sich nicht verletzlich zeigen und schließen Emotionen in sich ein. Sie vermeiden meist auch Situationen, in denen sie mit stärkeren, für sie unangenehmen Gefühlen konfrontiert werden. Der vermeintliche Schutz hat einen Preis, verschließen sich diese Menschen doch nicht nur vor so vielen Erlebnissen, die die Vielfalt des Lebens bietet, sondern auch davor, in eine intensivere, bereichernde Auseinandersetzung mit anderen Menschen zu gehen.

Sich bewusst zu machen, wie sich Emotionen nicht nur anfühlen, sondern auch wie sie aussehen, ist ein erster wichtiger Schritt dafür, Missverständnisse in der Kommunikation mit unseren Mitmenschen zu minimieren. Dadurch lernen wir nicht nur uns selbst besser verstehen, sondern wir können auch schneller die Reaktion einordnen, die unser Gegenüber zeigt. Es ist wissenschaftlich erwiesen, dass schon die Vorstellung sowie die bewusste Imitation eines Gefühls selbiges in uns auslösen kann.

Auf Seite 176 und 177 findest du Zeichnungen, die die sieben Basisemotionen Freude, Ärger, Traurigkeit, Ekel, Verachtung, Angst und Überraschung verdeutlichen. Sie eignen sich als Vorlage für die Übung auf Seite 174 und 175. Wenn wir wissen, wie Emotionen bei uns selbst aussehen, ist es auch einfacher, sie bei unserem Gegenüber zu entschlüsseln. Die Spiegelübung mag zwar zunächst leicht klingen, aber ich bin immer wieder überrascht, wie schwer sie in der Umsetzung fallen mag. Wir können mithilfe dieser Übung interessante Beobachtungen über uns selbst machen.

Dazu sei noch gesagt, dass es selbstverständlich auch Mischemotionen gibt. So drückt beispielsweise Freude und Verachtung Schadenfreude aus. Wenn Ärger und Ekel zusammenkommen, haben wir es mit dem äußerst starken Gefühl des Hasses zu tun. Trauer, Angst und Wut fühlen wir gleichzeitig, wenn wir eifersüchtig sind.

Im Anschluss daran schildere ich dir zwei Geschichten, die ich als Facereader erlebt habe. In der ersten geht es darum, wieso ein klassisches Pokerface denkbar ungeeignet dafür ist, etwas zu verbergen. Und in der zweiten Geschichte wird offensichtlich, worin wir den Unterschied zwischen einer echten und einer vorgespielten Emotion erkennen. Bei einer vorgetäuschten Mimik entstehen häufig Fehler, die wir mit etwas Übung und genauerer Betrachtung erkennen können. Dafür gebe ich dir eine Faustregel an die Hand, die es etwas einfacher machen wird, manche Reaktionen in der Mimik deines Gegenübers einzuschätzen.

LIES NUN SELBST

Schaue dir die einzelnen Emotionen auf den Zeichnungen genau an. Stelle dich einmal vor den Spiegel, imitiere die Emotionen gezielt und kontrolliere dich immer wieder.

- Für das Gefühl der Traurigkeit blickst du eher nach unten. Öffne den Mund und ziehe die Mundwinkel nach unten. Dann versuche die Wangen hochzuziehen. Denke dabei an ein trauriges Erlebnis und versuche dich einzufühlen. Versuche dich zudem in verschiedenen Abstufungen des Gefühls.
  Reflektiere einen Moment: Was löst dieser mimische Ausdruck in dir aus? Und wie sieht er in seinen jeweiligen Ausprägungen im Spiegel aus?
- Für das Gefühl des Ärgers runzle die Stirn und ziehe die Augenbrauen zusammen. Reiße dabei die Augen auf und blicke geradewegs in den Spiegel. Presse die Lippen und Zähne fest aufeinander. Denke dabei an ein Erlebnis, das dich wütend gemacht hat. Versuche dich an verschiedenen Abstufungen des Gefühls.
  Reflektiere einen Moment: Was löst dieser mimische Ausdruck in dir aus? Und wie sieht er in seinen jeweiligen Ausprägungen im Spiegel aus? Spürst du möglicherweise auch eine ansteigende Hitze und innere Anspannung, die damit einhergehen?
- Für das Gefühl der Angst öffnest du den Mund und ziehst die Lippen in Richtung Ohren. Hebe deine oberen Augenlider und spanne die unteren an. Hebe auch deine Brauen an und ziehe sie wenn möglich zusammen. Denke dabei an ein Erlebnis, das dir Angst gemacht hat. Versuche dich an verschiedenen Abstu-

fungen des Gefühls. Reflektiere einen Moment: Was löst dieser mimische Ausdruck in dir aus? Und wie sieht er in seinen jeweiligen Ausprägungen im Spiegel aus? Spürst du es möglicherweise auch im Magen oder nimmst du eine Veränderung deines Atems wahr?

◇ Für das Gefühl von Ekel und Verachtung ziehst du einen Mundwinkel seitlich nach oben. Probiere beide Seiten aus und öffne dabei den Mund. Blicke dabei von oben nach unten. Versuche auch die Augenbrauen zusammenzuziehen und die Nase zu kräuseln. Denke dabei an ein Erlebnis, bei dem du dich geekelt hast. Beachte dabei, dass dieses Gefühl manchmal schwer hervorzurufen ist. Je nach Persönlichkeitsstruktur liegt es dir möglicherweise fern. Versuche dich an verschiedenen Abstufungen des Gefühls. Reflektiere einen Moment: Was löst dieser mimische Ausdruck in dir aus? Und wie sieht er in seinen jeweiligen Ausprägungen im Spiegel aus?

◇ Für das Gefühl von Freude gibt es unzählige Spielarten wie unter anderem Dankbarkeit, Fröhlichkeit, Überraschung, Erregung und so weiter. Erinnere dich an ein Erlebnis dieser Art und beobachte, wie sich dein Gesicht verändert. Versuche dann, bewusst zu lächeln. Bei einem echten Lächeln sind immer Augen und Mund beteiligt. Die Mundwinkel gehen nach oben, die Zähne können unter Umständen sichtbar sein. Die Wangen schieben sich nach oben und die Ringmuskulatur um die Augen verengt sich. Die Augen strahlen. Versuche dich an verschiedenen Abstufungen des Gefühls. Reflektiere einen Moment: Was löst dieser mimische Ausdruck in dir aus? Und wie sieht er in seinen jeweiligen Ausprägungen im Spiegel aus?

DIE SIEBEN BASISEMOTIONEN

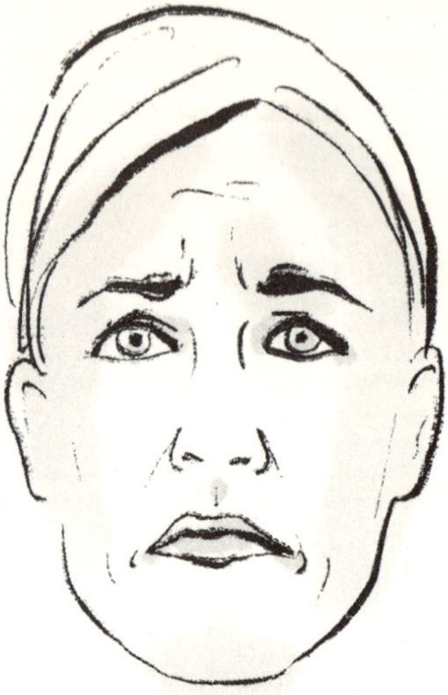

Traurigkeit

Ärger

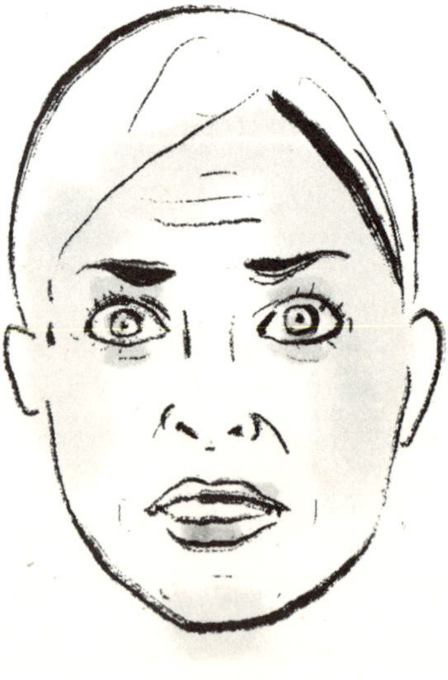

Angst

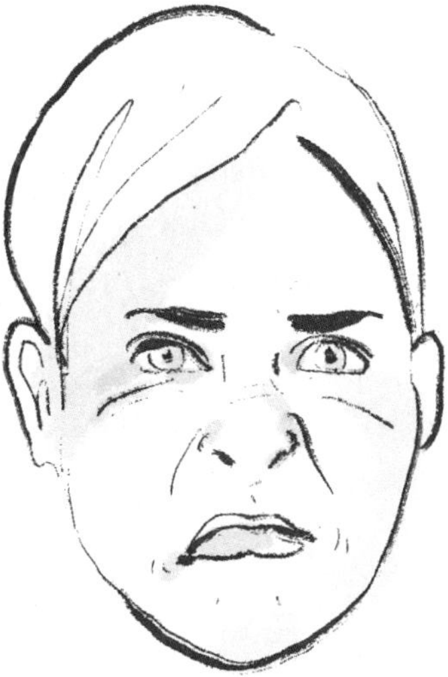

Ekel

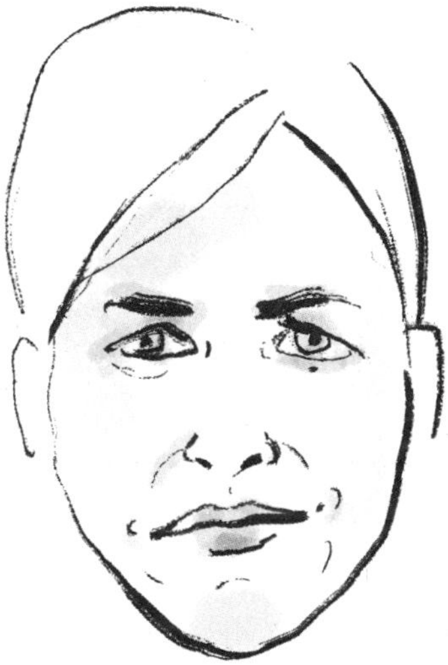

Verachtung

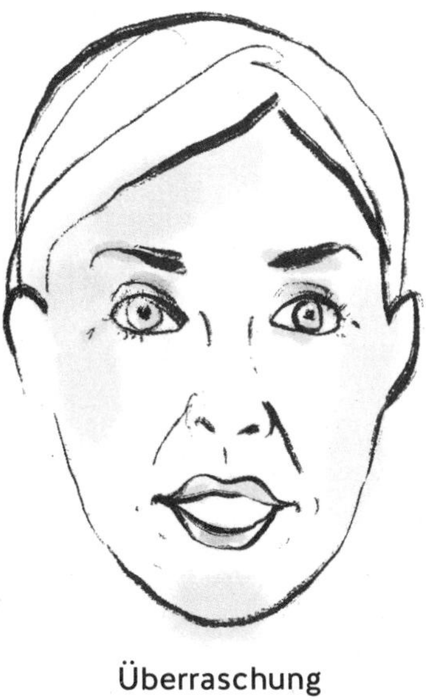

Überraschung

Freude

DAS POKERFACE

Mit der Frage, ob man denn seine Gedanken komplett verbergen könne, kam ein professioneller Kartenspieler aus der chinesischen Spielerstadt Macau auf mich zu. Ich arbeitete damals im Mandarin Oriental in Hongkong, etwa zwei Stunden mit der Fähre entfernt. Der Pokerspieler bekam eine Massage im Hotel und erfuhr dort, dass ich Gesichtleser sei. Ganz kurzfristig meldete er sich bei mir an, ich ließ umgehend meinen Kaffee stehen und wir trafen uns im Besprechungszimmer.

Er begrüßte mich mit den Worten: »Als Pokerspieler habe ich mein Gesicht bestens im Griff. Sie werden nicht viel darin lesen können. Ich bin gespannt, was Sie herausfinden.«

Ich musste ein wenig schmunzeln, denn offensichtlich hatte er nicht ganz verstanden, worum es beim Facereading geht – es ist nicht vergleichbar mit der vornehmlichen Arbeitsweise von Mentalisten, die sich mithilfe ausgefeilter Tricks, Körpersprache sowie Mimik an mögliche Gedanken des Gegenübers heranarbeiten. Doch er saß unbeweglich mit versteinerter Miene vor mir und beharrte auf seinem Ansinnen.

Ich erwiderte daraufhin: »Das Erste, was ich aus Ihrem Gesicht lesen kann, ist, dass Sie tatsächlich etwas vor mir verstecken wollen. Sie glauben durchaus, dass man im Gesicht lesen kann. Weil Sie Ihr Gesicht versteinern, haben Sie wohl Sorge, dass man etwas daraus erfahren könnte.«

Er musste grinsen. Ich fuhr fort: »Sie können viel mehr verstecken, wenn Sie Ihr Gesicht bewegen. Auf diese Weise tragen Sie eine sensationell gute Maske, denn keiner kommt darauf, dass Sie etwas verbergen wollen. Je mehr Sie Ihr Gesicht unter Kontrolle haben, umso mehr ahnt man: In ihm geht irgendetwas vor. Und weil es versteckt wird, denkt das Gegenüber: Es ist wohl nicht zu meinem Vorteil.«

Mein Kunde wollte noch mehr wissen. So erzählte ich ihm viel über ihn selbst und über die gesundheitlichen Aspekte, die ich in seinem Gesicht sehen konnte. Er hatte beispielsweise Äderchen auf der Wange, was auf eine Herzerkrankung hindeutete. Ich gab ihm den Tipp, weniger Alkohol zu trinken, denn er hatte eine rote Nasenspitze mit tiefen Poren. Zudem sagte ich ihm, dass er ein sehr herzlicher Mensch sei und dass er dazu neige, sich leicht von Genüssen einfangen zu lassen.

Er fand das alles so interessant, dass er den anderen aus seiner Gruppe davon erzählte. Sie engagierten mich sofort, um beim Pokern noch besser zu werden. Auch von den anderen kam wieder die Frage nach einer möglichst ungerührten Mimik.

Das würde ihnen beim Pokern nicht helfen, erklärte ich ihnen. Die Begriffe »passiv« oder »ausdruckslos« sind dafür geeigneter, denn ein Gesicht aus Stein aufzusetzen, ist kein passiver Akt. Es braucht sehr viel Konzentration. Und noch viel wichtiger: Die Bewegung der Gesichtsmuskeln stimuliert unser Gehirn. Wenn unser Gesicht inaktiv ist, ist es auch unser Gehirn. Es kann also weniger gut Karten zählen, die nächste Aktion planen oder erraten, wie es um das Blatt des Gegners steht.

Besser, als sich still zu verhalten und in einer Passivität zu verharren, ist es, aus einer Position der Stärke heraus sich selbst Kraft zu geben und die Situation auf diese Weise zu beherrschen: ganz bewusst aktiv zu sein, immer wieder über die Karten zu schauen, den Raum im Blick zu behalten, den Wettkampf zu steigern und so weiter. Das sorgt für Bewegung im Gehirn.

»Wenn wir die anderen Spieler begutachten, werden sie es merken. Es ist zu offensichtlich«, widersprachen die Männer.

»Aber sie erwarten doch von euch, dass ihr sie studiert«, antwortete ich. »Ihr werdet ihnen keinen Hinweis geben, den sie nicht ohnehin schon kennen. Sich auf sie zu fokussieren, kann euch davon abhalten, Gedanken über eure eigenen Karten zu enthüllen. Es ist effektiver, als ein klassisches Pokerface aufzusetzen. Währenddessen bleibt euer Gehirn rege.«

»Das bedeutet, wir verstecken einen Gedanken mit einem anderen!« »Genau so funktioniert das«, sagte ich.

Wir trafen uns in der Folge noch einige weitere Tage und trainierten zusammen. Einer aus der Gruppe war am Ende so weit, dass er, bevor er sich an den Pokertisch zu den anderen Spielern setzte, zunächst diese begutachtete und überlegte, ob ein gemeinsames Spiel Sinn machen würde.

HARTE KERLE?

Wenn man den Mikroausdruck einer Person nicht nachahmen kann, ist es schwierig, zu erkennen, was das Gegenüber denkt. Dieses interessante Problem beobachtete ich bei einer Klientin in London – eine sanfte, höfliche Frau.

Als ich sie fragte, ob sie gut hergefunden hätte, berichtete sie mir: »Ich hasse es, diesen Häuserblock entlangzulaufen, weil mich die Typen, die hier auf der Straße rumhängen, ängstigen.«

Ich hatte keine besonders bedrohlichen Personen in der Nachbarschaft bemerkt, also fragte ich: »Was macht sie Ihrer Meinung nach beängstigend? Die Art, wie sie sich kleiden?«

»Es ist ihr Gesichtsausdruck. Sie sehen gefährlich aus.«

»Zeigen Sie ihn mir«, sagte ich. Also versuchte sie, ihr Gesicht bedrohlich aussehen zu lassen. Sie wirkte dabei so albern, dass wir schon bald beide lachen mussten.

»Ich probiere es auch mal«, meinte ich dann. »Sagen Sie mir Bescheid, wenn es mir gelungen ist.« Ich zog mein Kinn nach unten und rollte einen Mundwinkel nach oben. Ich starrte sie mit zusammengezogenen Augen an. In meiner Vorstellung sah ich mich als einen Stier, der sich zum Angriff bereit macht.

»Ja, so sehen sie aus«, bestätigte mir die Frau.

Ich ermutigte sie dazu, es noch einmal selbst zu probieren. Aber selbst ihr Versuch, meinen feindseligen Ausdruck einfach zu kopieren, war nicht annähernd Furcht einflößend.

Sie war von Natur aus nicht angriffslustig, daher konnte sie das Gefühl nicht sehr überzeugend rüberbringen. Aber selbst vertraute Emotionen wie Fröhlichkeit und Traurigkeit kann man nicht so einfach transportieren, wenn man sie nicht wirklich empfindet. Besonders Traurigkeit ist nicht leicht vorzuspielen, selbst wenn man weiß, dass man die inneren Enden der Augenbrauen anheben und zusammenziehen, das Kinn anheben, einen Schmollmund machen und die Mundwinkel nach unten ziehen muss. Die meisten von uns können falsche Fröhlichkeit erkennen, selbst wenn die Hauptelemente – ein Lächeln, das die Wangen anhebt, und Fältchen in den Augenwinkeln – vorhanden sind.

Einer der größten Hinweise, ob ein Mikroausdruck echt oder nur Fake ist, ist die Dauer des Gesichtsausdrucks. Daher fragte ich meine Klientin: »Wie lange dauern diese beängstigenden Blicke?«

»Diese Typen starren mich die ganze Zeit finster an, während ich die Straße entlanglaufe.«

»Dann ist das wahrscheinlich kein Ausdruck echter Aggression«, erwiderte ich. »Ein gefährlicher Blick, wie ihn jemand hat, der kurz davor steht, wirklich anzugreifen, dauert vielleicht ein oder zwei Sekunden. Jemand, der einen Gesichtsausdruck länger hält, strengt sich bewusst dafür an. Diese Typen versuchen vielleicht, taff auszusehen, um sich gegenseitig zu beeindrucken – nicht aber um Sie, die keine Gefahr darstellen, einzuschüchtern.«

Natürlich gibt es keine todsichere Garantie, dass jemand, der wütend aussieht, harmlos ist. Aber als Faustregel gilt: Ein Gesichtsausdruck, der länger als fünf Sekunden anhält, ist nicht authentisch.

»Das ist befreiend«, meinte daraufhin meine Klientin. »An unbekannten Orten werde ich unruhig. Ich kontrolliere wohl besser mal meine eigenen Mikroausdrücke, damit ich nicht meine Nervosität ausstrahle.«

HAND-IM-GESICHT-GESTEN

»Nichts gibt mehr Ausdruck und Leben als die Bewegung der Hände; im Affekte besonders ist das sprechendste Gesicht ohne sie unbedeutend.«

(GOTTHOLD EPHRAIM LESSING)

Vor einigen Jahren wollte bei einem Fernsehauftritt der Moderator von mir wissen, was ich über ihn an seinem Gesicht ablesen könne. Nach einigen Ausführungen über seine Persönlichkeit, die ihm sichtlich Freude bereiteten, bat er mich um immer weitere Informationen. Im Eifer des Gefechts vergaß ich, dass ich live war – und so rutschte mir die Aussage heraus: »In ihrem Liebesleben gibt es viele Extreme.« Im gleichen Moment korrigierte mich mein Verstand und ich fuhr fort: »Doch darüber wollen wir jetzt nicht sprechen.«

Der Moderator schmunzelte und sagte: »Das interessiert mich jetzt, machen Sie ruhig weiter.« Zeitgleich verschloss er mit seinem Zeigefinger seinen Mund. Er wollte mir so unterbewusst signalisieren: »Sprich nicht weiter.«

Dies ist ein gutes Beispiel dafür, wie unser Unterbewusstsein unser neugieriges Bewusstsein im Zaum halten kann. Ich verstand und schwieg – worüber der Moderator sicherlich dankbar war.

DAS GEBÄRDENSPIEL

Die Körpersprache ist die dritte und letzte Säule, wenn es darum geht, einen Menschen richtig einzuschätzen. Die große Schwierigkeit bei der Körpersprache besteht darin, dass sie leicht antrainierbar ist und im Gegensatz zur Mimik der Unterschied nur schwer erkennbar ist. Deshalb ist es verlässlicher, sich auf Gesten zu konzentrieren, die mit dem Gesicht zusammenhängen. Denn trotz aller Erziehungsmaßnahmen, selbst in Zeiten von Corona, fällt es Menschen äußerst schwer, sich nicht ins Gesicht zu fassen. Etwa achtmal pro Minute vollziehen wir diesen unbewussten Reflex. Du siehst daran, wie schwierig es ist, sich diese Angewohnheit abzugewöhnen. Umgekehrt gilt daher, dass dieses unbewusst ablaufende Verhalten eine wichtige Informationsquelle für uns darstellt. Wir können uns diese Gesten als Ausdruck eines nervlichen Reizes vorstellen, der verrät, was in einem Menschen vor sich geht.

Verschiedene Gestentypen

Gesten können stark individuell geprägt sein oder auch in bestimmten beruflichen Kreisen oder auch in verschiedenen Kulturen vorherrschen. Sie besitzen zudem unterschiedliche Funktionen. Welche Formen können hierbei unterschieden werden?

- Lexikalisierte Gesten besitzen dieselbe Aussagekraft wie Wörter. So gelten manche Gesten, die in Europa vollkommen positiv aufgefasst werden, in anderen Ländern als Kränkung oder gar Beleidigung. Ein Beispiel ist das Peace-Zeichen, das bei uns für »Frieden« oder »Sieg« steht. Wenn man dabei jedoch den Handrücken nach vorne dreht, kann das für Briten oder Australier ein unfreundlicher Hinweis darauf sein, dass man in Ruhe gelassen werden möchte.
- Zeigegesten hingegen sind die Gesten, die wir als Erstes als Kinder lernen – jemand deutet mit dem Finger auf einen Gegenstand, einen Ort oder eine Person.
- Unter metaphorischen Gesten versteht man, wenn wir zum Beispiel so tun, als würden wir etwas in der Hand halten.

- ◇ Ikonische Gesten machen wir, wenn wir etwa eine Tat nachspielen oder die Umrisse eines Objektes nachzeichnen möchten.
- ◇ Beat-Gesten kennt wahrscheinlich jeder von uns noch aus dem Elternhaus – als unsere Eltern bei einer Standpauke unterstützend den Finger mitgeschwungen haben.

So weit diese theoretische Clusterung der verschiedenen Formen. Es gibt darüber hinaus Gesten, die wir an unserem Gegenüber oder uns selbst beobachten können, die eine ganz bestimmte Botschaft vermitteln. Aus einer Vielzahl an Gesten greife ich diese folgenden heraus:

- ◇ Kinn reiben: Das Kinn symbolisiert im Gesichtlesen Moral und Werte. Wenn wir es reiben, prüfen wir die Situation oder die gefallenen Worte nach diesen Maßstäben.
- ◇ Nase reiben: Die Nase steht für die Berufs- und Arbeitswelt. Diese Geste ist ein besonders starker Hinweis auf Stress, insbesondere im materiellen Bereich.
- ◇ Ohr ziehen: Die Ohren werden der Kindheit zugeordnet (siehe Seite 118). Wer diese Geste ausübt, verdeutlicht, dass er sich endlich Gehör verschaffen und zu Wort kommen will.
- ◇ Mund spitzen oder mit der Zunge von innen die Wange berühren: Wir selbst oder unser Gegenüber suchen unseren Gesprächseinsatz.
- ◇ Gesicht reiben: Das Gespräch oder ein Erlebnis scheint uns oder den anderen zu belasten und es wird durch die Geste nach Balance gesucht.
- ◇ Augen reiben: Diese Handlung verdeutlicht, dass wir oder unser Gegenüber eines Themas überdrüssig sind – oder dass dem vorliegenden Problem nicht in die Augen geschaut werden möchte.
- ◇ Unterlippe massieren: Sie steht in direktem Kontakt mit

der Verdauung. Wir wollen ein Thema loslassen, doch noch fehlt der Mut dazu. Die Geste soll den Prozess unterstützen.

DAS ZUSAMMENSPIEL DER DREI SÄULEN

Nur wenn wir mehrere Gesichtsmerkmale, Hand-im-Gesicht-Gesten sowie die Mimik eines Menschen miteinander verknüpfen, erhalten wir ein aussagekräftiges Gesamtbild über ihn. In meinen Kursen gebe ich eine ganzheitliche Methode weiter, die sich auf diese drei Säulen stützt. Ich bin überaus dankbar für all das Wissen, das ich von meinen Lehrmeistern erlangt habe. Nur eine Sache hatte mich im Laufe der Zeit mehr und mehr beschäftigt: Wie lassen sich denn alle diese Techniken verbinden, um noch tiefer gehende Erkenntnisse über einen Menschen zu gewinnen? Aus diesem Grund habe ich diesen praktikablen Ansatz entwickelt. Um dir dieses Zusammenspiel nahezubringen, erzähle ich dir eine fiktive Geschichte.

Wir haben in einem Reading einen etwa fünfunddreißigjährigen Mann vor uns. Er ist Versicherungskaufmann mit einem eigenen Unternehmen, das er sich aufgebaut hat. Der Mann ist verheiratet und hat zwei kleine Kinder.

Wir stellen fest, dass er einen sehr kantigen Kiefer aufweist, also ein Königsgesicht besitzt (siehe Seite 152). Ein König möchte führen und etwas erschaffen. Doch wenn wir seine Mimik betrachten, können wir beobachten, dass er die Innenseite seiner Augenbrauen angehoben hat und dass seine Mundwinkel nach unten gezogen sind. Wir können also erfassen, dass er sich in einem Zustand der Niedergeschlagenheit und Hoffnungslosigkeit befindet – der Mann lebt verlierend (siehe Seite 43). Selbst als wir ihm freundlich ein Glas Wasser anbieten, blickt er nicht auf, sondern scheint ganz in seinen Gedanken versunken zu sein.

An den hoch gesetzten Ohren sehen wir, dass er eigentlich ein Mensch ist, der schnell Entscheidungen trifft (siehe Seite 118). Die sichtbare Sclera unter den Augen vermittelt seinen großen Erschöpfungsgrad (siehe Seite 95).

So viel zur Mimik und den Gesichtsmerkmalen – kommen wir zu seinen Gesten. Er fasst sich im Laufe des Gesprächs immer wieder ans Kinn und reibt es sich (siehe Seite 184). Diese Gebärde zeigt uns ein großes Unwohlsein und wird von einem

Blick nach unten begleitet. Wir können dies als Scham ansehen – und der Mann scheint immer noch zu prüfen, die Suche eines Auswegs ist noch nicht an ihm erkennbar. Es wird deutlich, dass er sehr stark in dieser Emotion feststeckt.

Während er sich ständig zum Kinn greift, massiert er auch immer wieder die Unterlippe und zieht daran herum (siehe Seite 184). In ihm scheint es zu arbeiten: »Wie kann ich mich von dieser Situation lösen?«

Der Blick bleibt jedoch nach unten gerichtet. Und daran erkennen wir den Widerspruch: Wir sehen einen Mann vor uns, der ein Macher, ein König ist. Er will etwas kreieren und anführen – und das grundsätzlich relativ rasch dank einer impulsiven Natur. Doch momentan ist er äußerst müde und spürt eine große innere Gefangenheit.

Wenn wir dazu noch ein antlitzdiagnostisches Merkmal hinzuziehen, sehen wir sogar, dass er Äderchen auf den Wangen hat – sein Herz ist in Mitleidenschaft gezogen. Der Mann lebt also nicht seine wahre Persönlichkeit, sondern ist von Ereignissen gebeutelt. Dabei scheint es sich um eine Herzensangelegenheit zu handeln. Aufgrund der deutlich wahrnehmbaren Scham könnten wir also ein außereheliches Stelldichein vermuten, das dem Mann schwer zu schaffen macht und aus dem er einen Ausweg sucht. Näheres darüber gilt es vorsichtig im Gespräch herauszufinden, um ihm mit konkretem Rat weiterhelfen zu können.

VORGEHENSWEISE EINES READINGS

Anhand dieses Beispiels habe ich dir den Ablauf einer typischen Sitzung im Facereading erläutert: Wir haben charakteristische Gesichtsmerkmale sowie die aktuelle Mimik und Gestik eines Menschen erkannt und im zweiten Schritt benannt. Als Drittes haben wir das, was wir erkennen konnten, miteinander verknüpft.

Und als Letztes geht es darum, den Mann ohne Wertung in seinem Anliegen zu sehen und ihm vorurteilsfrei einen Rat zu geben, wie er weiterverfahren könnte. An der folgenden Geschichte siehst du, wie diese drei Säulen zusammengedacht ein Gesamtbild über einen Menschen ergeben.

EIN VERSTECKTER BURN-OUT

Bei einer Tour durch eine Zeitschriftenredaktion gab ich vor einigen Jahren einen Kurs und erlebte dabei eine überraschende Geschichte. Ein Mann Anfang dreißig kam am Ende zu mir und buchte ein Reading. Er wollte im Zuge dessen von mir wissen, warum er ständig missverstanden werden würde – von seinen Arbeitskollegen, seiner Familie und auch seinen Freunden.

»Ständig muss ich mich erklären. Mich hat das im Laufe der letzten Monate wirklich depressiv gemacht. Es ist doch auch kein Wunder, dass ich ständig übel gelaunt bin. Bei all den nervigen Fragen«, ärgerte sich der Mann. Dabei blähte er immer wieder seine Nasenlöcher – ein mimisches Zeichen für Abscheu.

Es wurde schnell deutlich, dass er für sein Unwohlsein vor allem die anderen verantwortlich machte. Dennoch ging ich frei von Urteilen auf ihn zu – ein Gesichtleser wertet nicht.

»Finden Sie in meinem Gesicht einen Ansatzpunkt, woran das liegen könnte?«, fragte er mich.

Wenn jemand so etwas sagt, dann suche ich nach Widersprüchen im Gesicht. Also zum Beispiel: Man erkennt wie in der vorherigen Geschichte anhand der Gesichtsform ein Königsgesicht, mit dem der Mensch prädestiniert dafür ist, nach vorne zu drängen (siehe Seite 152), und gleichzeitig aber Merkmale, die langes Abwägen zeigen – wie beispielsweise tief sitzende Ohren (siehe Seite 118). Oder wenn bei jemandem etwa drei Gesichtsformen zusammenkommen, deutet das auf eine komplexe Persönlichkeit hin, die eher schwierig zu interpretieren ist.

»Sie besitzen ein Feuergesicht (siehe Seite 132)«, erklärte ich dem Mann. »Sie brennen vor Leidenschaft und verschreiben sich einer Sache mit Leib und Seele.«

Der junge Mann bejahte. Mit einem Mal saß er ganz zusammengesunken da und rieb sich ständig mit den Händen das Gesicht. Er suchte auffallend oft nach Balance (siehe Seite 184).

Mir wurde klar, woran es liegen könnte. Und so sagte ich zu ihm: »Ob andere Sie nicht verstehen, kann ich nicht beurteilen, aber wie gut kennen Sie sich selbst?«

Ich fuhr fort: »Wissen Sie um Ihre körperlichen Grenzen und wann Sie sich mental verausgaben?«

Der Mann grübelte sichtlich und antwortete: »Das merke ich schon – ich bin dann völlig erschöpft. Aber es ist für meine Karriere enorm wichtig, dass ich mich einsetze.«

Im weiteren Gespräch stellte sich jedoch heraus, dass er in seinem Job keine große Perspektive zu erwarten hatte. Und seine Umgebung konnte immer weniger nachvollziehen, weshalb er sich so aufrieb.

»Ihre Stimmungsschwankungen und Ihre Melancholie haben nichts damit zu tun, dass andere Sie nicht verstehen, sondern dass Sie sich selbst nicht verstehen. Andere Menschen sehen das lediglich und äußern ihre Bedenken«, meinte ich. Es war interessant zu sehen, wie ein Mensch eine so verschobene Wahrnehmung haben kann, dass er sich dabei selbst manipuliert.

Ich berichtete dem jungen Mann von meinen eigenen beiden Burn-out-Geschichten und er hörte mir genau zu – wie so oft, wenn jemand betroffen ist und dann auf jemanden trifft, der die gleiche Geschichte bereits erlebt hat. Es war deutlich zu spüren, dass er sich von mir gesehen fühlte.

Ich riet ihm schließlich, sich psychologische sowie medizinische Hilfe zu holen, um aus der Falle wieder herauszukommen – und den Menschen in seiner Umgebung genauer zuzuhören, die es ganz offensichtlich gut mit ihm meinten.

ERKENNTNISSE IM GESICHT

Geschichten inspirieren, regen zum Nachdenken an und vertiefen Wissen. Die Geschichte unseres Gesichts ist eine, die uns das Leben schreibt. Wir können viel lernen, wenn es uns darum geht, eine tiefe Beziehung zu einem Partner aufzubauen, mögliche Warnzeichen im Gesicht eines anderen zu entdecken oder uns selbst in Bezug auf unsere Talente und unsere Lebensaufgabe weiterzuentwickeln.

LIEBE

»Die Liebe verschönt das Gesicht.«

(FJODOR MICHAILOWITSCH DOSTOJEWSKI)

Als ich sechzehn Jahre alt war, hatte ich als kleiner »Spätzünder« mein erstes Date. Mit einem Mal hatte ich eine Herzensdame, für die ich mich interessierte, und war vor all die Herausforderungen und Unsicherheiten gestellt, die Liebesangelegenheiten so mit sich bringen. Ich stand am fraglichen Tag in meinem Elternhaus vor dem Spiegel und übte die eine Frage, die junge Leute sich damals stellten: »Willst du mit mir gehen?«

Ich nahm dabei verschiedene Körperhaltungen ein und versuchte mich an Tonalitäten. Dann bemerkte ich meine wirren Haare und einen riesigen Pickel auf der Wange. Um die Haare zu glätten, setzte ich den Motorradhelm meines älteren Bruders auf. Den Pickel verzierte ich mit einer dicken Schicht Make-up. Beides half leidlich. Während des Dates konzentrierte ich mich die meiste Zeit darauf, ob mein Haar in Ordnung war, und ich versuchte die Gesichtsseite mit dem Pickel zu verstecken. Ich war viel zu sehr mit mir selbst und mit meinem vermeintlichen Schwächen beschäftigt, statt mein Augenmerk auf das bezaubernde Mädchen zu richten, das mir gegenübersaß. Wenig überraschend lief das Date schief.

Wenn ich damals nur gewusst hätte, dass es nicht auf die Haare oder den Zustand der Haut ankommt, wenn es um Liebe geht. Hast du denn schon jemals jemand sagen gehört: »Ich habe mich in das tolle Kinn meines Manns verliebt!« oder: »Meine Frau habe ich wegen ihrer tollen Haare geheiratet«? Nein. Es dreht sich alles um die Augen und den Mund eines Menschen.

Auch dieses Wissen ist Tausende von Jahren alt – in jeder Hochkultur steht etwas darüber geschrieben, egal ob wir nach China, Südamerika oder ins antike Griechenland blicken. Mein kolumbianischer Lehrer, bei dem ich die südamerikanische Technik Lectura del Rostro erlernte, sowie mein chinesischer Meister waren sich einig darin, dass wir mit der Verliebtheit vergessen, wer wir sind. Der Rausch der Verliebtheit dauert für manche nur Tage, für andere Wochen und für wieder andere etwa ein halbes Jahr an, bis sich auf Basis vieler kleiner Liebesgesten und gemeinsamer Erlebnisse eine Vertrautheit und eine engere Bindung aufbauen, die in einem tiefen Gefühl der Liebe münden können.

DER PASSENDE PARTNER

Gesichtleser sind der Ansicht, dass es nicht den einen Seelenpartner, sondern viele Menschen gibt, die zu uns passen können. Manche Menschen führen mit nur wenigen Überschneidungen ihrer Interessen eine tolle Beziehung – sie scheinen diese regelrecht zu feiern. Andere haben fünfzig Prozent Überschneidung und scheitern, weil sie nur auf die unterschiedlichen anderen fünfzig Prozent blicken und nicht auf ihre Gemeinsamkeiten.

Die Anforderungen an eine Beziehung sind überaus hoch geworden. Während bis vor hundert Jahren in einer Ehe eine Zweckgemeinschaft gesehen wurde, die dazu diente, den Fortbestand der Blutlinie und den Besitz zu sichern, ist die heutige Gesellschaft in das andere Extrem verfallen. Mittlerweile wird auch in der Liebe Perfektion erwartet, von einem außergewöhnlich guten Aussehen über eine möglichst breite Überschneidung bei den Interessen und Werten bis hin zur bedingungslosen Liebe, die regelrecht eingefordert wird. Der Partner soll Seelengefährte, bester Freund, leidenschaftlicher Liebhaber und hingebungsvoller Elternteil zugleich sein. Ziemlich hohe Ansprüche, die wir da an einen anderen Menschen richten.

Im Gesichtlesen gehen wir davon aus, dass wir unterbewusst eine Entscheidung treffen. Wollen wir, dass unsere Beziehungen stürmisch verlaufen oder eher wie ein ruhiger Fluss? Deshalb stelle ich bei meinen Readings zum Thema Liebe und Partnerschaft immer die Frage, ob der Kunde oder die Kundin in Beziehungsfragen den Grundsatz »Gegensätze ziehen sich an« oder »Gleich und Gleich gesellt sich gern« verfolgt. Gemäß dessen liegt sein beziehungsweise ihr persönliches Weiterentwicklungspotenzial entweder innerhalb der Beziehung, da Reibungen an der Tagesordnung sind – diese können sich in Form von leidenschaftlichem Knistern, aber auch in vielen kleinen und größeren Streitigkeiten äußern. Oder wenn wir schon viel Wachstumspotenzial außerhalb der Beziehung leben, etwa mit einem sehr fordernden Job, suchen wir in der Beziehung vermutlich eher nach Ruhe.

Wichtig ist für die Beständigkeit der Liebe in beiden Fällen, in Verbindung miteinander zu bleiben und sich regelmäßig auszutauschen. Für die Liebe müssen wir bewusst einen Platz im Leben schaffen und den Kopf frei haben. Dies funktioniert schwer, wenn wir nur auf Karriere aus sind und Herzensangelegenheiten nicht priorisieren. Oft ist zu beobachten, dass die Partnersuche als ein Punkt auf der To-do-Liste erscheint.

Was ich immer wieder feststelle: Wenn wir unser Leben gewinnend leben, also mit unseren Charakterschwächen umgehen können, uns unserer Talente bewusst sind und unsere Lebensaufgabe leben, besitzen wir eine geradezu magische Ausstrahlung. Dann verlieben sich unter Umständen auch Menschen in uns, die wir vielleicht schon seit Jahren kennen. Wenn es dann im Anschluss um die Anbahnungsphase einer Liebesbeziehung geht, sind wir vor viele Herausforderungen gestellt.

Immer der oder die Falsche?

Manchmal höre ich in Readings den Satz: »Ständig verliebe ich mich in die falsche Person.« Aus Sicht eines Gesichtlesers tun wir das nicht. Denn wir verlieben uns »richtig«, und zwar in die Persönlichkeit eines Menschen. Wir sehen die Essenz unseres Gegenübers, können sein wahres Wesen erspüren, seine innere Melodie vernehmen. Eine Studie der University of Liverpool beschäftigt sich damit, wie Gesichtstypen eine Rolle bei der Partnerwahl spielen und wie sie bestimmte Persönlichkeitsmerkmale vermitteln.

Das Gefühl, dass es sich bei der jeweiligen Person um den oder die »Falsche« handelt, geschieht erst später, wenn im Kennenlernprozess sein oder ihr Charakter hervortritt. Wir stoßen auf einmal auf Ecken und Kanten, die wir vorher nicht wahrgenommen haben. Sie entstehen im Laufe des Lebens aufgrund von Prägungen und verschiedener Lebenserfahrungen. Und diese können je nach ihrer Art entweder zu einer gewinnenden oder verlierenden Lebensweise führen und schließlich auch bedeuten, dass wir uns gegen eine Beziehung mit einem Menschen entscheiden.

Authentizität statt Selbstdarstellung

Unser oberstes Ziel sollte lauten, dass wir uns selbst authentisch verhalten. Denn nur dann haben wir eine Chance, jemanden zu finden, der wirklich zu uns passt. Wenn wir eine Rolle spielen, bekommen wir jemanden, der zu dieser Rolle passt. Insbesondere für Feinfühlige scheint das immer wieder ein Thema zu sein. Sie sind gut darin, das Lied eines möglichen Partners zu erkennen. Sie stimmen häufig mit ein, bis sie feststellen, dass es ihnen zu eintönig erscheint. Deshalb ist es auch so wichtig, dass wir möglichst viel über unsere eigene Melodie wissen.

Authentisch sein ist nicht immer einfach. Gerne rücken wir uns gerade in der Anbahnungsphase ins rechte Licht. Doch was nützt es uns, wenn wir nur die vermeintlich liebenswerten Seiten zur Schau stellen? Nur wenn wir ganz wir selbst sein dürfen, fühlen wir uns am wohlsten.

Wenn ein Partner unsere Macken nicht zumindest akzeptieren, vielleicht sogar liebevoll belächeln kann, dann handelt es sich nicht um Liebe. Oftmals streiten wir um die berühmte Zahnpastatube. Wenn wir unserem Partner deshalb die Hölle heiß machen, versucht unser Charakter die Persönlichkeit des anderen zu regulieren. In der Liebe ist es eine Herausforderung, herauszufinden, was in der Persönlichkeit und was im Charakter des anderen begründet liegt. Zeigt der andere ein Verhalten, mit dem ich leben kann? Wenn nicht, müssen wir uns fragen, warum uns das unmöglich erscheint. Liegt es an unserer Persönlichkeit oder weil unser Charakter so gestrickt ist? Es bedeutet, dass wir in die Introspektion gehen müssen und uns selbst und unsere Prägungen hinterfragen müssen. Auch hierfür besitzt Gesichtlesen einen hohen Wert. Wenn wir das Gefühl haben, dass trotz potenzieller Unstimmigkeiten der Respekt füreinander immer noch vorhanden ist, lohnt es sich, um die Liebe zu kämpfen. Denn Respekt ist für Gesichtleser die höchste Form der Liebe. Selbst ein gebrochenes Vertrauen lässt sich dann wieder aufbauen. Ich rate bei einer wackelnden Beziehung dazu, sich zwei- bis dreimal die Woche einfach nur bei gutem Licht fünf Minuten in die Augen zu schauen. Es sorgt für eine Oxytocinausschüttung im Körper und kann schrittweise eine Wiederannäherung herbeiführen.

Hingegen ist es nahezu unmöglich, eine Beziehung wieder zu kitten, in der sich Verachtung breitgemacht hat. Diese zeigt sich körpersprachlich oder mimisch an zynischem Verhalten wie rollenden Augen oder sich abwenden und abwinken, wenn der andere uns etwas erzählen oder das Gespräch mit uns suchen möchte. Oder indem wir dem anderen konstant suggerieren, dass er oder sie ganz unten auf unserer Prioritätenliste steht. Dies sind alles Merkmale dafür, dass wir keine Augenhöhe zum anderen herstellen, dass wir ihn nicht sehen und wertschätzen. Ein verletzendes Benehmen dieser Art ist nicht mehr wiedergutzumachen und die Liebe verkümmert.

Doch woran können wir erkennen, dass hier gerade ein zartes Pflänzchen der Liebe entsteht? Und woran merken wir, wie es um die Liebe bei uns selbst und unserem Angebeteten oder unserer Angebeteten bestellt ist?

LIEBE IST SICHTBAR

Wenn wir uns die Augen eines verliebten Menschen besehen, nehmen wir ein Leuchten wahr. Er sieht die Welt sprichwörtlich durch die rosarote Brille. In seiner Gedankenwelt ist er nahezu ausschließlich mit dem anderen beschäftigt. Das Hormonkonzert, das sich im Inneren abspielt, führt dazu, dass er förmlich durch die Welt zu tanzen scheint. Daher nimmt es nicht wunder, dass so jemand mit einem Mal plötzlich auch für andere Menschen höchst attraktiv ist.

Die zwei zentralen Merkmale des Facereadings kennst du bereits: Es sind Augen und Mund (siehe Seite 91 und Seite 98). Wenn wir uns in der Anbahnungsphase mit einem Menschen befinden, können wir daran erkennen, ob echtes Interesse besteht oder ob es sich vielleicht nur um ein kurzes Abenteuer handelt. Denn Worte können täuschen, vielleicht sogar bewusst auf eine andere Fährte führen. Augen und Mund lügen hingegen nicht.

Die Bedeutung des Mundes

Wenn es um die Liebe geht, verräten uns die Form des Mundes und der Lippen das Potenzial. Wie dieses tatsächlich gelebt wird, verrät uns die Mimik (siehe auch Seite 98). Um es zunächst simpel zu verdeutlichen, ist es besser, nicht ein Liebespaar aus der Filmbranche zu bemühen. Diese werden oft dramatisch oder idealisiert dargestellt. Für Einsteiger hilfreicher sind vereinfachende Beispiele aus dem Comic oder auch Puppen. Ein gutes Beispiel ist Kermit, der Frosch aus der Muppet Show: Er besitzt einen übergroßen Mund, aber keine Lippen. Die vollmundige Miss Piggy will dagegen ihren Angebeteten unbedingt küssen. Kermit ist davon ganz und gar nicht angetan und nimmt vorsorglich die Beine in die Hand. Bei einem leidenschaftlichen Kuss, wie ihn sich Miss Piggy wünscht, sind über dreißig der dreiundvierzig Gesichtsmuskeln aktiv. Er schüttet nicht nur Glückshormone aus, auch die Verbindung zwischen den Liebenden wird durch die Ausschüttung des Bindungshormons Oxytocin gestärkt.

Zu Kermits Ehrenrettung sei gesagt, dass jemand, der keine ausgeprägten Lippen hat, nicht zwangsläufig auch schlecht küsst. Es bedeutet lediglich, dass die Person nicht so sehr auf die Liebe fokussiert, sondern eher materiellen Dingen zugeneigt ist. Dennoch muss es nicht heißen, dass zwei Menschen mit konträren Merkmalen nicht zueinanderfinden können.

Wie ein Mensch liebt – und wie er küsst –, zeigt sich also an seinen Lippen – nicht nur Größe und Form, auch die Bewegung und das Zusammenspiel mit Zähnen und Zunge sowie Gesten geben Auskunft. Die Lippen müssen jedoch nicht, wie es ein Sprichwort besagt, zwangsläufig rot sein. Achte bei einem Date und im Gespräch mit deinem Partner nicht so sehr auf die Worte, sondern darauf, was du an seinem Mund erkennen kannst. Denn wie er in seiner optischen Akzentuierung einsetzt, sagt viel über den Menschen aus. Bewegt er häufig seinen Mund? Oder sind die Lippen verkniffen, der Mund verschlossen? Im Abschnitt über das Thema Geiz (siehe Seite 225) werde ich dies noch näher erläutern: Eine ausladende Mimik deutet nicht nur Großzügigkeit an, sondern auch, dass Gefühle in unserem Gegenüber entstehen.

Ein gutes Zeichen ist, wenn sich unser Gegenüber die Lippen leckt: Es bedeutet, dass er oder sie den Geschmack aufnehmen möchte oder dass eine so große Nervosität vorliegt, dass die trockenen Lippen angefeuchtet werden sollen.

Wenn die Zunge dabei über die Oberlippe fährt, sehen chinesische Gesichtleser darin den Versuch, das Ideelle zu aktivieren. Die Vorstellungskraft wird damit angeheizt. Dies kann bei einer Frau durchaus sexy aussehen, wohingegen es bei einem Mann eher unvorteilhaft wirkt.

Beißt sich eine Frau wiederholt auf die Unterlippe, kann dies deutliche Signale senden: Sie tritt eher fordernd auf, eventuell auch in ihrem Sexualverhalten. Wenn sie sich leicht auf die Unterlippe beißt und dabei den Kopf zur Seite neigt, ist dies als Einladung für ein leidenschaftliches Erleben auf Augenhöhe zu deuten. Guckt die Frau mit geradem Kopf dem Mann direkt ins Gesicht und bearbeitet dabei mit den Zähnen die Unterlippe, heißt das, dass sie versucht, den Mann wieder loszuwerden.

Die Bedeutung der Augen

Verlieben wir uns in einen Menschen, liegt dies an seinen Augen. Manche glauben, es liegt an der Augenfarbe, doch dies ist meist nicht der Fall. Mein Vater sagte mir einmal, dass er sich in die strahlenden blauen Augen meiner Mutter verliebt habe. Um ehrlich zu sein, musste ich meine Mutter erst einmal genauer ansehen. Noch viel auffälliger war: Sie haben sich trotz ihres mittlerweile fortgeschrittenen Alters ein wundervolles Strahlen erhalten. Und es war sicherlich dieses Strahlen, das meinen Vater damals verzaubert hat, nicht unbedingt die Farbe. Die Liebe der beiden, die über so viele Jahrzehnte angehalten hatte, war augenscheinlich und berührt mich noch heute tief.

»Grüne Augen Froschnatur, von der Liebe keine Spur«, »blaue Augen Himmelsstern, küssen und verlieben gern«, »braune Augen sind gefährlich, aber in der Liebe ehrlich« – was der Volksmund über Augenfarben bereithält, können wir getrost vergessen. Über die Augen des Gegenübers selbst nehmen wir hingegen wahr, wie es um sein Seelen- und Gefühlsleben bestellt ist. So zeigen sie deutlich, ob wir ihm oder ihr sympathisch sind, je nachdem, ob wir ein Funkeln darin entdecken, das unserer Person gilt.

Unsere Pupillen werden von unserem Nervensystem gesteuert. So reagieren sie auf einen gefühlsmäßigen Wandel, zeigen Stimmungen und vermitteln uns, ob unser Gegenüber noch im Kopf oder bereits im Gefühl für uns angekommen ist. Selbstverständlich hängt das auch davon ab, ob ein Mensch grundsätzlich bereits große Pupillen hat, also ohnehin stark Emotionen zuspricht, oder ob er mit eher kleinen Pupillen dem Verstand zugeordnet wird, die eher für Logik zu begeistern sind. Auch wenn so ein Mensch eher Fakten sammelt und Situationen erforscht, kann er durchaus tiefe Gefühle hegen. Menschen mit großen Pupillen öffnen wir uns hingegen leichter, sie sind zudem auch entspannter – bei ersten Dates sicherlich von Vorteil. Wenn sich nun die Pupillengröße während eines Gesprächs vergrößert, deutet dies darauf hin, dass das Hormon Dopamin freigesetzt wird, was auf eine Zuneigung hindeutet. So wie es ein äußerst gutes Zeichen ist, wenn sich potenziell Liebende während einer Verabredung zunehmend spiegeln, sprich gleichzeitig zum Weinglas greifen, die gleiche Körperhaltung einnehmen oder auch das Gebärdenspiel des anderen nachspielen, so gilt dasselbe für die Pupillengröße der beiden: Sie gleicht sich an.

Der Dreiecksblick

Ein deutliches Kennzeichen für die Anziehung ist der sogenannte Dreiecksblick. Bei diesem wird die Bedeutung der zwei wichtigsten Merkmale ersichtlich. Hierbei geht der Blick unseres Gegenübers von einem zum anderen Auge, dann zu den Lippen und landet schließlich wieder beim ersten Auge. Daher bildet er ein Dreieck nach. Dieser Vorgang läuft unbewusst ab und wiederholt sich im Laufe eines Gesprächs mehrfach.

Bei Frauen geht dieser Blick so schnell vonstatten, dass es etwas Übung und Konzentration braucht, um ihn zu identifizieren. Männern kommt man jedoch relativ schnell »auf die Schliche«. Ihr Dreiecksblick verläuft deutlich langsamer und ist daher schneller wahrnehmbar. Er wird zudem häufig durch einen leicht geöffneten Mund begleitet. Das Interesse an ihren Angebeteten steht Männern somit deutlich ins Gesicht geschrieben.

Wenn sie jedoch eher an der körperlichen Liebe interessiert sind, verläuft die Blickrichtung zunächst von Auge zu Auge, um dann den Mund zu überspringen und beim Dekolleté der Frau zu landen. Bei der Frau bleibt der Blick dagegen länger am Mund hängen. Mit diesem Wissen ist es somit leichter, dem eigentlichen Motiv auf den Grund zu gehen und je nach persönlicher Einstellung zu verfahren. Liebe geht, insbesondere in der Anfangsphase, mit Leidenschaft einher. Es sei jedoch darauf hingewiesen, dass aus Leidenschaft nicht unbedingt immer Liebe entsteht.

Auch in langen Partnerschaften ist der Dreiecksblick vorzufinden und ein deutliches Signal für die anhaltende Intimität der Liebenden.

ACHTUNG VOR PICK-UP-ARTISTS

Große Vorsicht ist geboten bei Menschen, die bewusst »pacen«. Sie nutzen das Wohlgefühl, das eine Spiegelung von Mimik, Gestik und Wörtern beim Gegenüber auslöst, bewusst für ihre manipulativen Zwecke. Dieses Verhalten ist häufig bei gewieften Narzissten vorzufinden, die sehr gut darin sind, die verborgenen Bedürfnisse eines anderen Menschen zu erkennen, diese zunächst überzuerfüllen, um dann ihr emotional höchst verletzendes Machtspiel zu beginnen. Um diese zu enttarnen, ist es wichtig, die Sinne zu schärfen, auf bestimmte Merkmale (siehe Seite 227) und insbesondere auf das eigene Bauchgefühl zu achten.

DER DUFT DER LIEBE

Im Gesicht sind alle Sinne zu Hause: damit auch das Hören, Fühlen, Schmecken und Riechen. Welche Bedeutung hat aber das Riechen für das Gesichtlesen? Vor einigen Jahren wurde ich zu einem Großmeistertreffen der Gesichtleser eingeladen. Ich war ein wenig irritiert, denn einer der Gesichtleser war blind. Ich ging automatisch davon aus, dass er früher sehend war und trotz seiner späteren Blindheit die Gruppe nicht verlassen musste.

Doch es verhielt sich anders. Dieser ältere Herr, der gebürtig aus Shanghai stammte, las Menschen vollkommen anders als über den Sehsinn. Er lauschte ihren Worten und der Frequenz sowie der Art ihrer Äußerungen. Er achtete darüber hinaus auf die Gangart des Menschen und tastete ihn ab. Ein besonderes Lesewerkzeug war darüber hinaus sein Geruchssinn. Er roch im wahrsten Sinne des Wortes, um welchen Menschen es sich da handelte.

Als er mich traf, rief er sofort: »Oh, ein Westler!« Ich war sehr überrascht, denn ich war nicht gerade aus einer Pommesbude gekommen. Seit einigen Monaten hielt ich mich bereits in Asien auf, auch meine Ernährung war zu diesem Zeitpunkt daher sehr asiatisch geprägt.

Wir besitzen dreihundertfünfzig Riechrezeptoren, um über zehntausend Düfte wahr- und aufzunehmen. Tatsächlich können wir aber nur sehr wenige davon auch zuordnen. Das war in früheren Zeiten sicherlich ganz anders, der Geruchssinn hat mittlerweile an Einfluss verloren. Das Sehen kommt hingegen mit nur drei Rezeptoren aus – da kann man sich durchaus die Frage stellen: Sind wir denn tatsächlich so abhängig vom Sehsinn? Das scheinen wir nur zu glauben. Denn wenn es um die Liebe geht, wird das Ganze auf den Kopf gestellt. Häufig beschreiben wir an unseren Partnern zunächst das Aussehen: Wow, der oder die sieht gut aus! Wir beschreiben dann ein Gesicht, eine Frisur, eine Figur … In Wahrheit spielt aber der Geruchssinn eine ganz zentrale Rolle, wenn es um Liebe und Partnerschaft geht.

Unser Geruch

Ich kann dich gut riechen, du riechst gut, ich kann dich nicht mehr riechen – wenn der letztgenannte Satz fällt, wissen wir, dass das Fallbeil für die Beziehung gefallen ist. Viele Menschen, die sich rein optisch erst einmal gefallen oder sich über den Intellekt positiv wahrnehmen, werden vom Geruchssinn gestoppt. Bewusst ist uns dies jedoch meist nur, wenn der Geruch sehr extrem ist – zum Beispiel, wenn jemand stark nach Knoblauch riecht und das Gegenüber kein ausgesprochener Knoblauchfan ist.

Tatsächlich ist es aber der unterbewusste Geruch, den wir als anziehend oder abstoßend empfinden. Geruch ist tatsächlich eine Übersetzung des Immunsystems: Kranke Menschen riechen anders als gesunde Menschen. Und deshalb spielt auch dies im Gesichtlesen eine Rolle. In früheren Jahrhunderten haben die Ärzte noch an Kranken gerochen. Jede Krankheit hat einen ganz eigenen Duft. Nicht nur deshalb werden auch Hunde im Früherkennen von Krankheiten geschult – es gibt Hunde, die Leukämieerkrankte erkennen können.

Wenn es um Liebe und Partnerschaft geht, gibt es für das Riechen bevorzugte Stellen. Frauen neigen dazu, ihren Hals zu betonen, indem sie ihre Haare nach hinten schieben oder indem sie auffällig lange die Achseln heben. In diesem Moment ist es für den anderen viel leichter, Gerüche wahrzunehmen.

Während wir auf den Kuss auf den Mund fixiert sind, ist doch eine andere Stelle aussagekräftiger: Es geht um die Stirn. Bringt man die Nase an diese Stelle, nimmt sie an den Drüsen der Haare sehr viele Gerüche auf, die andere Stellen nicht so freigeben. Ein Kuss auf die Stirn bedeutet: Ich will dich riechen, ich kann dich riechen, ich liebe dich. An dieser Stelle riechen wir am meisten nach uns selbst. Bei den Achseln können wir gar nicht so sicher sein, dass wir nach uns selbst riechen. Auch der Hals kann durch Parfum oder Aftershave verfremdet sein. Aber ein Riechen an der Stirn gibt uns viel Auskunft. Nämlich darüber, ob die Chemie stimmt.

Besonders in der Altersgruppe ab vierzig spielt der Geruch eine besonders große Rolle. Darüber weiß man noch relativ wenig, aber möglicherweise hängt das mit dem Immunsystem und der Frage zusammen: Ist er oder sie (noch) gesund? Ist er immun? Können wir noch viele weitere Jahre miteinander erleben? Möglicherweise gehen wir davon aus, dass bei einem Menschen, der jünger als vierzig ist, dies keine große Rolle spielt.

Zahlreiche Forscher beschäftigen sich mit diesem Thema, unter anderem die der Universität Utrecht in den Niederlanden. Sie wiesen nach, dass wir über Gerüche sogar kommunizieren können – dies gilt sowohl für positive wie auch für negative Gefühle.

BLINDES VERTRAUEN?

Wir alle wollen anderen vertrauen und wünschen uns, dass die anderen wiederum uns vertrauen. Besonders bei Paaren ist dies oft ein großes Thema. Wurde das Vertrauen einmal erschüttert, sagen viele Paare, dass blindes Vertrauen von zentraler Bedeutung ist. Blindes Vertrauen bedeutet, dass man sich auf etwas verlassen kann, das unumstößlich ist. Ich halte das für fragwürdig: Können wir uns denn selbst blind vertrauen? Reagieren wir in manchen Situationen nicht so ungewöhnlich, dass wir uns über uns selbst wundern? Blindes Vertrauen in einer Beziehung bedeutet, dass der Partner immer berechenbar ist. Wollen wir das wirklich? Ich halte blindes Verständnis für geeigneter.

Wie können wir unser Vertrauen einander zeigen? Entsprechende Merkmale in der Mimik erkennt man für Bruchteile von Sekunden. Und auch hier bewahrheitet sich wieder: Die stärksten Merkmale im Gesicht sind Augen und Mund. Wenn ein Mensch öfter mal die Augen schließt und ein leises Lächeln zeigt, bedeutet das, dass er blind vertraut.

Ist der Kopf dagegen zur Seite geneigt, kann das bedeuten, dass sich vielleicht sogar jemand über uns lustig macht. Blindes Vertrauen kann nicht bewusst ausgesendet werden. Es überkommt uns, überfällt uns. Es ist nichts, was wir erwarten können. Und es ist nichts Dauerhaftes. Deshalb sollten wir das blinde Vertrauen bei anderen Menschen nicht ganz so hoch bewerten oder sogar erwarten. Aber wir dürfen uns freuen, wenn wir es gezeigt bekommen oder wenn blindes Verständnis – das Hand-in-Hand-Gehen, ohne dass ein Wort fällt – in der Beziehung lebendig ist.

Es folgen hier einige der schönsten Geschichten rund um das Thema Liebe, die ich als Gesichtleser erleben durfte. Albert Einstein soll einmal seiner Tochter geschrieben haben, dass Liebe die einzige Macht im Universum sei, die wir nicht nach unserem Willen steuern können. Deshalb haben viele Menschen Angst vor ihr und lassen sich manchmal von negativen Erfahrungen schnell und oft zu lange entmutigen. Doch wenn wir uns der Liebe immer wieder beherzt öffnen, entwickeln wir uns nicht nur so stark weiter wie in keinem anderen Lebensbereich – vor uns tut sich dann auch ein ganzes Universum auf.

INNERE WERTE

Während eines weiteren Drehs für eine Fernsehsendung kam ich in Kontakt mit einem frisch verheirateten Paar. Sie war Deutsche und hatte ein Kind aus einer früheren Beziehung mit in die Ehe gebracht, er war thailändischer Herkunft. Die beiden hatten sich schon vor längerer Zeit bei der Show angemeldet und hatten kürzlich geheiratet, als sie schließlich für die Teilnahme ausgewählt wurden. Ihr Ansinnen war es, möglicherweise bestehende Lügen aufzudecken. Daher stellten sie sich die üblichen Fragen: Liebst du mich wirklich? Liebst du mich mehr, als ich dich liebe? Bist du der Mann an meiner Seite? Bin ich die wichtigste

Frau in deinem Leben? Ich beobachtete die Gesichter der beiden genau – alle Fragen wurden wahrheitsgemäß beantwortet.

Irgendwann fragte der Mann seine Angetraute: »Wie sieht dein Traummann aus?«

Die Frau antwortete rücksichtslos ehrlich: »Ich stelle mir meinen Traummann so vor: Er ist groß, er ist Deutscher, tätowiert und Barträger.«

Ihr Mann hingegen war klein, Thailänder, nicht tätowiert und bartlos. Ich blickte ihr ins Gesicht und sah: Sie sagt tatsächlich die Wahrheit. Um die Reaktion des Mannes zu deuten, musste man kein Gesichtleser sein. Ihm standen Traurigkeit und Verlorenheit ins Gesicht geschrieben.

Die Frau bemerkte dies und fuhr dann fort: »Doch das sind alles Äußerlichkeiten. Keiner wird mich jemals liebevoller behandeln, als du es tust. Keiner wird jemals ein so guter Vater für mein Kind sein, wie du es bist. Ich glaube nicht, dass es irgendwo auf der Welt einen Mann gibt, der besser zu mir passt.«

Der Gesichtsausdruck ihres Ehemannes verwandelte sich sofort, seine Augen begannen zu leuchten. Ein kleines Fragezeichen auf der Stirn blieb zwar, aber sie verließen das Fernsehstudio nach einer langen Umarmung Händchen haltend.

Für mich war das eine der bewegendsten Folgen, denn sie zeigt: Beim Facereading geht es nicht um Äußerlichkeiten, auch wenn es zunächst so wirken mag, weil man darauf achtet, wie der Bart geschnitten ist oder wie die Muttermale aussehen. Wenn man aber beim Gesichtlesen auf alle Merkmale in ihrer Gesamtheit schaut sowie auf Mimik und Körpersprache, dann achtet man letztendlich darauf, ob die Person ihre Persönlichkeit lebt, ob sie authentisch ist. Denn sich nur nach Äußerlichkeiten auszurichten, kann man mit einem Leben in einer bestimmten Rolle vergleichen.

Am meisten liebte diese Frau an ihrem Mann, dass er keine Rolle lebte, sondern der Mensch war, der er war – und als dieser passte er so gut zu ihr.

IN DER ZWICKMÜHLE

In München kam ein Mann zur mir ins Reading, der augenscheinlich ein aufstrebender Karrierist war. Er war etwa Mitte zwanzig und legte viel Wert auf sein Äußeres: Er trug Anzug und Krawatte sowie sehr gepflegtes Haar. Mir war sofort klar, dass er sich bald in einer Geschäftsführerrolle wiederfinden würde. Er besaß ein Königsgesicht mit einem stark ausgeprägten Kiefer, tief liegenden Augen und kleinen Pupillen (siehe Seite 152).

Der Mann befand sich in einem Dilemma: Seit etwa drei Jahren war er in Beziehung mit einer Frau, die er liebte, doch sie raubte ihm auch den letzten Nerv. Fast täglich gab es Streit wegen Kleinigkeiten.

»Sobald wir morgens die Augen aufmachen, fliegen die Fetzen. Wir sind uneins darüber, wohin es in den Urlaub gehen soll und was wir abends essen. Es passt ihr nicht, wie ich Auto fahre. Ständig braucht sie ewig im Bad und wir verspäten uns«, klagte der Mann.

»Also sind Sie noch immer zusammen, obwohl es genug Anlass gibt, alles hinzuwerfen. Warum?«, fragte ich ihn.

»Ich trage diese Frau einfach im Herzen. Wir sind ein Traumpaar. Sie sieht wahnsinnig gut aus, ist brillant und so feinfühlig. Ich verstehe einfach nicht, warum es nicht klappt. Dann ist da eine andere Frau, mit der ich einfach nur befreundet bin. Mit ihr ist alles anders. Aber bei ihr habe ich überhaupt keine Ambitionen – ganz ehrlich!«

Ich schaute ihn an und sah, dass er nicht log. »Was ist denn so toll an dieser anderen Frau?«, fragte ich also.

»Mit ihr läuft alles ganz einfach. Wir reden stundenlang, wir lachen viel und wir haben noch nie gestritten. Ich verstehe es einfach nicht: Warum geht das mit meiner Freundin nicht auf dieselbe Weise?«

Ich hörte mir das an und hatte eine Vermutung: »Ich glaube, Ihre Freundin ist ein Metall- oder Jadegesicht (siehe Seite 136 und Seite 150).«

»Was soll das heißen?«

»Es ist ganz einfach. Hat sie ein herzförmiges Gesicht, große faszinierende Augen mit langen Wimpern und großen Pupillen, volle Lippen und hohe Wangenknochen?«

»Ja, das stimmt alles! Können Sie mir auch sagen, welche Augenfarbe sie hat?«, fragte mich der Mann.

»Das ist unerheblich«, lachte ich. »Aber hat Ihre Freundin viele Stirnfalten?«

»Das hat sie, obwohl sie eigentlich noch sehr jung ist.«

Ich erklärte, dass Stirnfalten nicht unbedingt etwas mit dem Alter zu tun haben, und fragte ihn, ob er mir ein Foto seiner Freundin zeigen könne. Er zeigte mir eines auf seinem Smartphone und ich sah: Die Frau hatte viele kleine durchbrochene Stirnfalten. Im chinesischen Gesichtlesen werden diese Stirnfalten als »fliegende Vögel« bezeichnet (siehe Seite 121). Sie stehen für jemanden, der viele Ideen hat, viele Dinge anfängt, aber nichts durchziehen kann.

Der Mann besaß im Gegensatz dazu eine durchgängige Stirnfalte, die tief saß und für eine Ausrichtung auf materielle Dinge steht (siehe Seite 120). Er wollte Dinge kreieren, ein Königreich erschaffen. Zudem war er, wie seine Pupillen zeigten, stark kopflastig unterwegs (siehe Seite 94). Das stand im krassen Gegensatz zu seiner hypersensiblen, feinfühligen und unentschlossenen Freundin.

Ich erklärte ihm, dass das Aufeinandertreffen ihrer beiden Gesichtsformen, des Königs und der Metall- oder Jadefrau, im Kino die perfekte Konstellation sei – James Bond und das Bondgirl. Insbesondere wenn diese beiden Typen in jungen Jahren aufeinandertreffen, knistert es, doch eben nicht nur in der Leidenschaft, sondern auch auf allen anderen Ebenen.

»Vermutlich ist es nur die körperliche Liebe, die Sie beide zusammenhält. Alles andere ist eben nicht als ›Klebstoff‹ geeignet«, meinte ich. Dann fragte ich ihn nach einem Foto, das seinen weiblichen Kumpel zeigte.

Er durchsuchte eine Weile sein Smartphone und fand dann ein Foto von ihr. Ich sah, dass sie ein Mondgesicht war oder in der Elementelehre dem Wasser zugeordnet werden konnte (siehe Seite 158 und Seite 130). Ein kugelrundes Gesicht ist heutzutage nicht gerade das, was wir als Schönheitsideal empfinden. Die Mode ändert sich zwar alle Jahre, aber momentan sind es eher die Jadegesichter, die als anziehend betrachtet werden.

Diese Frau besaß einen großen Mund, wodurch klar wurde, warum sie so gut miteinander kommunizieren konnten (siehe Seite 98). Ein großer Mund steht für ein großes Mitteilungsbedürfnis und jemanden, mit dem man schnell auf einen grünen Zweig kommt, was gemeinsame Aktivitäten angeht. Sie hatte ebenfalls große Pupillen (siehe Seite 94), verfügte also über eine große Vorstellungskraft. Zudem sind Mondgesichter äußerst humorbegabt. Diese Frau musste er als König also nicht führen, weil sie beide daran interessiert waren, eine schöne Zeit zu zweit zu verbringen. Dennoch fehlte bei dieser Frau alles, was man im klassischen Sinne als schön betrachtet. Dem Mann schien das allerdings sehr wichtig zu sein.

»Ich bin zugegebenermaßen hin- und hergerissen. Da ist eine schöne Frau, die nur Konflikte hervorruft, und eine lustige, nette Frau, mit der ich so vieles gemeinsam habe. Wie kann das sein?«, fragte mich der Mann.

»Das, was unser Kopf kreiert und was wir als Ideal erachten, ist meist nicht das, was unser Herz anstrebt. Unser Kopf ist sehr von Magazinen und Erziehung geprägt. Unser Herz liest Persönlichkeitsmerkmale. Es sieht Dinge, die nicht so offensichtlich sind und unterbewusst ablaufen.«

Der Mann schien nachdenklich.

Ich fuhr fort: »Ich bin mir sicher, dass Sie mit der Mondfrau eine harmonische und liebevolle Beziehung leben könnten. Aber wenn Sie, um es direkt auszudrücken, neben dem Sportwagen auch eine wunderschöne Frau als Aushängeschild brauchen, dann geben Sie ihr keine Chance, auch wenn Ihr Unterbewusstsein etwas anderes wünscht.«

»Ich weiß, was Sie meinen. Mit meinem Kumpel ein paar Tage in den Urlaub zu fahren, wäre sicherlich deutlich erholsamer, als mit meiner Freundin wegzufahren. Doch ich kann meine Freundin einfach nicht aufgeben.«

Der Mann hatte verstanden, worauf ich hinauswollte – doch er schien emotional nicht in der Lage zu sein, sich auf die andere Frau einzulassen.

Ein Jahr später erhielt ich eine E-Mail von ihm. Nachdem zwei Urlaube mit der schönen Jadefrau voller Zwist und Zank abgelaufen waren, hatten sich die beiden doch getrennt. Die Freundschaft mit seinem weiblichen Kumpel bestand noch immer und wird es vermutlich auch weiterhin tun, solange diese Frau keine Beziehung mit dem Mann anstrebt. Mein Gefühl sagt mir, dass dieser Mann zumindest die nächsten fünfzehn Jahre seine Einstellung nicht ändern wird.

DAS UNFRUCHTBARE PAAR

Hin und wieder kommen Paare zu mir ins Reading, die kein Kind bekommen können. Oftmals haben sie bereits viele medizinische Untersuchungen hinter sich, die keine wirklichen Ergebnisse brachten. Sie erhoffen sich vom Gesichtlesen Hinweise oder Hilfestellungen, wie sie ihr Leben umstellen können, um doch noch in die freudige Erwartung ihres Wunschkindes zu kommen.

Ein Paar traf ich an der Westküste der USA. Beide arbeiteten als erfolgreiche Healthcoaches. Sie sahen sehr gut aus und schienen sich auf den ersten Blick auch bester Gesundheit zu erfreuen. Dennoch ließ die Erfüllung des Kinderwunsches seit einigen Jahren auf sich warten. Selbst die Ärzte waren ratlos.

Ich wurde gleich direkt und fragte sie nach ihrem Sexleben. Beide schauten etwas betreten aus der Wäsche. Der Mann meinte achselzuckend: »Früher kamen wir gar nicht mehr raus aus den Federn, doch heute ist es leider anders. Wir waren schon beim Paartherapeuten, aber das hat uns nicht weitergeholfen.«

»Wir sind ziemlich verzweifelt. Wir wollen wissen, ob irgendetwas in unseren Gesichtern uns weiterhelfen kann«, sagte seine Frau.

Also betrachtete ich zunächst die Frau genauer. Sie hatte ein typisches Metall- oder Jadegesicht – hohe Wangenknochen, große Augen mit langen Wimpern und einen vollen Mund (siehe Seite 136 und Seite 150). Wenn sie lächelte, zeigte sie sofort Zahnfleisch. All diese Merkmale zeigten mir, dass sie eine warmherzige, liebevolle Person war, die auch eine gute Mutter abgeben würde. Auffällig waren nur ihre Augen. Bei Jadegesichtern, die gewinnend leben, besitzen die Augen eine geradezu magische Anziehungskraft. Bei ihr fehlte der Glanz nahezu vollständig. Sie hob während des Gesprächs zudem auch kaum den Blick. Dies ließ für mich auf eine große Traurigkeit schließen, die vermutlich aus dem unerfüllten Mutterdasein herrührte. Als ich ihr das sagte, war sie sichtlich enttäuscht. Scheinbar hatte sie sich eine schlüssige Antwort erwünscht, die sich am besten sofort anwenden ließe. Sie verließ kurz den Raum, um zur Toilette zu gehen.

Der Ehemann war ein Baumkönig. Er besaß die typischen Merkmale eines Königsgesichts mit einem eckigen Kiefer, einer Falte durch die Wange, kleinen Pupillen und einem kleinen Mund (siehe Seite 152). Königsgesichter sind typische Anführer und kümmern sich insbesondere gut um Kinder. Zudem war sein Gesicht länglich, was ihm Merkmale eines Baum- oder Holzgesichts (siehe Seite 156 oder 128) verlieh. Diese Menschen schützen und nähren gerne andere und sind sehr beliebt. Seine Augen funkelten und versprühten viel Leben. Das erschien mir auffällig – wollte er vielleicht gar keinen Nachwuchs?

Als ich ein Stück näher rückte, merkte ich, dass er einen starken Testosteronduft versprühte. »Kommst du direkt aus einer Yogastunde?«, fragte ich ihn. Aber das war es nicht. Es gibt nicht viele Gründe, warum ein Mann so intensiv nach Testosteron riecht. Also fragte ich weiter: »Hast du kürzlich ein Steak gegessen?« Auch hier verneinte er – seit Jahren würden er und seine Frau als Veganer leben.

Daraufhin fragte ich geradeheraus: »Hast du eine Affäre? Denn während die Augen deiner Frau dumpf wirken, strahlen deine umso mehr. Die Leidenschaft deiner Frau scheint verpufft zu sein, du stehst aber voll im Saft.«

Er starrte mich nur an, sein Blick sprach Bände. »Was soll ich tun?«, fragte er nach einer Weile leise.

»Du musst mit ihr sprechen. Es ist nicht fair, dass deine Frau ein Kind möchte und du dich ihr verweigerst, während du mit einer anderen Frau schläfst.« Er nickte und verließ kurz darauf die Sitzung.

Einige Wochen später sah ich das Ehepaar Arm in Arm den Boulevard herunterschlendern. Ich vermute daher, dass sie ihr Thema klären konnten.

EIN LANGER BART

Im Allgäu kam ein Mann zu mir ins Reading, der in der Baubranche tätig war und einen imposanten Bart trug. In der Region legen einige Männer viel Wert auf ihre Bärte und lassen sie lang wachsen. Auch formen sie sie auf eine bestimmte Art und Weise – zum Beispiel zwirbeln sie sie an den Wangen oder flechten Zöpfe hinein. Es finden dazu sogar Wettbewerbe statt.

So ein Bart sagt viel über einen Mann aus: Er ist als expressiver Ausdruck zu verstehen, da in ihn viel kreative Betätigung einfließt. Gleichzeitig war ich nicht überrascht, dass der Mann skeptisch gegenüber dem Gesichtlesen war. Sein Bart verdeckte einen großen Teil seines Gesichts und so vermutete ich, dass seine Frau ihn geschickt hatte. Er hatte zwar ein Bedürfnis, sich auszudrücken und gesehen zu werden, wollte aber gleichzeitig nicht tief blicken lassen oder auf einem tieferen emotionalen Level in eine Beziehung investieren.

»Ich denke, deine Frau ist sehr erschöpft«, sagte ich zu ihm. »Sie ist vermutlich nicht so kreativ und ausdrucksstark wie du, sondern viel passiver. Aber sie unterstützt dich auf jede erdenkliche Art und Weise.«

Er wollte von mir wissen, woher ich denn seine Frau kennen würde und woher ich wüsste, dass sie diese Probleme habe.

»Das kann ich an deinem Bart sehen«, antwortete ich. »Er zieht die Augen magnetisch an. Wenn du mit deiner Frau ausgehst, bin ich sicher, dass sie hintenansteht. Du kontrollierst damit jede Interaktion. Zudem besitzt du große Ohrläppchen (siehe Seite 119), du bist also ziemlich humorbegabt und unterhältst wahrscheinlich eine ganze Gruppe im Alleingang. Deine Frau spielt die zweite Geige in eurer Beziehung, aber ich vermute, dass sie dich aus vollstem Herzen liebt. Hast du möglicherweise Sorge, dass sie an Gewicht zulegt?«

Der Mann nickte sprachlos. Ich musste zugeben, dass ich ein wenig geraten hatte. Aber eine Frau mit einem Mann, der so auf der Suche nach Aufmerksamkeit ist, bringt eigentlich immer entweder zu viel oder zu wenig auf die Waage.

»Du siehst so aus, als wärst du etwa sechzig Jahre alt«, fuhr ich fort. »Wenn sie ungefähr in deinem Alter ist, hat sie vermutlich Diabetes. Ich rate einfach mal weiter: Sie isst häufig Kohlenhydrate und trinkt viel Kaffee? Zucker und Koffein liefern viel Energie. Deine Frau braucht die zusätzliche Energie, weil sie ihre eigene in dich investiert. Mehr als du je zurückgibst.«

Der Mann bejahte alles. Man muss ihm jedoch zugute halten, dass er gleich fragte: »Was kann ich denn für meine Frau tun?«

»Sei dir zunächst einmal bewusst, dass du durch die Energie deiner Frau Auftrieb bekommst. Versuch nicht immer, so viel Platz einzunehmen. Tritt auch mal einen Schritt zurück und lass ihr Raum zum Atmen. Konzentriere dich auch mal darauf, was sie mag, was sie erfüllt. Unterstütze sie dabei, solche Dinge zu verfolgen, wie etwa Zeit mit Freunden zu verbringen. Das wird nicht nur ihr helfen, sondern auch eure Beziehung weiterbringen. Diese wird sich mehr zu einem Geben und Nehmen entwickeln, statt nur eine Einbahnstraße zu sein.«

Ich hoffte dabei auch, dass es den bärtigen Mann mehr in Balance bringen würde, sich mehr auf seine Frau zu konzentrieren, als ständig nur mit sich selbst beschäftigt zu sein. Wenn er aus dem Rampenlicht heraus- und in eine echte emotionale Verbindung hineintreten könnte, würden alle seine Beziehungen davon profitieren.

DER PIANOSPIELER UND SEINE FRAU

In den Hochhausschluchten von Hongkong besuchte ich eines Tages eine Frau, die dort in einer Penthousewohnung mit ihrem Ehemann lebte. Sie hatte einen wichtigen Job in der Finanzwelt, ihr Alltag war von morgens bis abends durchgetaktet. Ihr Ehemann war dagegen als Pianist für die großen Hotels der Stadt tätig und stand deshalb erst spät am Tag auf. Meist erfuhr er erst dann, wo er abends spielen würde.

Ihr überaus unterschiedliches Leben spiegelte sich auch in ihren Gesichtern wider: Die Frau besaß ein Königsgesicht, das Gesicht einer Anführerin (siehe Seite 152). Auch Sharon Stone und Heidi Klum weisen diesen Gesichtstyp auf. Genauso wenig wie man Arnold Schwarzenegger für die Hauptrolle in einem romantischen Film casten würde, kann man sich diese beiden Schauspielerinnen in Filmen vorstellen, die sie als Kuchen backende Vorstadtmütter zeigten.

Üblicherweise besitzen weibliche Königsgesichter Merkmale, die die harten Züge etwas abmildern. Meine Kundin jedoch nicht, sie war ein reines Königsgesicht: ein eckiges Gesicht, bei dem Wangenknochen, Kinn und Stirn stark hervortraten. Ein kräftiger Kiefer, tief liegende Augen mit kleinen Pupillen, schmale Lippen und die typische Grenzfalte der Macht auf der Wange rundeten das Bild ab.

Auch ihr Lebensstil entsprach dem eines Königs: Sie war der CEO eines Finanzunternehmens, muskulös und durchtrainiert aufgrund ihres täglichen Workouts, und sie liebte Gourmetessen – ein gutes Steak war ihr das Liebste. Sie hatte alles erreicht, was sie wollte – nur das Wunschkind blieb aus. »Wir versuchen es schon seit geraumer Zeit, aber es will einfach nicht klappen«, sagte sie mir.

»Erzähl mir über deinen Ehemann«, bat ich sie daher. Das Foto, das sie mir reichte, zeigte ein Wasser- oder Mondgesicht mit runden, weichen Gesichtszügen, einen breiten Mund mit

vollen Lippen und große Augen mit großen Pupillen (siehe Seite 130 und 158). Die beiden führten vermutlich eine gute Beziehung, weil sie das Vergnügen liebten – gutes Essen, die Liebe, die schönen Künste. Und weil er es mochte, passiv zu sein, während sie ganz klar die aktive Rolle übernahm und ihr Leben plante. Und auch dies tat sie mit strenger Hand: Sie arbeitete von 7 Uhr morgens bis 18 Uhr abends, um dann ihren Ehemann zu seinen Auftritten zu fahren. Wenn er damit fertig war, holte sie ihn wieder ab.

»Warum machst du das? Dein Schlaf leidet bestimmt darunter«, fragte ich sie erstaunt angesichts ihres enormen Pensums.

»Ich habe Angst, dass er eine andere Frau kennenlernt«, gab sie zu. »In den Bars gibt es so viele davon.«

Ihr Mann hatte kaum eine Minute für sich, er konnte nicht durchatmen – auch wenn ich vermutete, dass ihm ihre besitzergreifende Art gefiel.

»Ich kann keine Anzeichen dafür in seinem Gesicht erkennen, dass er ein untreuer Typ ist. Das würde Initiative von seiner Seite aus bedeuten. Er ist im Paradies mit einer Frau, die sein Leben leitet.«

Doch ich sagte ihr auch, dass ihr Verhalten seinen Preis hatte: »Du verhältst dich wie eine Kriegerin. Wie du isst, trainierst, arbeitest und dir dann auch noch Sorgen um deinen Ehemann machst, das saugt dich regelrecht aus. Es erhöht deinen Testosteronspiegel, während du doch für eine Schwangerschaft Östrogen benötigst. Ein Körper, der so beansprucht wird, kann nicht aufhören zu kämpfen und schwanger werden.«

Mir war bewusst, dass diese Aussage nicht gerade politisch korrekt war. Und dennoch spürte ich, wie ich meine Kundin zum Nachdenken brachte.

»Gib deinem Mann mehr Raum. Lass ihn auch ab und zu die Verantwortung übernehmen. Du behandelst ihn wie das Kind, das ihr eigentlich zusammen bekommen wollt. Wenn er ein Vater werden soll, muss er beginnen, sich wie ein Mann zu verhalten.«

Mein Rat bedeutete, dass sich ihr Alltag ändern musste. Deshalb schlug ich einen zwei- oder dreiwöchigen Urlaub vor, bei dem sie einmal rein gar nichts tun sollten.

Diese Idee dagegen schockte sie tatsächlich, da sie üblicherweise nicht mehr als ein paar Tage am Stück freinahm. Doch sie taten es und machten Urlaub in einem Spa in Thailand. Etwa ein Jahr später erhielt ich einen Brief – mit einem Foto der neuen kleinen Familie.

DIE GLUT DER EHE

Ein weiteres Paar in der TV-Sendung, die ich moderierte, hatte schwerwiegende Krankheiten zu bewältigen. Der Mann litt an Darmkrebs, die Frau an rheumatischer Arthritis – einer chronischen Entzündung der Gelenke. Obwohl sie schon ewig zusammen waren, war der Ehemann, der zu dem Zeitpunkt auf die sechzig zuging, fast zwanzig Jahre älter. Nun begannen sie sich allerdings zu fragen, ob ihre Ehe der Zweifachbelastung aus Krankheit und Altern standhalten konnte.

»Habt ihr Kinder?« war meine erste Frage.

»Ich habe welche aus einer früheren Ehe«, sagte der Mann. »Wir zogen aus der Stadt aufs Land, um Platz für sie zu haben. Aber jetzt sind sie erwachsen und haben ihre eigenen Familien.«

»Es ist inzwischen unmöglich, sich um das Haus zu kümmern«, sagte die Frau. »Ich möchte, dass wir in eine Wohnung umziehen, aber er hat immer wieder Einwände. Das ist das große Thema, das zwischen uns steht.«

»Das ist nicht der Hauptpunkt«, erwiderte der Mann darauf. »Du lässt dich nicht mehr von mir anfassen. Das ist unser größtes Problem.«

Jeder am Set – die Produzenten und die Mitarbeiter aus der Technik – schien zu erstarren. Ich konnte die Stille durch meinen Knopf im Ohr hören. Um die Anspannung zu durchbrechen, fragte ich: »Du meinst, ihr habt keine sexuelle Beziehung?«

»Ich spreche nicht nur von Sex. Was ich meine, ist: keine Küsse mehr, keine Umarmungen, kein Kuscheln – ich darf sie nicht anfassen. Punkt.«

»Ist das wegen der Schmerzen?«, fragte ich die Frau. »Oder bist du seiner überdrüssig?«

»Es geht nicht um Schmerzen oder darum, nicht mit ihm zusammen sein zu wollen. Ich mag einfach den physischen Kontakt nicht.« Ihr Gesichtsausdruck war nicht traurig oder abwehrend, aber resigniert.

»Wart ihr jemals leidenschaftlich miteinander?«

»O ja«, sagte sie. »Unsere frühen Jahre waren unglaublich. Obwohl wir mit unseren Hunden und seinen kleinen Kindern in einer Einzimmerwohnung eingepfercht waren, waren wir immer heiß aufeinander. Wir konnten einfach nicht die Finger voneinander lassen. Aber jetzt, in den großen, leeren Räumen und mehr Privatsphäre, als wir jemals hatten, funkt es irgendwie nicht mehr.«

»Welche Art Beziehung habt ihr denn jetzt?«, fragte ich weiter. »Würdet ihr es Liebe nennen?«

»Auf jeden Fall«, sagte der Mann. Er zählte die Merkmale einer Liebesbeziehung auf: gegenseitige Anziehung, physischer und mentaler Einklang, gemeinsame Ziele im Leben, die andere Person glücklich machen, sich in die Schmerzen des anderen einfühlen und so weiter.

Er schloss mit den Worten: »Unserer Ehe mögen manche dieser Aspekte gerade fehlen, aber weil ich meine Frau liebe, würde ich unsere Beziehung als eine Liebesbeziehung bezeichnen.«

»Was sagst du dazu?«, fragte ich daraufhin die Frau.

»Ich würde nicht unbedingt von Liebe sprechen. Ich würde sagen, unsere Beziehung dient einem Zweck. Wir brauchen uns gegenseitig und sorgen füreinander.«

Durch den Kopfhörer im Ohr konnte ich die Reaktionen der Leute am Set hören. Während der Ehemann sprach, waren sie zustimmend und berührt von seiner Loyalität und Toleranz gewesen. Jetzt gab es Gemurmel über den armen Typen, der sie liebte, während sie nur einen Pfleger wollte, dass sie ihn nicht verdiente und so weiter und so fort.

Als Gesichtleser ergreife ich keine Partei und ich stütze meine Auswertung nicht auf Worte. Stattdessen studierte ich ihre Gesichter, um die Situation zu bewerten. Der Mann hatte ein klassisches Berggesicht mit einer nach hinten abfallenden Stirn, die schmaler war als seine Wangen (siehe Seite 160). Berggesichter sind typische Einzelgänger, jedoch sind sie zu großer Loyalität fähig. Sie sind gut im Kommunizieren, wie der

Mann, als er den Begriff der Liebe definierte, doch sie tendieren dazu, Gefühle zu unterdrücken und Emotionen zurückzuhalten. Sie können auch chronische Aufschieber sein, die Probleme aussitzen, anstatt sie anzugehen, in der Hoffnung, dass sie von allein verschwinden.

Überraschenderweise hatte die Frau ein klares Feuergesicht – dreieckig mit einem spitz zulaufenden Kinn (siehe Seite 154 oder 132). Das wird mit Lebendigkeit, Leidenschaft und Liebe in Verbindung gebracht. Wenn Feuergesichter gewinnend leben, sind sie selbstsicher und unterstützen andere. Wenn sie verlierend leben, können sie von Selbstzweifeln geplagt sein. Die Rationalität der Frau und die mangelnde Begeisterung passten jedoch nicht zu ihrem Gesicht. Wo war die lebendige Emotion, die ich erwartet hätte? Ich konnte nur flüchtige Eindrücke davon erkennen.

Also sagte ich ihr: »Dein Gesicht widerspricht der Distanziertheit in deinen Worten. Ich sehe, dass du von Natur aus leidenschaftlich, sogar impulsiv bist.«

Ich fuhr fort: »Deine Mikroexpressionen zeigen Wut und Frustration – deine Augenbrauen sind zusammengezogen, deine Lippen sind zusammengepresst, du kneifst dein Nasenbein zusammen –, aber ich sehe keine Anzeichen der Abneigung deinem Ehemann gegenüber, etwa einen verzogenen Mundwinkel, als Zeichen der Geringschätzung. Daher denke ich, dass du frustriert und wütend auf dich selbst bist.«

Sie begann sofort große Tränen zu weinen. Als sie wieder zu Atem kam, sagte sie: »Ja, es macht mich rasend, dass ich nicht einfach funktionieren kann. Meine Gelenke laufen nicht rund, mein Körper ist steif wie ein Roboter.«

Sie fuhr fort: »Ich bin zu jung, um mich wie eine Hundertjährige zu fühlen. Da es keine Heilung für rheumatische Arthritis gibt, wird es mir immer schlechter gehen, mit noch mehr Schmerzen und Einschränkungen. Ich bin nicht mehr ich selbst und ich werde es nie wieder sein.«

Als sie weinte, saß ihr Mann da und beobachtete sie, ohne ein Wort zu sagen oder in irgendeiner anderen Form auf sie einzugehen. Mehr noch: Er machte überhaupt keine Anstalten, sie zu trösten. Er hatte einen Blick wie ein Reh im Scheinwerferlicht, als ob er nur dann klarkäme, wenn seine Frau lebhaft und selbstbewusst war. Vielleicht hatte er ihre Verzweiflung schon wahrgenommen und wusste einfach nicht, wie er reagieren sollte. Anstatt sich einzubringen, hatte er sich vermutlich zurückgezogen. Dazu gezwungen zu sein, ihrer Verwundbarkeit und ihren Qualen ins Auge zu blicken, brachte ihn aus der Fassung.

Nun änderten sich die Gespräche im Hintergrund radikal: »Wow, das ganze Gelaber über Liebe. Nun zuckt der Typ aber nicht mal mit der Wimper. Die arme Frau ...«

Selbstverständlich verurteilte oder kritisierte ich auch jetzt den Ehemann nicht – er war schließlich ein typisches Berggesicht. Stattdessen sagte ich zu ihm: »Du liebst deine Frau. Für dich bedeutet das, sie glücklich zu machen und ihren Schmerz mitzufühlen.«

»Ja, das stimmt«, meinte er.

»Warum hörst du dann nicht ihr Bedürfnis, irgendwohin umzuziehen, wo es für sie einfacher ist, zurechtzukommen?«, fragte ich ihn.

»Ich höre das schon. Ich sage nicht, dass wir das nicht tun können, aber es gibt so viele Entscheidungen zu treffen. Als Erstes müssen wir unser jetziges Haus ausmisten, wir müssten die Böden lackieren und neu tapezieren. Dann müssten wir eine barrierefreie Wohnung für uns finden. Wir wären dann eingeengt in dieser Wohnung, ohne Außenfläche ...«

Die Liste wurde länger und länger. Ein Berggesicht sträubt sich häufig gegen große Umzüge.

Ab einem bestimmten Punkt musste ich mich einschalten, bevor die schiere Masse an Gegenargumenten ihn überflutete. Daher sagte ich: »Ihr seid beide krank. Vielleicht ist ein Ortswechsel genau das, was ihr braucht, um zu heilen. Es wird ein klarer Schnitt sein, ein weißes Papier, auf dem ihr eure neue Lebensgeschichte schreiben könnt. Zu verharren, wo ihr seid, hält die gleichen Denkmuster aufrecht, inklusive eurem Krankheitsmindset. Ein Umzug könnte einen Wendepunkt darstellen.«

Seine Frau begann zu lächeln, während ich weitersprach: »Es könnte insbesondere ein Wendepunkt in eurer Beziehung sein. Ihr müsst beide Hand in Hand arbeiten, um einen neuen Ort zu suchen und dort anzukommen. Während dieses Prozesses werdet ihr die Chance haben, euch neu zu entdecken, Vertrauen wieder neu aufzubauen und möglicherweise eure Anziehung wiederaufleben zu lassen. Ihr werdet euer neues Leben auf einem frischen Fundament aufbauen.«

»Ah, okay. Ich denke, es ist wert, darüber nachzudenken«, sagte daraufhin der Mann. Es war offensichtlich, dass er abblockte.

»Die Zeit zum Nachdenken ist vorbei«, sagte ich daher. »Du grübelst darüber schon eine ganze Weile nach. Ich denke, deine Frau verdient es, jetzt zu erfahren: ›Ja, ich werde mit dir umziehen‹ oder ›Nein, ich kann das einfach nicht‹.«

Für einen langen Moment war er still. Schließlich sagte er zu seiner Frau: »Okay, ich verspreche dir, dass ich versuchen werde umzuziehen.«

»Versprechen, es zu versuchen? Das ist nur ein halbes Versprechen«, warf ich ein.

Wieder machte er dicht, starrte auf den Boden, während seine Frau ihn mit ihren Augen eindringlich anflehte. Obwohl er ganz offensichtlich große Kämpfe in sich ausfocht, konnte er sich schließlich zu nichts Weiterem durchringen. Er war nur in der Lage, sich zu wiederholen: »Ich verspreche, es zu versuchen.«

Aber die Stimmung zwischen den beiden hatte sich gebessert. Augenscheinlich nahm die Frau es als Fortschritt, ein halbes

Versprechen zu hören statt einer Litanei von Einwänden. Die verdeckten Gefühle, freigelassen durch ihre Mikroexpressionen, begannen ihn zu berühren. Wir hatten begonnen, den Berg zu versetzen.

WARNHINWEISE

»Es gibt Dinge, die sind unbekannt,
und es gibt Dinge, die sind bekannt.
Dazwischen gibt es Türen.«
(WILLIAM BLAKE)

An einem Mittwoch saß ich bei meinem chinesischen Lehrmeister in der Küche. Wir warteten darauf, dass seine nächste Verabredung für ein Reading eintraf. Kurz darauf klopfte ein junger Mann äußerst höflich an die Tür – er wusste, dass er es mit einem Meister zu tun hatte, und war entsprechend ergeben.

Doch als mein Meister ihn sah, schüttelte er unentwegt nur den Kopf.

»Geh, geh! Du sollst gehen!«, forderte mein Meister ihn vehement auf, den Ort zu verlassen.

»Was, aber warum? Ich warte bereits seit mehreren Monaten auf diesen Termin«, sagte der Mann sichtlich verwirrt und enttäuscht.

»Nein. Du gehst!«, entgegnete mein Meister entschieden.

Ich durfte die Szene lediglich beobachten, da es mir nicht erlaubt war, Fragen zu stellen oder Kommentare abzugeben. Nur an einem Sonntag war dies möglich – und so wartete ich bis dahin, um dann selbstverständlich noch einmal nachzufragen, was an jenem Mittwoch eigentlich passiert war.

»Ich mochte seine Energie nicht«, beantwortete mein Meister meine Rückfrage schlicht.

»Da wartet jemand sieben Monate auf einen Termin und du weist ihn ab, weil du seine Energie nicht magst? Hättest du ihn nicht wenigstens zehn Minuten lang lesen können?«, fragte ich ihn.

»Nein, ich bin alt. Ich muss auf meine Kraft aufpassen. Wenn du meinst, du bist jung und hast die Energie übrig, dann machst du eben das Reading mit ihm.«

Damals verstand ich es noch nicht. Heute weiß ich jedoch, dass jemand manchmal mehr davon hat, mit einem klaren Nein abgewiesen zu werden. Der Vorfall hatte sich ja in Asien abgespielt, was von großer Bedeutung ist. In Europa hätten sich die meisten Leute wohl einfach gedacht: »Was ist denn mit dem los?!« und die Sache dann für sich abgehakt.

In China fragen sich die Menschen in so einem Fall dagegen: »Ein Meister schickt mich weg? Was habe ich an mir, dass das passiert ist?« Sie unterziehen sich also selbst einer kritischen Befragung und tun damit einen ersten wichtigen Schritt zur Problemlösung.

Im Folgenden soll es darum gehen, wie wir Menschen erkennen, die aufgrund bestimmter charakterlicher Eigenschaften oder Merkmale lieber mit Vorsicht zu genießen sind.

GEIZ

Noch vor wenigen Jahren warb ein großes Unternehmen mit dem Slogan »Geiz ist geil«. Doch die meisten Leute, die ich kenne, und ebenso die meisten meiner Schüler halten Ausschau nach Menschen, die großherzig sind. Gibt es denn Merkmale im Gesicht, die auf Geiz hindeuten?

Geiz wird keiner Persönlichkeitsstruktur zugeteilt, es gibt daher auch keine Hinweise oder Gesichtsformen, die Geiz zeigen. Wenn eine Person jedoch geizig ist, ist dies ein starkes Signal dafür, dass sie sich weit von ihrer Persönlichkeit entfernt hat. Denn vor Urzeiten war es für uns Menschen wichtig, zu teilen. Dieses Verhalten diente unserem Überleben. Daher hat die Natur auch in uns angelegt, dass sich ein gutes Gefühl breitmacht, wenn wir etwas von unserem Besitz abgeben.

Für viele Menschen spielt ein großes Herz bei der Partnerwahl eine Rolle. Niemand möchte mit einem geizigen Menschen liiert sein und sein Leben teilen. Es bedeutet, dass wir darben werden – schon allein im Hinblick auf Emotionen und Zuneigung, die der andere uns in geringerem Maße spüren lassen wird. Wir bekommen dann nicht alles, was ein Mensch möglicherweise in der Lage wäre zu geben. Auch in Freundschaften spielt eine gewisse Großzügigkeit für viele Menschen eine wichtige Rolle.

Geiz ist eine übertriebene Sparsamkeit. Ich bezeichne es als moderne Version des Unglücklichseins. Deshalb finden wir eher in der Mikroexpression Hinweise darauf, ob jemand geizig ist. Wir sollten also gezielt nach unbalanciertem Verhalten Ausschau halten: Wenn wir einen geizigen Menschen kennenlernen, wird er sich vermutlich eher wegdrehen und gibt dadurch schon wenig über sich preis. Er investiert nicht so viel von seiner Körpersprache oder Mimik.

Der Mund ist eher geschlossen oder spitz geformt und verdeutlicht, dass der Mensch auch mit seinen Emotionen nicht sehr großzügig umgeht. Geiz ist ein Wesenszug, der sich im Laufe des Lebens entwickelt. Das muss getestet werden, und damit meine ich nun nicht, ob mein Gegenüber den Kaffee übernimmt oder für das Essen bezahlt. Viel wichtiger sind diese Fragen, die wir uns in der Kennenlernphase immer wieder stellen sollten: Ist ein Mensch herzlich? Ist er mitteilsam? Kann er einem Gespräch folgen und bringt er sich ein? Das können erste wichtige Anzeichen für uns sein, ob es sich wiederum von unserer Seite aus lohnt, den Kontakt zu intensivieren.

NARZISSMUS

Wie kann man Narzissten entlarven? Dieses Thema scheint viele Menschen zu beschäftigen, wenn man in die sozialen Netzwerke oder auf Zeitschriften und Buchcover blickt.

Es gibt keine bestimmte Augen-, Nasen- oder Gesichtsform, die auf diese Störung hinweisen und den Narzissten verraten könnte. Um ihm auf die Schliche zu kommen, müssen wir sein Verhalten intensiv beobachten. Dieses ist äußerst aufschlussreich und bringt uns mit etwas Geduld und zunehmender Erfahrung auf die richtige Spur. Seine Interaktion mit anderen Menschen ist geprägt von fehlender Empathie. Er ist kaum dazu in der Lage, sich in jemanden hineinzuversetzen. Am ehesten können wir deshalb Narzissmus aus der Mimik ablesen. Ist unser Gegenüber in der Lage, unseren Gefühlszustand mimisch zu imitieren? Narzissten können sich weder an unserem Erfolg freuen noch mit uns mitfühlen, wenn wir ein Unglück erleben. Wenn wir in seinem Gesicht keinerlei Reaktion erkennen, ist dies ein starkes Warnsignal.

Stattdessen möchte ein Narzisst vor allem bewundert werden. Doch wofür eigentlich? Meist für Leistungen, die er erträumt oder erfunden hat. Er möchte vor allen Dingen im Mittelpunkt stehen – und sollte dies einmal nicht der Fall sein, wird ein Narzisst alles tun, um dies wieder herbeizuführen.

Ein Narzisst sieht sich immer als interessantesten Menschen im Raum. Er zeigt häufig wenig Interesse, wenn jemand anderes eine vielleicht noch spannendere Geschichte zu erzählen hat. Auch dies ist eine wichtige Beobachtung, die uns manchmal entwischt.

Ein weiteres Signal ist, dass ein Narzisst sein Gegenüber immer schlechter dastehen lassen möchte. So wird er in einem Gespräch immer herausstellen wollen, dass er uns einen Schritt voraus ist, um sich über uns zu stellen. Dies lässt sich auch in Krisensituationen wahrnehmen. Ein Narzisst sieht sich selbst meist als Opfer und weigert sich, seinen Teil der Verantwortung für die Situation zu übernehmen.

Aufgrund seiner Persönlichkeitsstruktur ist es einem Narzissten meist nicht möglich, enge Bindungen einzugehen. Dies gilt nicht nur für Liebesbeziehungen, sondern auch für jede Art von Freundschaft. Denn eine solche setzt voraus, dass wir nachfragen, wie es unserem Gegenüber geht, und Anteil an seinem Leben nehmen. Dies ist einem Narzissten fremd.

Ein Erkennungsmerkmal eines selbstverliebten Menschen ist zudem seine Verwendung einer häufig kämpferisch konnotierten Sprache. Dies gilt nicht nur für seine Wortwahl, sondern ist auch in seiner Körpersprache ersichtlich. Sie ist stark gestenreich und offensiv geprägt. Er will positiv auffallen und gewinnen. Er übernimmt nicht nur verbal die Führung, sondern auch mit seinem Körper.

Wenn wir aufmerksam sind und den Blick auf diese bestimmten Merkmale richten, werden wir einen Narzissten ausfindig machen und uns vor seiner äußerst destruktiven Energie schützen können. Denn ein Austausch mit einem solch egolastigen Menschen nährt uns nicht, sondern saugt uns aus.

LÜGEN

Nicht nur Narzissten verwenden Lügen. Hand aufs Herz: Wir alle haben schon einmal gelogen – wahrscheinlich tun wir das sogar täglich. Und wir sind ständig mit Lügen konfrontiert. Es gibt sogenannte ichbezogene Lügen, die relativ einfach zu erkennen sind. Es geht der Person dabei darum, sich selbst einen Vorteil zu verschaffen oder sich zu schützen, indem man einer möglichen Bestrafung entgeht. Manchmal ist sie auch ein Mittel der Machtausübung.

Dann gibt es die auf andere bezogenen Lügen. Sie dienen der Vermeidung von Peinlichkeiten und können daher als sogenannte weiße oder soziale Lügen auch dem Schutz der Privatsphäre anderer Menschen dienen. In diesem Fall steht die Person, die lügt, stark hinter dem vorgespiegelten Sachverhalt. Daher sind sie schwieriger zu entschlüsseln. Aus diesem Grund müssten wir gut gerüstet sein, um zu erkennen, ob jemand wie gedruckt lügt, ohne rot zu werden oder mit der Wimper zu zucken.

Diese Sprichwörter zeigen: Lügen zu erkennen, ist nicht so einfach. Nur in wenigen Fällen bekommen wir Lügen auf dem Silbertablett präsentiert. Manchmal sind sie auch gut versteckt. Die wichtigste Regel im Facereading lautet: Ein Merkmal allein reicht nicht aus, um jemanden der Lüge zu überführen. Es müssen in jedem Fall mehrere Kennzeichen vorliegen, damit wir uns sicher sein können.

Wir besitzen häufig bereits von Haus aus ganz gute Detektoren, um eine Lüge zu entlarven, die von jemandem ausgeht, den wir sehr gut kennen.

Lügen von dir bekannten Menschen erkennen

Das ist nicht verwunderlich, denn die wichtigste Regel beim Gesichtlesen lautet: Eine Lüge ist niemals balanciert. Wir wissen genau, wie dieser Mensch sich normalerweise verhält oder ausdrückt. Tut er das nicht, steckt dahinter eine Unsicherheit, eine Ungewissheit, möglicherweise auch eine Lüge. Wenn sich der Mensch gemäß seiner üblichen Norm verhält, signalisiert das, dass auch in seinem Inneren alles in gewohnten Bahnen verläuft.

Wenn er dies jedoch nicht tut, steckt dahinter eine Ungereimtheit. Das muss nicht immer gleich eine Lüge sein, dennoch sollte man bei einer Ungewissheit immer nachhaken.

Wir sollten aufmerksam werden, wenn sich eine Abweichung in Mimik, Körperhaltung oder Wortwahl zeigt. Zum Beispiel, wenn jemand üblicherweise sehr eingeschränkt gestikuliert und sich dann mit einem Mal häufig ans Kinn fasst. Oder umgekehrt, wenn jemand, der sehr viel mit seinen Händen spricht, dies plötzlich überhaupt nicht mehr tut. Wir kennen das zum Beispiel von Kindern, die sich häufig auf die Hände setzen, wenn sie lügen. Ein weiteres Kennzeichen kann sein, dass jemand Barrieren vor sich aufbaut – das mag in Form der Körperhaltung sein, wenn etwa die Hände vor das Gesicht wandern, die Schultern vorgeschoben werden oder sich die Person wegdreht. Begleitende Merkmale können zudem sein, dass das Gegenüber heftig schluckt, zu schwitzen beginnt oder die Atemfrequenz erhöht. Auch eine plötzliche Anspannung oder das Gegenteil, eine sichtliche Entspannung, ein abrupter Themenwechsel und die Verwendung bloßer Worthülsen oder der dritten Person, wenn die Person von sich selbst spricht, können wichtige Signale dafür sein, unsere Antennen auszufahren und uns die Situation näher zu besehen.

Es sind also weniger die wachsende Nase oder die kurzen Beine, wie es sprichwörtlich so schön heißt, auf die wir achten sollten. Stattdessen sendet unser Gegenüber bestimmte nonverbale Körperbotschaften aus. Zu wissen, wie der Mensch tickt, wie er sich normalerweise verhält, ist der erste Schlüssel, um zu erfahren, ob er sich in einer Dysbalance befindet. Das ist ein erstes Zeichen, das mit einer Lüge in Verbindung gebracht werden kann. Dennoch sollten wir achtsam sein und auf unser Bauchgefühl hören (siehe Seite 64), denn ein Ungleichgewicht kann auch auf eine Krankheit oder eine andere Unsicherheit hindeuten.

Lügen von Fremden wahrnehmen

Wie verhält es sich bei Menschen, die wir noch gar nicht kennen? Wenn ich Verhöre, Befragungen oder Interviews führe, dann konfrontiere ich den Menschen nicht gleich mit problematischen Themen. Ich stelle stattdessen zunächst Fragen, die wahrheitsgemäß und schnell beantwortet werden können, wie

»Was war Ihr letzter Jahresurlaub?«, »Was ist Ihr Lieblingsessen?« und »Wie viele Kinder haben Sie?«.

Hier wird meist recht ausführlich geantwortet und ich sammle Merkmale, wie sich der Mensch üblicherweise ausdrückt und verhält. Erst wenn ich mir ein genaueres Bild meines Gegenübers verschafft habe, beginne ich nach etwa zwanzig Minuten mit Fragen, auf die er möglicherweise Lügen präsentieren könnte, um sich einen Vorteil zu verschaffen, in einem besseren Licht dazustehen oder sein Thema durchzubringen.

Dabei können wir beobachten, wie er von seinem üblichen Tonfall und Verhalten Abstand nimmt. Auch hier lautet die Regel: Ein Mensch wird sich immer in eine Dysbalance bringen, wenn er lügt. Es gilt also, unsere Augen und Ohren weit aufzusperren und unsere Sinne zu schärfen, wenn wir auf mögliche Unwahrheiten stoßen möchten.

Einige Kenntnisse über allgemeingültige körpersprachliche Signale im europäischen Raum möchte ich dir zudem an die Hand geben, bevor einige interessante Geschichten folgen, die ich zum Thema Erkenntnis erleben durfte.

Mimische und körpersprachliche Warnzeichen

- ◇ Stirn runzeln: Tadel, Nachdenklichkeit bezüglich des Gesagten
- ◇ Unterlippe vorschieben und möglicherweise auch die Augen verdrehen: Ungläubigkeit, Skepsis
- ◇ mit einer Gesichtshälfte einseitig feixen: Spott, bis hin zu Verachtung
- ◇ Nase rümpfen oder Nasenlöcher blähen: Abscheu oder Ekel
- ◇ bewusst starren: Demütigung oder Drohung
- ◇ Gesichtszüge versteinern lassen: Ablehnung
- ◇ Blinzelrate erhöht oder verringert sich stark: mögliches Kennzeichen der Lüge

- ◇ Pupillengröße erweitert oder verengt sich ohne veränderten Lichteinfall: mögliches Kennzeichen der Lüge
- ◇ Pokerface aufsetzen: Etwas soll verborgen werden
- ◇ an die Nase greifen: mögliches Merkmal der Unwahrheit

EIN RÄUBER OHNE ANHALTSPUNKTE

In Asien unterstützte ich vor einiger Zeit die Polizei bei ihrer Arbeit – wo genau das stattfand, darüber darf ich keine Auskunft geben. Einer der Polizisten war bei mir in einem Seminar gewesen. Da sie bei einem Fall nicht weiterkamen, riefen mich die Beamten dazu.

Ein bekannter Krimineller, der bereits durch Diebstahl und schweren Raub aufgefallen war, stand in Verdacht, einen Überfall getätigt zu haben. Das geraubte Gut war überaus wertvoll. Die Polizei hatte noch keine konkreten Anhaltspunkte, dass er es tatsächlich gewesen war, den Mann jedoch deshalb in einer Befragung, weil das Vorgehen bei dieser Tat dem seiner vorherigen Straftaten stark ähnelte.

Im Verhör fasste sich der Mann zudem ständig an die Nase – ein körpersprachlicher Hinweis auf eine Lüge. Deshalb war sich die Polizei ziemlich sicher, dass der Mann mit dem Verbrechen in Verbindung stand.

Er hatte jedoch ein Alibi vorzuweisen, denn mehrere Freunde sagten aus, er sei in besagter Nacht mit ihnen unterwegs gewesen. Die Polizisten schenkten diesen vermeintlichen Zeugen keinen Glauben und gingen davon aus, dass sie für diese Aussage bezahlt worden waren.

Die Beamten wollten von mir wissen, ob ich etwas erkennen könne, das die Lüge aufdecken würde. Ich beobachtete den Mann hinter der Scheibe und sah einen bereits verurteilten Verbrecher, der nervös schien, da er sich öfter an die Nase fasste. Auf den ersten Blick schien der Fall klar zu sein.

Aber bei genauerer Betrachtung fiel mir noch etwas anderes auf: Seine Nase zeigte dunkle Poren. In der Antlitzdiagnostik ist dies ein Zeichen für Magenerkrankungen, bis hin zu Magengeschwüren. Wenn jemand mit dieser Prägung unter Druck gerät, produziert er natürlich viel Säure, die wiederum weiter auf den Magen schlägt. Manche fassen sich dann an den Bauch, andere hingegen an die Nase.

Hinzu kam, dass sich bei dem Mann bis auf diesen einen Hinweis kein anderes Merkmal der Lüge zeigte. Eine Grundregel im Facereading besagt aber: Ein Merkmal allein reicht nicht aus, um jemanden der Lüge zu überführen (siehe Seite 229).

»Hört zu, ich denke nicht, dass dieser Mann für den Raub verantwortlich ist. Ich glaube, er hat schlichtweg gesundheitliche Probleme. Der Druck aus dem Verhör führt dazu, dass sich diese verschlimmern und er sich ständig an die Nase greift«, sagte ich daher zu den Polizeibeamten. »Überprüft doch einmal, ob es dazu eine ärztliche Vorgeschichte gibt«, riet ich ihnen weiter.

Einer von ihnen kam auf die Idee, den konfiszierten Inhalt seiner Taschen genauer unter die Lupe zu nehmen. Und tatsächlich waren dort Magensäureblocker zu finden.

So wurde der Mann zunächst einmal aus dem Verhör entlassen – und später dann tatsächlich entlastet, als der wahre Straftäter gefunden wurde.

DAS GEHEIMNIS DES DESPOTEN

In der Zeit, in der ich mit meinem deutschen Meister arbeitete, erlangte ich meine Gesundheit wieder. Aber es dauerte eine Weile, bis ich die Disziplin aufbrachte, mit Skepsis fertigzuwerden. Ich bin nicht stolz auf diese Geschichte, aber sie behandelt einen bedeutenden und lehrreichen Fehler.

Auf einer Gesundheitsmesse, auf der ich tätig war, drängelte sich ein Mann ungeduldig zu meinem Tisch durch, seine peinlich berührte Frau im Schlepptau. Meistens beschreibe ich ihn als Typ Schwarzenegger, und jeder lacht. Sie kennen das Profil: kräftig, angeberisch, angriffslustig und begierig darauf, mich einzuschüchtern – mich, einen deutlich kleineren Mann.

»Ich glaube nicht an den Mist«, so kam er auf mich zu, »aber du hast meine Frau beeindruckt und ich will ihr beweisen, dass sie unrecht hat. Wenn du so großartig bist, lass uns mal sehen, ob du das eine Problem, das ich habe, erkennst.«

Sein Gebrüll zog eine kleine Traube Schaulustiger an, was meinen Job erschwerte. Ich wollte mich konzentrieren, knipste meine Lampe an und richtete sie auf sein Gesicht. Das Erste, was ich wahrnahm, war sein rotes Kinn, das durchzogen war von sichtbaren Gefäßlinien. Es gab zudem eine tiefe horizontale Falte in der Querspalte zwischen Kinn und Unterlippe. Sie war ebenfalls tiefrot, ein Zeichen für Entzündungen. Dieser Teil des Gesichts war dem unteren Teil seines Körpers zugeordnet, vor allem dem Dickdarm. Aber er litt nicht auf die Art und Weise, wie es ein Mann tut, dessen Darm vollständig entzündet war.

Also schloss ich daraus, dass dieser Typ schon lange mit Hämorriden zu tun hatte. Bei introvertierten Menschen können Hämorriden ins Rektum bluten und mögen schlechter zu entdecken sein, aber ich war mir sicher, bei so einem Großmaul bluteten sie nach außen und waren zweifelsohne schmerzhaft.

»Also?«, forderte er mich heraus.

»Wenn ich seit Langem an Hämorriden leiden würde wie du und sie nicht losbekäme, dann wäre ich vielleicht auch so aggressiv«, sagte ich zu ihm. Die Zuschauer waren etwas baff. Er schubste sich durch sie hindurch und schlich davon, seine Frau sagte etwas besserwisserisch: »Siehst du, ich habe dir doch gesagt, dass er etwas draufhat.«

Eine Weile triumphierte ich. Ich hatte eine neue Superkraft und sie funktionierte – ich hatte Goliath an seinen Platz verwiesen. Aber auf der Fahrt nach Hause musste ich mir eingestehen: »Eric, das war nicht cool.« Ich hätte empathischer sein sollen, dem Typ sagen: »Ich sehe dein Problem, aber lass es uns unter vier Augen besprechen.« Stattdessen hatte ich ihn bloßgestellt, um seine Arroganz abzustrafen und, das gebe ich zu, auch um anzugeben. Mein Meister hatte mich vor solchen Begegnungen gewarnt: »Wenn ein Skeptiker neugierig ist, kannst du versuchen, ihn zu überzeugen. Aber ein Despot … lass ihn einfach. Nimm die Herausforderung nicht an, selbst wenn du sicher bist, dass du gewinnen wirst. Er wird nicht zugeben, dass er verloren hat, und der Gewinn wird möglicherweise auf deine Kosten gehen. Aus einem Machtspiel geht kein Sieger hervor.«

Ich hatte die Herausforderung in ein Machtspiel gedreht. Ich hatte meine Gabe missbraucht, denn ich nutzte sie nicht, um Rat zu erteilen, sondern um mein Ego aufzupolieren. Was hatte ich, außer ein paar Lachern, gewonnen? Ich hatte weder einen Skeptiker überzeugt, noch spürte ich demütige Zufriedenheit dadurch, dass ich ihm helfen konnte. So habe ich im Gewinnen verloren. Was für eine wirkungsvolle Lektion.

DER LÜGE ÜBERFÜHRT

In einer TV-Sendung, die ich moderierte, sollten zwei Menschen durch ein offenes Gespräch ein besseres Verhältnis zueinander entwickeln und sich wieder aufeinander zubewegen können.

Während dieser Zeit las ich etwa dreißig Paare – hauptsächlich Liebespaare, manchmal kamen aber auch andere Familienkonstellationen oder Freunde in die Sendung.

In einer Folge traten zwei Männer mit dem Ziel auf, ihre Freundschaft klären zu wollen. Einer der beiden hatte angeblich eine Affäre mit der Freundin des anderen gehabt und versuchte sich nun wortreich bei seinem Kumpel zu entschuldigen.

Bei genauerer Betrachtung seiner Mimik und Körpersprache stellte ich jedoch fest, dass seine Reue nicht echt sein konnte.

Ich wurde aufmerksam und konzentrierte mich auf den Freund und wie dieser auf dieses Geständnis wohl reagieren würde. Ich war total baff, denn seine Reaktion war teilnahmslos, er sah wie versteinert aus.

Mir wurde klar: Irgendetwas stimmt hier überhaupt nicht. Natürlich reagiert jeder anders auf eine solche Grenzsituation, doch der Mann hatte ein Feuergesicht (siehe Seite 132 oder 154), verhielt sich aber keinesfalls wie ein feuriger Mensch, der nach so einer Enthüllung üblicherweise explodieren würde. Seine Reaktion passte eher zu einem ruhigen Erdgesicht.

Ich sah mir das Schauspiel eine Weile an. Schließlich konfrontierte ich die beiden mit meinen Beobachtungen. In meinem Kopfhörer vernahm ich, wie mich die Sendungsleitung versuchte zu stoppen. Doch ich war mir absolut sicher, dass es hier nicht mit rechten Dingen zuging. Schnell kamen die beiden mit Rechtfertigungen daher, woraufhin der eine für den anderen in die Bresche sprang – er sei doch hier das Opfer und würde nun so angegriffen werden.

Ruhig erwiderte ich daraufhin, dass in dieser Geschichte, wenn überhaupt, ich das Opfer sei. Die Sendung sei für Menschen gedacht, die wirklich ein Thema angehen wollten, und nicht für solche, die sich einmal im Rampenlicht sehen wollten. Es ging am Ende alles gut aus. Die beiden Männer versprachen mir, so etwas nie wieder zu machen – nur für ihre eigene Unterhaltung Leuten eine Show vorzuspielen.

DIE RECHTE HAND

Bei einem Reading, das eigentlich als berufliche Unterstützung dienen sollte, erlebte ich einst eine Überraschung. Der Geschäftsführer eines großen Wirtschaftsunternehmens in Spanien suchte einen neuen PR-Chef. Er kam jedoch zu keiner Entscheidung und schien niemanden zu finden, der wirklich zu der Stelle passte. Im Telefonat, das wir vorab geführt hatten, hatte er auf mich auch einen überforderten Eindruck gemacht, was schon recht ungewöhnlich für jemanden in einer solchen Position ist.

Ich kam also am Tag unseres Termins in das große Besprechungszimmer der Firma und sah den Mann vor einem Berg aus Bewerbungen sitzen. Er war gerade dabei, die Unterlagen in drei Stapel zu unterteilen: A- und B-Kandidaten sowie Absagen. Der A-Stapel war erwartungsgemäß klein. Er schob mir den A- und B-Stapel rüber und bat mich, ihm meinen Eindruck zu den Bewerbungsfotos der Menschen mitzuteilen. Die Kandidaten dieser beiden Stapel sollten ein paar Tage später zu einem Bewerbungsgespräch eingeladen werden.

Mir fiel sofort auf, dass im A-Stapel nur Männer vertreten waren. Im B-Stapel konnte ich einige Frauen entdecken. Sie besaßen alle einen großen, wohlgeformten Mund und sehr ausdrucksstarke Augen. Dies steht im Gesichtlesen für Menschen, die kommunikationsstark sind und viel Ausstrahlungskraft besitzen. Solche Menschen sind im Public-Relations-Bereich eigentlich optimal geeignet.

Um dem Ganzen auf den Grund zu gehen, fragte ich den Mann: »Sind das im A-Stapel die Kandidaten, die am besten geeignet sind?«

»Nein, auch die im B-Stapel passen optimal für die Stelle«, antwortete er mir – und sorgte für noch mehr Verwunderung bei mir.

»Im B-Stapel sind einige Leute dabei, deren Merkmale sie wie prädestiniert für die Stelle erscheinen lassen: Sie wirken charmant, überzeugend und ausdrucksstark. Das ist doch, was Sie suchen.« Er antwortete darauf nur wortkarg. Ich blätterte also weiter durch die Mappen und erstellte mein persönliches Ranking.

Ich war dann auch auf Wunsch des Geschäftsführers bei den Bewerbungsgesprächen anwesend. Als wir fertig waren, gingen wir gemeinsam zum Lunch und trafen dort auf seine Ehefrau.

Ich sah sofort, dass seine Frau ein Feuergesicht hatte. Sie hielt sich sehr zurück, verschanzte sich hinter den Tischblumen und nahm keinen Blickkontakt zu mir auf. Menschen mit Feuergesichtern können manchmal recht unsicher und nervös sein. Sie schien froh zu sein, als der Lunch vorüber war, und ließ uns beide allein. Der Umgang der beiden miteinander war etwas auffällig und ich fragte mich, wie es wohl um ihre Ehe bestellt war. Jadegesichter können harmoniebedürftig sein und gehen Konflikten gern aus dem Weg.

Und so wagte ich einen Vorstoß und sagte zu dem Mann: »Könnte der Umstand, dass Sie keinen geeigneten Kandidaten finden, damit zusammenhängen, dass Sie Angst haben, Ihre Frau könnte die Wahl nicht begrüßen oder sogar eifersüchtig reagieren?«

»Sie liegen leider richtig«, seufzte der Mann. »Könnten Sie die geeignete Person aussuchen? Dann habe ich eine Argumentationsgrundlage vor meiner Frau.« Das war die typische Aussage eines unsicheren Jademenschen. Doch ich hatte eine bessere

Idee: »Wie wäre es, wenn Ihre Frau die Person aussucht, die eingestellt werden soll?«

»Auf diesen Gedanken bin ich noch nicht gekommen. Ich probiere es aus«, erwiderte der Mann.

Einige Tage später erhielt ich eine E-Mail, in der der Mann freudig berichtete, dass er vollkommen falsch gelegen hatte. Seine Frau war sehr erfreut gewesen, als er sie um Rat wegen der Einstellung gebeten hatte. Gemeinsam hatten sie also einen neuen PR-Chef ausgesucht, der schon bald die Stelle antreten sollte. Manchmal unterschätzen wir unsere Liebsten und sind dann überrascht, wenn sie sich anders verhalten als vermutet. Einen Versuch ist es immer wert.

TALENTE UND BERUF

»Was vor uns liegt und was hinter uns liegt,
ist nichts im Vergleich zu dem, was in uns liegt.
Wenn wir das, was in uns liegt,
nach außen in die Welt tragen, geschehen Wunder.«
(HENRY DAVID THOREAU)

Es lag mir mehrmals auf der Zunge, meinen chinesischen Lehrmeister zu fragen, warum genau er mich als seinen Schüler angenommen hatte. Doch dies hätte bedeutet, seine Entscheidung zu hinterfragen – und jegliche Art von Egofragen war streng verboten.

Aber natürlich machte ich mir meine Gedanken darüber. Vermutlich geschah dies aus mehreren Gründen: Ich wirkte in seinem Territorium als Gesichtleser, deshalb wollte er mich lieber bei sich und damit unter seinem Einfluss haben. Auch bestimmte körperliche Merkmale spielten dabei sicherlich eine Rolle, aus denen man im chinesischen Gesichtlesen auch gewisse Talente ablesen kann. Zuallererst ist sicherlich die »hängende Nadel« zu nennen (siehe Seite 121): Sie verdeutlicht meine hohe Motivation, meinen Eifer und meine Fähigkeit, andere Menschen mitzureißen. Ein eiserner Wille kann jedoch auch Ungeduld und Eigensinnigkeit nach sich ziehen. Die Kehrseite meiner großen Willenskraft war, dass ich in meinen ersten Jobs bis über meine gesundheitlichen Grenzen ging. Doch meine Möglichkeiten auszuloten, war im Nachhinein ein wichtiger Schritt auf meiner Reise.

Viele Stunden der harten Ausbildung, die mir die Nichte des Großmeisters angekündigt hatte, bestanden daher darin, meinem Querkopf etwas entgegenzusetzen, mir zu mehr innerer Ruhe zu verhelfen und damit stärker in Balance zu bringen.

Dass ich nach dem Abitur und einem Jahr in den USA meinen Wehrdienst bei der Bundeswehr ableistete, war im Nachhinein eine ganz gute Vorbereitung darauf. Als Fallschirmjäger erhielt meine Abenteuerlust neues Futter, doch gab es auch gewisse Schwierigkeiten: Fähigkeiten wie Schlagfertigkeit und Freiheitsliebe werden an einem Soldaten eher weniger geschätzt. »Standop, dich behalte ich im Auge!« (so mein damaliger Feldwebel) war nun nicht gerade das, was ich bei meinem Wunsch, gesehen zu werden, im Sinn hatte.

DIE LEBENSSCHULE

Die Aufgaben, die mein deutscher wie auch mein chinesischer Meister mir zum Thema Lebensschule gaben, waren ganz gezielt auf meinen Charakterkopf abgestimmt. So wurde mein reger Geist gezielt in die Langeweile geschickt, indem ich eine Treppe, die bereits blitzblank war, an die hundertmal putzen musste.

An einem Abend ging ich mit meinem Meister zu einem Vortragsabend in einer Kirche. Als Letztes vernahm ich, dass als letzter Programmpunkt ein Vortrag über Gesichtlesen auf dem Plan stand. Ich guckte zu meinem Meister und dachte: »Okay, das hat er mir gar nicht gesagt, dass er hier einen Vortrag hält – aber ich bin nicht überrascht.«

In dem Moment stieß er mich am Oberarm an und sagte: »Du bist dran. Mach du das!«

Im ersten Moment war ich zwar etwas verdattert – es war mein erster Vortrag vor großem Publikum, allesamt Hongkong-Chinesen, denen ich etwas über ihre Kultur und Facereading erzählen sollte. Direkt danach aber regte sich in mir Begeisterung – denn wenn ich präsentieren kann, bin ich in meinem

Element. Ich trat auf die Bühne und hielt ganz locker einen vierzigminütigen Vortrag. Am Ende beschloss ich, dass ich gerne ein Reading geben würde. So hatte ich es auch bei meinem Meister erlernt bekommen, damit die Leute das Gesagte besser vermittelt bekommen.

Als ich bei den etwa zweihundert Leuten nachfragte, wer daran Interesse hätte, meldete sich daraufhin lediglich ein einziger junger Mann, der in der ersten Reihe saß. Ich fand das zunächst etwas merkwürdig, denn üblicherweise war das Interesse groß. Doch ich ließ mich nicht verunsichern und legte los.

Auffällig war, dass der Mann keine Miene verzog, während ich ihn las. Alles, was für einen Gesichtleser wichtig ist, um ein erstes Feedback über Hand-im-Gesicht-Gesten oder Mimik zu bekommen, war bei ihm ausgeschaltet. Ich konzentrierte mich also rein auf seine Gesichtsform sowie seine Merkmale und fand, dass ich das Reading dennoch gut meisterte. Als ich den Vortrag beendete, gab es tosenden Applaus im Publikum. Ich erwiderte: »Hey, warten wir doch erst einmal ab, was er überhaupt zu sagen hat – vielleicht war das Reading gar nicht passend für ihn?«

Der Mann fasste sich an seine Nase: »Schön, dass Sie so motiviert sind. Es hat mir Spaß gemacht, Ihrem Vortrag beizuwohnen. Doch alles, was Sie mir zuschreiben, passt nicht. Ich fühle mich bei allem, was Sie eben gesagt haben, nicht gesehen.«

Es war bestimmt zu sehen, wie mir das Gesicht herunterfiel. Doch dann fasste ich schnell wieder einen klaren Gedanken und berief mich auf meinen Lehrer: »Wende dich an meinen Meister. Er hat mir all dies beigebracht. Wenn ich so danebenlag, ist es seine Schuld.«

Da lachte der Mann. »Dein Meister wies mich an, dich auf die Probe zu stellen, weil er wissen wollte, wie du in einer solchen Situation reagierst.«

Im chinesischen Gesichtlesen bezeichnet man dies als Talent der Bühne, wie ich später erfahren sollte. Was ich mit diesen Geschichten sagen möchte: Manchmal müssen wir Dinge einfach ausprobieren, um zu wissen, ob sie etwas für uns sind – und uns hierfür auch aus der Komfortzone herauswagen. Und doch kann uns das Wissen um unsere Talente weiter voranbringen.

TALENTE ERKENNEN

Es ist schwer, glücklich zu sein, wenn wir nicht unsere Talente leben. Doch woran kann man diese im Gesicht erkennen? Die Talente lassen sich im Idealfall an einzelnen Merkmalen ablesen, häufiger jedoch sind sie eine Kombination von Merkmalen, der Gesichtsform(en) oder bestimmter Faltenstellungen auf der Stirn. So gehören manche Talente immer zu einer bestimmten Gesichtsform, wie zum Beispiel ein Jadegesicht (siehe Seite 150) von Natur aus das Talent der Kreativität in sich trägt.

Jeder von uns besitzt Talente, oftmals mehrere. Wenn wir unsere Talente kennen, führt uns dies einen wichtigen Schritt weiter zu unserer persönlichen Entfaltung. Insgesamt zählt die chinesische Gesichtlesekunst etwa dreißig Talente. Sie sind zusammen mit den Lernsätzen, die du auf Seite 259 kennenlernen wirst, ein wichtiger Schritt dafür, seine Lebensaufgabe zu leben (siehe Seite 257). Dabei spielt es für Gesichtleser keine Rolle, ob wir unsere Talente privat oder im Job ausleben. Wenn du manche Talente, die ich dir gleich auflisten werde, in dir erkennst und sie nicht im Beruf verwirklichen kannst, suche nach Möglichkeiten, sie in der Freizeit in die Tat umzusetzen.

◇ Das Talent der Welt, das manche auch Talent des Reisens nennen, zeigen Sommersprossen oder das entsprechende Muttermal (siehe Seite 116) an, die im chinesischen Gesichtlesen als »Sterne des Himmels« bezeichnet werden. Sie stehen für jemanden, der der Welt zugeordnet ist – er liebt es, fremde Länder und Kulturen zu entdecken.

- ◇ Das Talent der Kommunikation erkennt man an einem ausbalancierten großen Mund mit vollen Lippen. Ein Mensch mit einem solchen Mund kann sich gut ausdrücken und mit seinen Botschaften andere inspirieren. Doch auch andere künstlerische Talente wie Schreiben oder Singen zählen dazu.
- ◇ Auf das Talent der Bühne weist ein breites Philtrum hin, also die Einbuchtung, die jeder Mensch zwischen Mund und Nase besitzt. Menschen, die ein solches Philtrum besitzen, haben eine große Anziehungskraft und können daher auch gut unterhalten.
- ◇ Ein Talent der Zahlen zeigt sich an vielen durchgezogenen Linien auf der Stirn. Sie müssen nicht zwangsläufig auf eine mathematische Begabung hindeuten, sondern bedeuten vielmehr, dass jemand einmal gesteckte Ziele weiterverfolgt und strukturelles sowie strategisches Denken besitzt.
- ◇ Auf das Talent der Augen weisen besonders ausdrucksstarke, anziehende Augen mit großen Pupillen hin. Diese Menschen besitzen eine hervorragende Beobachtungsgabe, erkennen Details, die andere übersehen, und haben eine helle Sicht der Dinge.
- ◇ Das Talent der Hände zeigt sich an pragmatisch aussehenden Händen, die Aufgaben auf eine ebenso pragmatische Art und Weise lösen. Ein Mensch mit solchen Händen ist praktisch veranlagt, was für manche kein echtes Talent darstellt – nichtsdestotrotz handelt es sich um eines, denn nicht jeder von uns besitzt es. Es ist zudem oft bei Menschen mit medizinischen Berufen zu finden und weist daher auf die Heilkraft der Hände hin.
- ◇ Das Talent der Ohren erkennt man daran, dass der äußere Knorpel mehr dreieckig statt gerundet ist und dabei leicht Richtung Hinterkopf zeigt. Jemand mit solchen Ohren ist äußerst diplomatisch im Umgang mit anderen Menschen.

Manche Talente ergeben sich aus einer Mischung von bestimmten Merkmalen. Meine Mundform weist beispielsweise zusammen mit weiteren Merkmalen auf das Talent des Rats hin – ein Ratgeber sollte nicht überdimensional groß sein. Mit meinen 1,75 Metern überrage ich die meisten Menschen nicht, was bereits körperlich gesehen Augenhöhe herstellt. Dieses Talent des Rats stelle ich nun etwas genauer vor, da es für jemanden, der Facereading ernsthaft betreibt, von essenzieller Natur ist.

RAT GEBEN UND ERHALTEN

Vielleicht kennst du die Situation? Manchmal stecken wir in einer Klemme oder in einer Entscheidungskrise und überlegen, was der nächste wichtige Schritt ist, den wir gehen sollen.

Natürlich könnten wir uns nun ausschließlich mit uns selbst darüber unterhalten, aber es gibt eine Weisheit: Wer sich nur mit seinem eigenen Kopf unterhält, der ist arm. Das Talent des Beratens war in früheren Jahrhunderten sehr geschätzt. Könige, Generäle, aber auch das Volk auf dem Land – alle hatten ihre Ratgeber. Im alten China, bei den alten Römern und in Griechenland waren es Gesichtleser, die bei wichtigen Entscheidungen zur Seite standen. Der Rat beruhte auf dem Gesicht, also auf der Lebenswirklichkeit des jeweiligen Menschen. Heute müssen wir uns fragen, ob der Rat nicht nur eine Meinung ist.

Wenn man einen ungefragten Ratschlag erhält, ist man nicht unbedingt reicher. Dieses Phänomen, anderen ohne Vorwarnung einen Rat zu erteilen, greift um sich – dann scheint es sich eher um einen Schlag als einen Rat zu handeln.

Umgang mit Ratschlägen

In den Jahren, in denen ich mit meinem chinesischen Meister unterwegs war, bekam ich niemals einen ungefragten Ratschlag. Für ihn standen die Dinge fest. Ich bekam einen Auftrag oder eine Anweisung, aber niemals einen Rat. Außer ich habe danach gefragt.

In einem Sonntagsgespräch mit meinem Meister erörterte ich das Problem. Er sagte, dass dies immer mit Kontrolle zu tun habe. Denn: Gelingt es uns, einen Rat zu platzieren, haben wir die Kontrolle über die Situation und über den Menschen gewonnen. Doch wie verhalten wir uns dann am besten?

Die erste Möglichkeit ist eine Gegenfrage. Wenn wir beispielsweise mit der Frage »Mensch, geht's dir nicht gut? Du siehst so blass aus, ich glaube, du schläfst nicht lang genug« bloßgestellt werden, könnte man antworten: »Schläfst du denn länger?«

Die zweite Möglichkeit ist eine Feststellung: »Vielen Dank, ich werde über deine Meinung nachdenken.« Dann stellen wir den »Ratgeber« etwas bloß, denn es wird klar, dass die Person keinen Rat gegeben hat, sondern in unpassender Weise seine Meinung geäußert hat.

Die dritte Möglichkeit ist vielleicht die empathischste, freundlichste Reaktion. Denn viele Ratgeber wollen uns nicht bewusst schaden, sondern agieren aus einer Angst heraus. Sie besteht darin, den Ratgeber kurz am Arm oder an der Schulter anzufassen und sich dann für die Meinung zu bedanken.

Mir liegt es fern, den Rat an sich zu verurteilen. Aber nicht aus meiner Erfahrungswelt zu sprechen und meine Meinung zu teilen, sondern meinen Rat basierend auf dem Gesicht des Kunden zu geben – auf der Grundlage seiner Gefühle, seiner Erlebnisse und seiner Persönlichkeit. Deshalb ist es für jeden Menschen wichtig zu wissen, dass es nicht nur gut oder schlecht gibt. Denn man kann alles gewinnend oder verlierend leben. Gesichtlesen kann jeder – es ist in uns verankert. Doch vermutlich kann nicht jeder einen wertvollen Rat geben. Bevor wir uns daran versuchen, sollten wir uns ganz sicher sein und unserem Gegenüber den Rat erst einmal anbieten.

Es ist immer erstaunlich zu sehen, wie Menschen sich verändern, wenn sie ihre Talente leben – und was passiert, wenn wir auf Menschen stoßen, die uns dabei helfen, sie zu entfalten. Die folgenden Geschichten drehen sich um dieses Thema.

DIE BRÜCKE

Steve Jobs sagte den berühmten Satz: »Es macht keinen Sinn, schlaue Leute einzustellen, um ihnen dann zu sagen, was sie zu tun haben. Wir engagieren schlaue Leute, damit sie uns sagen können, was wir tun sollen.« Doch zu wissen, wann man diese Weisheit anwenden sollte, kann für CEOs eine Herausforderung sein. So ging es auch einem Klienten, der eine bedeutende australische Textilfirma leitete.

»Wir erreichen unsere Ziele nicht«, erzählte er mir. »Die Produktivität ist am Boden. Vielleicht können Sie mir Einblicke verschaffen, warum das so ist.«

»Wen soll ich mir anschauen?«, fragte ich. »Bereichsverantwortliche?«

»Vielleicht. Es macht möglicherweise Sinn, bei jemand Bestimmtem zu starten …« Er nannte die Person, die, so stellte sich heraus, eine ungewöhnliche Rolle als ein Bindeglied zwischen den Abteilungen spielte.

Der Mann hatte ein Wasser- oder Mondgesicht (siehe Seite 130 und Seite 158), das üblicherweise großartigem kommunikativem Geschick zugeordnet wird. Mondgesichter tendieren dazu, loyal zu sein, und führen nur ungern. Der CEO konnte darauf zählen, dass er Anweisungen weitergab. Mondgesichter mit ihrem sympathischen Naturell sind oft diplomatisch und imstande, andere zu vereinen – alles in allem gute Qualitäten für ein Bindeglied.

Die Form der Ohren des Mitarbeiters deuteten darauf hin, dass sein diplomatischer Scharfsinn stark war – sogar für ein Mondgesicht. Der äußere Knorpel war mehr dreieckig als gerundet und zeigte leicht Richtung Hinterkopf. Damit besitzt er aus Gesichtlesersicht das Talent der Ohren (siehe Seite 244).

Ich vermute, dass die spitzen Ohren von Mr. Spock aus Star Treck eine unbewusste Adaption dieser Form waren, die übertrieben wurde, um wie nicht von dieser Welt zu erscheinen und um den Stil herauszustellen, den wir mit Spock verbinden: objektiv, taktvoll und emotional abgeklärt.

Der Verbindungsmitarbeiter hatte viele Linien auf seiner Stirn. Sie deuteten einerseits darauf hin, dass er konstant nachdachte, aber auch, dass seine vielfältigen Interessen ihn anderen gegenüber sehr empfänglich machten. Mehrere Linien waren durchbrochen, was darauf hinwies, dass seine Ideen nicht zu Ende geführt wurden (siehe Seite 120).

Ich beobachtete ihn im Umgang mit verschiedenen Managern, sie schienen ihn alle zu mögen und zu respektieren. Seine Hauptarbeit lag eher darin, Anordnungen vom Chef zu überbringen, als Probleme zu lösen. Trotzdem war er in seiner Rolle zwischen den Abteilungen einmalig positioniert, um Schwierigkeiten der Mitarbeiter zu erkennen und Lösungen zu gestalten.

»Es gibt hier bestimmte Gruppen, wie Vertrieb und Marketing, die sich nicht gut abstimmen«, erzählte er mir. »Obwohl ich Möglichkeiten angeregt habe, um ihre Leistungen zu koordinieren, scheinen sie nicht wirklich zuzuhören. Ich habe aber auch nicht die Befugnis, sie dazu zu drängen.«

Später, als ich das dem CEO mitteilte, sagte dieser: »Er hat also Ideen – warum setzen die Leute sie nicht um?«

»Haben Sie von seinen Ideen gehört?«, fragte ich nach. »Der Kerl ist ein großer Gewinn für Ihre Firma. Er ist gut darin, Informationen zu sammeln und daraus eine Strategie zu entwickeln. Aber hören Sie auf seine Empfehlungen? Weisen Sie Ihre Manager an, die Empfehlungen umzusetzen?«

»Warum sollte ich ihm nicht zuhören?«

»Weil Sie ihn nicht ernst nehmen«, erwiderte ich. »Sie sind ein Königsgesicht, eine energische, bestimmende Führungskraft. Sie führen von oben nach unten. Dabei nutzen Sie Ihren Verbindungsmitarbeiter, um Vorschriften zu erteilen, statt von seinen Fähigkeiten zu profitieren, nämlich das Vertrauen der Mitarbeiter zu gewinnen und dabei zu helfen, ihre Probleme zu lösen. Er kommt hier rein, immer freundlich und voller Vorschläge, und Sie weisen sie von der Hand – auf nette Art, denn Sie wollen ihn nicht verletzen. Als Mondgesicht ist er nicht energisch genug, um Ihre Aufmerksamkeit zu erzwingen.«

»Das ist interessant …«, meinte der CEO.

»Unterdessen wissen Sie, dass es Probleme gibt. Sie bleiben dabei, sich zu sagen: Wir brauchen neue Ideen. Es gibt aber Menschen mit Ideen, wissen aber nicht, wie man sie umsetzt. Das ist Ihre Stärke als Königsgesicht: Strategie in Maßnahmen zu verwandeln. Um das zu tun, sollten Sie dem Mondgesicht zuhören, dem Diplomaten, der Beziehungen zu den Mitarbeitern hat, die Sie, als Boss, nicht haben.«

»Sie denken also, ich vergeude sein Potenzial?«

»Es scheint so.« Es war genau der Fehler, vor dem Steve Jobs einst warnte: eine schlaue Person einzustellen und ihr zu sagen, was sie tun solle – anstatt andersherum.

»Sie haben die richtige Person eingestellt«, antwortete ich dem CEO. »Nicht ein weiteres Königsgesicht mit Ihren Fähigkeiten, sondern einen Typ, der das genaue Gegenteil ist. Sie hatten einen zielsicheren Instinkt.«

»Das ist eine Erleichterung«, sagte der CEO lachend. »Ich erkenne nun, dass es mein Job als Königsgesicht ist, mir das zunutze zu machen.«

KEIN CHEF FÜR ROUTINEN

Der Chef eines Finanzdienstleisters in Singapur bat mich zu sich: »Ich weiß nicht, was mit meinem Team los ist«, sagte er mir. »Egal wie viel ich pushe, gut zurede und ermutige, sie bringen einfach keine Ergebnisse. Vielleicht finden Sie heraus, was mit denen los ist.«

Ich startete, indem ich seiner Führungsriege kurze Readings gab, um ihre Stärken und Schwächen zu gewichten. Ich konnte kein schwarzes Schaf in der Gruppe finden. Dann verbrachte ich einen Tag damit, sie bei ihren Tätigkeiten zu beobachten. Alle beeindruckten mich mit Intelligenz und Fleiß, wirkten allerdings unsicher bezüglich ihrer Prioritäten und etwas frustriert.

»Also, was stimmt nicht?«, fragte der Chef. »Wieso vergeuden die ihre Zeit so?«

»Ich denke, es liegt nicht an ihnen«, setzte ich an. Und fuhr vorsichtig fort: »Ich befürchte, dass Sie das Problem sein könnten.«

»Ich? Aber wie ist das möglich? Ich habe dieses Unternehmen aus dem Nichts aufgebaut.«

»Das glaube ich«, sagte ich. »Aber es braucht andersgeartete Fähigkeiten, um andere in ihrem Erfolg zu stärken.«

Er war überrascht, als ich ihm sagte, dass er nicht die geborene Führungspersönlichkeit sei. »Sie sind freiheitsliebend, kreativ und impulsiv. Sie haben ein gutes Gespür für Menschen, sind also gut darin, großartiges Personal einzustellen. Aber Ihre Ideen gehen flöten. Ihre Denkweise ist zu komplex, als dass Ihr Team folgen könnte. Sie wissen nicht, wie Sie Ihr Team anleiten und unterstützen können.«

»Was bringt Sie dazu, so etwas zu sagen?«, fragte er, sichtlich um Fassung ringend.

Um nur eine Sache zu nennen: Sein Gesicht hatte keine sichtbaren Königsmerkmale (siehe Seite 152). Man kann Führungsqualitäten besitzen, ohne ein König zu sein, aber er hatte ein Feuergesicht, sehr getrieben und leidenschaftlich. Weil er Leute mit seinem Enthusiasmus antreiben konnte, war er der Auffassung, er sei ein guter Chef. Aber eine gute Führungspersönlichkeit motiviert die Truppe nicht nur, sie legt eine Strategie vor, bevor es in die Schlacht geht, und zeigt die einzelnen Schritte auf, die nötig sind, um die Vision zu verwirklichen. Ein guter Chef zeigt in einer mitreißenden Art konkrete Ziele auf.

Mein Kunde war Visionär genug, um eine Firma zu leiten. Aber er sah nur das große Ganze und konnte seine Ideen nicht für andere herunterbrechen. Seine Augen besaßen eine hohe Ausstrahlungskraft – daher war er mit dem Talent der Augen ausgestattet (siehe Seite 244). Doch andere Merkmale standen dem entgegen: Seine hohe Stirn war schraffiert mit vielen geraden, ungebrochenen Linien. Er denkt nicht nur, er konnotiert von Anfang bis Ende, während er durch seine Gedanken schwirrt – und zwar zu schnell, als dass sein Team ihm dabei folgen könnte. Sein Mund war lang, seine Lippen waren in der Mitte höher, typisch für einen Geheimnishüter.

Seine ohnehin schon große Nase hatte riesige Nasenlöcher. Diese Nasenlöcher stehen für das Bedürfnis, Luft zu holen, den Wunsch nach Raum und seine Ungeduld mit dem Wirrwarr der Routine. Selbst sein welliges Haar und seine Ohren – die Spitzen reichten über seine Augen hinaus – wiesen auf starke Innovation, aber keine unternehmerische Strategie hin.

»Was kann ich anders machen?«, fragte er.

»Ich glaube nicht, dass Sie anders agieren wollen«, sagte ich. »Das Einerlei des tagtäglichen Managements würde Sie in Groll und Langeweile waten lassen. Sie könnten damit klarkommen, aber ich denke, Sie täten besser daran, einen Geschäftsführer einzustellen. Jemanden, der gut darin ist, Orientierung zu bieten und Ziele zu setzen. Es gibt reichlich Menschen da draußen, die das hervorragend können. Sie erschaffen nicht so viel, aber sie systematisieren. Das ist auch eine Kunst. Sie waren schlau genug, gewissenhafte Leute anzustellen, Menschen, die Ihre Vision ausführen können. Aber sie finden ihren Weg nicht ohne einen Chefplaner. Und das sind nicht Sie.«

»Hmmmm«, machte er, »ich höre zu.«

»Warum zwingen Sie sich dazu, sich um banale Prozesse zu kümmern? Denken Sie darüber nach, was Sie am liebsten machen würden. Möchten Sie in neue Märkte expandieren? Träumen Sie von einer neuen Ausrichtung für Ihre Kunden? Möchten Sie etablierten Industrien zu Innovationen verhelfen? Welches erreichte Ziel würde Sie am meisten stolz machen? Sollte das nicht Ihr Fokus sein?«

»Nun …«, überlegte er.

»Es ist Ihr Unternehmen, also können Sie machen, was Sie wollen. Sollte es nicht eine Arbeit sein, die Sie genießen?«

»Ich erkenne den Kern der Sache«, räumte er ein.

»Sehen wir der Wahrheit ins Gesicht: Sie sind nicht der Typ Mensch, der sich in irgendwelche Boxen pressen lässt – nicht mal als Chef der Box.«

EINE NEUE VISION

Ein luxemburgischer Unternehmer bat mich um ein Treffen mit seiner rechten Hand, einer Frau in den Fünfzigern, die anscheinend depressiv war. Einen formlosen grauen Hosenanzug tragend, der wie ein Sack an ihr hing, schaute sie in der Tat depressiv aus. Jahrelang war sie des Inhabers Alter Ego gewesen. Sie unterstützte ihn beim Brainstorming neuer Projekte, umsorgte wichtige Kunden und Lieferanten, klärte innerbetriebliche Konflikte, motivierte die Belegschaft. In Wirklichkeit war sie der Kleber, der den Laden zusammenhielt. Sie machte ihren Job gut, sagte der Inhaber, aber sie hatte ihre Energie und ihren Elan verloren.

Als ich diese Worte wiederholte, füllten sich ihre Augen mit Tränen. »Haargenau so fühle ich mich«, meinte sie.

»Wie wäre es mit einer Psychotherapie?«, fragte ich daher. »Das wäre fortlaufend. Gesichtlesen ist eher eine einmalige Sache oder kann hin und wieder gemacht werden, aber damit kann nicht geheilt werden.«

»Das verstehe ich«, sagte sie, »aber vielleicht kann Gesichtlesen mir dabei helfen, genau aufzuzeigen, was schiefläuft.«

Ihr Gesicht zeigte Spuren einer lang anhaltenden Traurigkeit. Obwohl ihre Lippen großherzig waren, bogen sich ihre Mundwinkel nach unten. Und selbst als sich die Tränen lichteten, sahen ihre Augen verschwommen aus. Unterhalb ihres Kinns über dem Rachen war eine geschwollene Stelle, möglicherweise eine Bindegewebsschwäche, die wahrscheinlich auf ein Schilddrüsenproblem hindeutete. In der chinesischen Tradition ist die Schilddrüse den Emotionen zugeordnet, daher führt eine Störung der Schilddrüsenfunktion zu emotionalen Problemen und umgekehrt. Im Deutschen bedeutet die Redensart »Mir schwillt der Hals«, dass man wütend ist. Im Englischen haben die Redewendungen »Mein Herz war in meiner Kehle« und »Das steckte mir im Kropf« etwas andere Bedeutungen, bilden aber eine ähnliche Verbindung zwischen Rachen und Gefühlen.

»Kennen Sie die aktuelle Verfassung Ihrer Schilddrüse?«, fragte ich sie. Sie bestätigte, dass sie das tue, also schaute ich nach der Ursache ihrer quälenden Emotionen.

Sie hatte ein klassisches Kübelgesicht, mit einem quadratischen Kinn. Die Seiten ihres Gesichts schrägten sich zu einer breiten Stirn ab. Menschen mit Kübelgesichtern sind hochgradig ideenreich und vielfältig talentiert. Sie besitzen die Fähigkeit, andere zu überzeugen und mitzureißen. Sie brauchen Stimulation, um ihre Kreativität rauszulassen, also fragte ich mich, ob sie diese in ihrem Job bekam. Die eigenen Talente nicht einsetzen zu können, deprimiert Menschen häufig.

Aber sie begann zu strahlen, als ich sie nach ihrer Arbeit fragte. »Ich liebe es. Jeder Tag bringt neue Herausforderungen«, erzählte sie. »In einer Sekunde überprüfe ich die Pläne für unser

neues Büro, in der nächsten interviewe ich potenzielle Personalchefs, danach gehe ich mit einem Kunden mittagessen, um ein Problem zu besprechen, dann treffe ich mich am Nachmittag mit der Belegschaft, um zu besprechen, wie wir das in den Griff bekommen. Den Tag schließe ich ab, indem ich mit den Kollegen oder Lieferanten etwas trinken gehe. Es ist kreativ, gesellig und macht viel Spaß.«

»Das hört sich so an, als würde Ihr Job eine Menge Ihrer Fähigkeiten einschließen«, antwortete ich. »Das muss erfüllend sein.«

»Ja. Ich habe geholfen, das Unternehmen von einer kleinen Firma zu einem echten Wettbewerber in unserem Feld aufzubauen«, meinte sie stolz.

Für Kübelgesichter ist es äußerst wichtig zu sehen, wie ihre Vision zu etwas Bleibendem wird. Kreative Begabungen einzusetzen, ist dabei kein Selbstzweck. Sie brauchen das Gefühl, dass ihr Beitrag von Bedeutung ist, dass sie damit ein Vermächtnis schaffen. Eindeutig hatte sie dieses Gefühl in Bezug auf ihre Arbeit.

Also lag der Grund für ihre Depression in ihrem Privatleben. »Haben Sie Familie?«, fragte ich sie.

»Ich bin seit Jahren verwitwet. Ich habe eine Tochter und einen Schwiegersohn, die ich beide sehr liebe«, sagte sie.

Doch dann begann sie zu weinen.

»Geht es Ihrer Tochter gut?«, fragte ich die Dame.

»Nein«, erwiderte sie, ihre Augen abtupfend.

»Ihre Tochter, meine Enkeltochter, starb mit nur vier Jahren an Krebs. Es ist schon zwei Jahre her, aber sie und ihr Mann leiden immer noch so sehr. Es geschah so schnell – sie war krank und dann ging sie von uns. Sie haben ein gebrochenes Herz.«

»Was ist mit Ihnen?«, forschte ich etwas genauer nach.

»Oh, wie sehr ich mein Enkelkind liebte. Ich vermisse sie so sehr. Alles, was ich tun kann, um die Leere zu füllen, ist arbeiten.«

Ihre Trauer war selbstverständlich normal, doch ich sah in dem Verlust sofort eine Dimension, die ihre Depression verursachen könnte. Für die meisten Menschen sind Kinder Spuren, die sie auf unserem Planeten hinterlassen, ein greifbares Vermächtnis. Aber ein Visionär würde Enkelkinder als eine noch stärkere Brücke in die Zukunft sehen. Mit dem Verlust des Kindes war nicht nur ein geliebtes Familienmitglied, sondern auch ein Teil ihrer Vision gestorben.

»Vielleicht wird Ihre Tochter sich dazu entscheiden, ein weiteres Kind zu bekommen«, sagte ich sanft. »Aber was werden Sie tun?«

»Was kann ich tun? Ich weiß es nicht. Wie werde ich mich davon jemals erholen können?«, murmelte die Frau.

Kübelgesichter haben Schwierigkeiten damit, einen Weg aus der Dunkelheit zu finden. Mehr als andere Gesichtsformen benötigen sie einen Trigger, um ihr kreatives Denken anzufeuern. Das kann eine Person sein (wie ihr Vorgesetzter, der ihre Fähigkeiten erkannte), eine Umgebung (wie die Firma, wo unzählige menschliche und systemrelevante Ungereimtheiten darum baten, gelöst zu werden) oder eine Inspiration (etwas, um danach auf einem emotionalen Level zu streben, ein guter Zweck). Ohne diesen Antrieb findet ein Kübelgesicht einfach keine Richtung. Um ihr Herz zu heilen, brauchte die Frau etwas, das über ihre Arbeit hinausging – einen kreativen, emotional erfüllenden Weg, um etwas Bleibendes beizutragen. Wenn dieser Beitrag Kinder beinhaltete, umso besser.

Ich hatte eine Idee: Es gab eine Flüchtlingsunterkunft in ihrer Stadt für Menschen, die vor Kämpfen geflüchtet waren, insbesondere dem syrischen Bürgerkrieg. Und meine Klientin hatte Nähen und Häkeln als Zeitvertreib angegeben.

»Warum nutzen Sie nicht Ihre Nähkünste, um etwas für die Flüchtlingskinder zu erschaffen? Nicht unbedingt Pullover, das würde zu lange dauern, aber vielleicht etwas Kleineres?«

»Ich könnte Kuscheltiere machen. Früher habe ich Kuscheltiere für meine Enkeltochter gemacht«, überlegte die Frau.

Binnen weniger Monate sandte sie mir ein Bild von ihr im Flüchtlingscamp mit einer Box handgenähter Kuscheltiere. Einige Kinder spielten schon mit einem Einhorn, einer Maus und einem Hund. Die waren so bezaubernd, farbenfroh und schlau gemacht, dass man sich vorstellen konnte, wie viel Freude es ihr machte, die Tiere zu erschaffen.

LEBENSAUFGABE

*»Wenn du einen Traum verwirklichen willst,
dann erwache.«*
(RUDYARD KIPLING)

Die Lebensaufgabe eines Menschen zu lesen, bedeutet gleichsam, die Überschrift seiner Lebensgeschichte zu finden. Im Facereading lesen wir zunächst seine Persönlichkeit mithilfe der Gesichtsmerkmale, leiten daraus die Talente ab und kommen darüber zu den Archetypen. Sie sind gemeinsam mit den Lernsätzen der Schlüssel zur Lebensaufgabe, denn sie helfen ihm, ihr auf die Spur zu kommen.

Es lässt sich gleichsam wie ein Kreis beschreiben, der sich schließt: Wenn wir alle unsere Lernsätze beherzigen, leben wir unsere Lebensaufgabe. Wir folgen nicht immer allen Lernsätzen, weil sie manchmal zu anstrengend sind – oder schlichtweg, weil wir sie nicht mögen. Genauso, wie wir oft spüren, welcher Lernsatz der richtige für uns ist, können wir auch umgekehrt Rückschlüsse daraus ziehen, wenn uns ein Satz abstößt.

Als ich das erste Mal von meinem Meister nach drei, vier Jahren den Begriff »Lebensaufgabe« hörte, wartete ich den Sonntag ab, den Tag, an dem ich Fragen stellen durfte. Ich war überaus gespannt darauf, was meine Lebensaufgabe wohl sein mochte, und malte mir schon Tage zuvor aus, welche tiefere Erkenntnis ich dadurch erlangen würde. Sie würde mir die Augen öffnen, war ich mir sicher.

Es kam anders. Mein Meister sagte schlicht: »Deine Lebensaufgabe ist es, den Mund zu halten. Und diese Fähigkeit zu erlernen, wird dein Leben lang dauern.«

Bislang war ich es gewohnt gewesen, ständig den Mund aufzumachen – erst als Klassensprecher, später als Journalist, PR-Manager und Marketing Director. Eine der Prüfungen des Großmeisters lautete, stundenlang neben ihm schweigend im Park zu sitzen. Die gähnende Langeweile war überaus anstrengend für mich. Die Lektion hatte wohl einerseits das Ziel, mich nicht mit allerlei im Außen abzulenken, wie ich es bisher oft getan hatte. In diesen Stunden setzte ich mich viel mit meinem Lebensweg und den Lektionen des Meisters auseinander. Und andererseits lernte ich dadurch nach und nach, mich selbst zurückzunehmen, um mich der Welt zu öffnen.

Nach Stunden der Stille fragte er mich an einem Tag, was ich denn gerade wahrnahm. Wir saßen an einem Frühlingstag im Kowloon Park auf einer Bank.

»Es hat sich eben ein Mann auf die gegenüberliegende Bank gesetzt. Gerade geht an uns ein Mädchen mit einem Eis vorbei«, beschrieb ich die Situation. Für mich waren alle wichtigen Aspekte enthalten.

Mein Meister gab die für chinesische Männer typischen Laute von sich. Sie bedeuten je nach Betonung entweder Zustimmung oder Ablehnung – in diesem Fall deutlich vernehmbar Letzteres.

Also setzte ich noch mal an und gab mir Mühe, ein paar blumige Details zu ergänzen: »Es ist ein warmer Frühlingstag. Ein Mann um die vierzig hat sich auf die Bank gegenüber gesetzt. Gerade ist ein kleines Mädchen in einem Blümchenkleid mit einem fröhlichen Lächeln auf dem Gesicht vorbeigekommen. Es hielt ein buntes Eis in der Hand – vermutlich war es ein Fruchteis.«

Der Meister war noch immer nicht zufrieden. Mehrmals versuchte ich, die Situation zu beschreiben.

Dann sagte er: »Als sich der Mann auf die Bank setzte, haben die Vögel aufgehört zu zwitschern. Sie taten dies, weil sie die Trauer verspüren konnten, die er ausstrahlt. Das Schicksal hat ein kleines, fröhliches Mädchen mit einem bunten Eis geschickt, um dem Mann einen kleinen Moment der Freude zu bescheren.«

Und so verstand ich: Wenn wir die Fähigkeit zum Stillsein haben, geben wir unserem Blick die Chance, sich zu öffnen – für äußere wie für innere Wahrheiten.

LERNSÄTZE

Hier habe ich eine kleine Auswahl an Lernsätzen zusammengestellt, die ich in meinen Readings verwende. Die ersten Lernsätze, die wir Menschen erhalten, sind alle gleich und klingen eher banal. Sie heißen: Lerne laufen, lerne sprechen, lerne lesen. Später differenzieren sie sich etwas, bleiben aber noch eher generisch.

Allgemeingültige Lernsätze

- ◇ Richte deinen Blick zu den Sternen, aber die Füße auf dem Boden.
- ◇ Habe keine Angst vor Ablehnung.
- ◇ Lerne, Nein zu sagen.
- ◇ Sei realistisch. Aber nie pessimistisch.
- ◇ Werde zu einer Autorität, indem du Autorität überwindest.
- ◇ Sende niemals gemischte Signale aus. Gib den Menschen die Möglichkeit, klar zu erkennen, wer du bist.
- ◇ Die höchste Form von Kontrolle ist, zu wissen, wann man loslässt.
- ◇ Fälle kein Urteil vor dem Ende des Tages.

Erst später werden Lernsätze individuell und wir beginnen, vermehrt an unsere Grenzen zu stoßen. Das Ziel der Lernsätze ist es, mit diesen zu arbeiten und seine Themen nach und nach zu überwinden. Manchmal dauert dies auch ein ganzes Leben lang.

Auf die Lernsätze kommen wir, indem wir alle Merkmale eines Menschen gesammelt haben. Lebt er gewinnend oder verlierend? Was sagt seine Gesichtsform über ihn aus? Welche

Themen könnte der Mensch haben? Schließlich befragen wir unser Bauchgefühl.

Um deinen eigenen Lernsatz herauszufinden, spüre nach, mit welchem du in Resonanz gehst. Fühlst du dich von einem Satz abgestoßen? Oder etwa angezogen? Dann bist du auf der richtigen Spur.

Philosophische Lernsätze

- ◇ Glück ist das, was wir am meisten fürchten. Friede ist ein Luxus, den wir uns vermeintlich nicht leisten können.
- ◇ Wenn Tod dein Lehrmeister ist, dann ist das Leben deine Hausaufgabe.
- ◇ Die Akzeptanz dessen, was gerade passiert, ist für die Entdeckung der Wahrheit essenziell.
- ◇ Das Einzige, was wir wirklich wissen, ist, dass wir glauben.
- ◇ Menschen schreien einander an, weil sie weit voneinander entfernt sind.
- ◇ Lerne zu vergeben. Wenn du das nicht kannst, lerne zu vergessen.
- ◇ Anderen mehr Raum zu geben, gibt dir selbst einen längeren Atem.
- ◇ Ein Baum hat viele Blätter und viele Äste, aber er hat nur einen Stamm. Das bist du selbst.
- ◇ Alles, was wir berühren können und was wir sehen können, gehört allen. Nur das, was du fühlst, gehört dir.
- ◇ Egal wohin du reist, du nimmst immer dich selbst mit.

ARCHETYPEN

Das Konzept der Archetypen kennen wir aus westlicher Sicht auch aus der analytischen Psychologie. So hat der Psychiater C.G. Jung (1875–1961), ein Schüler des berühmten Psychoanalytikers Sigmund Freud, sein System unter anderem aus Märchen und Sagen abgeleitet und daraus ein strukturelles Urmuster entwickelt, das uns Menschen innewohnt.

Das System der chinesischen Gesichtlesekunst habe ich erst nach einigen Jahren kennengelernt. Vor 3000 Jahren war der Begriff Lebensaufgabe nicht so mystisch geprägt, wie es heute der Fall ist. Es ging nicht darum, Delfine zu retten, sondern das bestmöglich zu leben, was im Menschen angelegt ist. Für mich war es eine komplexe Aufgabe, die ursprüngliche Form der Archetypen zu verstehen. Mein Meister hat zahllose Stunden damit verbracht, sie mir nahezubringen. Das Vokabular basierte teils auf einer sehr altertümlichen Sprache mit Metaphern und Bezeichnungen, die heute keine Verwendung mehr finden.

So habe ich mich mit meinem Meister daran gemacht, zeitgemäßere Übersetzungen zu finden und sie ins Englische zu übertragen. Wir haben etwa fünfzig verschiedene Archetypen definiert. Zur Erinnerung: Die Archetypen ergeben sich im Zusammenschluss aus der Persönlichkeit eines Menschen, seiner Talente sowie seiner Lernsätze. Mit der Kenntnis unseres Archetyps sind wir in der Lage, unsere Lebensaufgabe zu leben.

Einige Beispiele für einige der Archetypen, die du schon aus den Geschichten kennst, lauten:

- ◇ Oracle (Orakel): Jemand mit einer klaren Sicht auf die Dinge, der seine Wahrnehmung mächtigen Menschen vermitteln kann.
- ◇ Magician of the Night (Magier der Nacht): Ein Mensch, der die Fähigkeit der Hellsichtigkeit besitzt und für andere Menschen Licht ins Dunkel bringen kann.
- ◇ Guardian Angel of Life (Schutzengel des Lebens): Jemand, der das Talent zum Heilen und Helfen aufweist.
- ◇ Bridge Builder (Brückenbauer): Ein Vermittler zwischen zwei Welten, der die Fähigkeit besitzt, diese miteinander zu verbinden.

- ◇ Mother of all (Mutter von allen): Ein Mensch, der aufgrund seines großen Herzens die symbolische Mutterschaft anderer übernimmt.
- ◇ Star Chaser (Sternenjäger): Jemand, der für sich und andere Menschen Träume verwirklichen kann.
- ◇ Chief Priest (Hohepriester): Eine Person, der als Visionär die Führung vieler anderer Menschen antritt.

Als ich an einem Sonntag mit meinem Meister über meine Talente sprach, fragte ich ihn: »Meine Talente sind prädestiniert für die Jobs, die ich vorher ausübte. Berufe, bei denen man mit Medien und Menschen zu tun hat. Es ergibt sich daraus der Archetyp des Botschafters, richtig?« Mein Meister gab erneut die typischen Laute von sich – diesmal ließen sie auf Zustimmung schließen.

»Doch ich verstehe dann nicht, warum ich krank geworden bin, wenn ich meinen Archetyp gelebt habe?«

Mein Meister korrigierte mich: »Du hast nicht den Botschafter gelebt, sondern den Herold. Der Herold braucht einen König. Er möchte vom König geliebt werden. Seine Aufgabe ist es, zum Volk zu reiten und die Kunde des Königs zu verlautbaren.«

Der Meister fuhr fort: »Einem Botschafter reicht das nicht – er braucht keinen König und auch keine Burg. Er besitzt eine eigene Mission. In deinem Fall ist es die, die Botschaften zu überbringen, die du im Gesicht der Menschen liest.«

Mit meiner bisherigen beruflichen Laufbahn war ich nahe dran gewesen, doch am Kern der Sache vorbeigeschrammt. Auch wenn ich den Begriff vorsichtig verwende, scheint mir das »Schicksal« die Begegnung mit dem Facereader in Südafrika geschickt zu haben.

Mein Meister ließ mich eines Tages wissen, dass meine Lehrjahre vorüber waren. Ab diesem Zeitpunkt war es mir erlaubt, Fragen zu stellen. Und natürlich dachte ich nicht daran, mich an meinen Lernsatz zu halten – ich löcherte ihn so mit Fragen, dass er es sicherlich innerlich ein wenig verflucht hat.

Als einer der Mitglieder des Großmeisterzirkels starb, in dem mein Meister Teil war, schlug er mich als Nachfolger vor. Mein Meister erntete zunächst heftige Kritik. Ich war ihnen zu jung, zu modern in meinen Ansichten.

»Was hat ein weißer Mann bei uns zu suchen?«, stellten die anderen ihn zur Rede.

»Eric ist ein Ei«, erwiderte mein Meister. »Er ist außen weiß und innen gelb.«

Ich stellte den Großmeistern ein Konzept vor, das die vorherrschenden Gesichtlesetechniken miteinander verbindet. Und so wurde ich in den Kreis gewählt.

Gesichtlesen beruht in China auf einer jahrtausendealten mündlichen Überlieferung. Mit meinen Kursen und Büchern breche ich bewusst mit dieser Tradition. Als Botschafter sehe ich es als meine Aufgabe an, möglichst vielen Menschen Facereading nahezubringen, damit sie ihren Weg finden und authentisch leben können. Dabei bin ich davon überzeugt, dass Glück eine Reise ist – und kein Ergebnis. Und diese Reise ist so individuell wie die Menschen selbst.

DER FLIESSBANDARBEITER MIT DEN HEILENDEN HÄNDEN

Ein Fließbandarbeiter einer Autoproduktionsstätte kam zu einer Ernährungsberatung zu mir – nicht aus eigenem Antrieb, sondern weil seine Frau ihm dazu geraten hatte. Ich erkannte schnell, dass er ein Problem mit dem Stoffwechsel hatte und vermutlich häufig Fleischprodukte zu sich nahm. Daraus entsteht das ausgezehrte »Runner's Face«, das Menschen aufgrund von häufigem Proteinverzehr und starker sportlicher Betätigung entwickeln. Aus diesem Grund hatte er auch Fettpickel auf der Stirn und im Kinnbereich.

Daraufhin gab ich ihm einige Ernährungstipps. Während unseres Gesprächs fiel mir auf, dass dieser Mann sehr glücklich wirkte. Ich war etwas verwundert darüber, denn ein Fließbandjob konnte meiner Meinung nach nicht besonders erfüllend sein. Wenn jemand aber so zufrieden ist, muss er seine Lebensaufgabe leben – doch wie konnte das im Schichtbetrieb bei einem Automobilkonzern sein?

Aus reiner Neugier ging ich etwas in seinem Gesicht spazieren und wunderte mich immer mehr: Ich sah, dass er das Talent der Hände hatte, was man an seinen Erdhänden erkennen konnte. Zusätzlich nahm ich wahr, dass er das Talent zum Heilen hatte. Doch wo konnte er das bloß leben? Das passte eher zu einem Physiotherapeuten. Weitere Merkmale, die mit Schutz, mit Menschen und Bewegung zu tun hatten, brachten mich darauf, dass seine Lebensaufgabe Schutzengel des Lebens sein musste. Das wiederum passte eher zu einem Notarzt.

»Was ist denn Ihr Hobby?«, fragte ich ihn, um etwas mehr Klarheit zu gewinnen.

Ganz pragmatisch antwortete er: »Für Hobbys habe ich keine Zeit.«

Ich musste lachen und korrigierte meine Frage: »Was machen Sie denn nach der Arbeit?«

Da fing er an, mir von seiner nebenberuflichen Tätigkeit bei der freiwilligen Feuerwehr zu erzählen: Seit Jahrzehnten sei er im wahrsten Sinne Feuer und Flamme für die Arbeit dort, nach dem Fließbandjob könne er es kaum erwarten, dort seine Jungs zu treffen und Leuten in Notsituationen zu helfen.

Und so wurde mir klar, wie er seine Lebensaufgabe als Schutzengel des Lebens lebte – bei der freiwilligen Feuerwehr.

Diese Geschichte ist ein schönes Beispiel dafür, dass wir unsere Lebensaufgabe nicht unbedingt im Beruf leben müssen. Auch ein Hobby, das uns ganz und gar erfüllt und bei dem wir mit ganzem Herzen dabei sind, kann diese Aufgabe übernehmen und so dafür sorgen, dass wir ein glückliches Leben führen.

DIE BESTIMMUNG DES METZGERS

Ein Mann in seinen Sechzigern kam zu mir – auf Drängen seiner Frau, die einen meiner Vorträge besucht hatte. »Sie denkt, dass Sie mir vielleicht helfen können«, sagte er. »Ich bin einfach so depressiv. Ich bin seit fünf Jahren in psychotherapeutischer Behandlung, aber es hilft nicht richtig.«

»Wie ist Ihre Lebenssituation?«, fragte ich ihn daher. Während eine Depression viele mögliche Ursachen haben kann, führen Gesichtleser sie traditionell auf brachliegende Talente zurück. Da unsere angeborenen Talente den Sinn unseres Lebens definieren, fühlen wir uns unausweichlich frustriert und leer, wenn wir sie im Inneren wegsperren.

Er war Metzger und in seiner Region in Frankreich berühmt für seine handgemachten Würste. »Ich habe ein großartiges Unternehmen«, erzählte er mir. »Meine beiden wunderbaren Söhne führen Filialen. Ich bin immer noch verrückt nach meiner Frau und ich liebe unser wunderschönes Zuhause. Ich habe keinen Grund, mich so niedergeschlagen zu fühlen, aber ich kann es einfach nicht abschütteln.«

Während er sprach, warf ich einen Blick auf seine Hände, um zu sehen, ob sie meinem anfänglichen Eindruck seines Gesichts widersprachen. Eine deutliche Diskrepanz, wie wir sie manchmal sehen, würde Anhaltspunkte für eine Depression aufgrund ungenutzter Talente bieten. Aber in diesem Fall waren Hände und Gesicht relativ harmonisch.

Der Metzger hatte Erdhände: kurz und quadratisch mit Fingern, die genauso dick waren wie die Handflächen. Es waren die Hände eines begnadeten Handwerkers, der mit ihnen zu arbeiten wusste – sicherlich unabdingbar in seinem Beruf. Menschen mit Erdhänden neigen dazu, ehrlich zu sein, pragmatisch, gut organisiert, ehrgeizig. Sie arbeiten hart, neigen aber auch dazu, etwas unsensibel und einfallslos zu sein. Für mich sind Hände jedoch nur ein Back-up, also studierte ich für verlässlichere Informationen sein Gesicht näher.

Dieses war fleischig, doch die Nase war schmaler, als man erwarten würde. Das unterstrich die Arbeitsmoral, die seine Hände andeuteten. Kein Wunder, dass er mit seinem Unternehmen erfolgreich war. Sein Mund war ein bisschen breiter als der Durchschnitt, mit vollen, geformten Lippen. Das war ein Zeichen für Kreativität, die er wahrscheinlich durch das Zutun von Kräutern und Gewürzen auslebte, die seine Würste berühmt machten. Bislang schien er seine Talente gut einzusetzen. Aber seine Augen und seine Haltung erzählten eine andere Geschichte. Er hatte lange Wimpern, große Augen und große Pupillen, die für Sanftheit, Mitleid und Fantasie stehen. Seine Mikromimik war niemals barsch oder fordernd. Stattdessen bewegten sich seine Gesichtsmuskeln wie in einem Konzert, wie eine sanfte Welle. Selbst seine Sprache war warm und farbenfroh, nicht die knackigen, effizienten Töne eines Geschäftsmannes.

»Wie sind Sie Metzger geworden?«, musste ich ihn fragen.

»Nun, mein Vater war Metzger«, erzählte er mir. »Ich wurde im Geschäft großgezogen, und als ich es übernahm, gab ich ihm einen Feinschmeckerdreh. Es schien, als hätte ich ein Händchen fürs Geschäft.«

»Das leuchtet ein«, sagte ich. »Aber ich glaube, es plagt Sie, Tiere zu töten.«

»O ja, immer schon. Ich habe mich nie daran gewöhnen können. Aber ich bin der Sohn eines Metzgers und ich weiß, dass es ja irgendjemand tun muss. Ich versuche gnädig zu sein.«

»Das ist eine Komponente Ihrer Depression«, sagte ich ihm. »Aber ich denke, eine andere ist die, dass Ihr Tun nicht bleibend ist. Sie stecken Ihr Herz und Ihre Seele in die Produktion von großartigen, köstlichen Würsten, die für einen Moment Vergnügen bereiten, aber dann verschwinden sie.«

Ich konnte Wegweiser sehen, die eine Richtung seiner Lebensaufgabe andeuteten. »Ihre Begabung, mit den Händen zu arbeiten, um etwas Schönes, Beständiges zu erschaffen, könnte ein Schlüssel für Sie sein.« Ich hatte die Vision eines Bildhauers in meinem Kopf, der ein Bildnis aus Stein meißelt. Er hörte mir aufmerksam zu und bedankte sich.

Einige Zeit später bekam ich eine E-Mail, aus der ich erfuhr, dass sich seine Depression gelöst hatte. Es war ein Ausflug nach Sizilien gewesen, der ihn veränderte. Bei der Erkundung von Catania stolperte er über einen Keramikworkshop, wo er vom Töpferrad gefesselt wurde. Er fragte den Töpfer, ob er es mal ausprobiere dürfe, und instinktiv wussten seine Hände, wie sie den Ton zu behandeln und zu formen hatten. Völlig begeistert, dass er sein Talent entdeckt hatte, begann er sich mit Töpferei zu beschäftigen. Innerhalb eines Jahres übergab er die Metzgereien seinen Söhnen. Er eröffnete sein eigenes Keramikstudio, wo er im Innenhof sitzen konnte und – die Sonne in seinem Gesicht – Töpferwaren herstellte, die er an Touristen verkaufte.

»Ich bin jetzt so glücklich«, schrieb er. »Ihre Worte über das Erschaffen von beständiger Schönheit berührten mich sehr. Sie inspirierten mich, Ausschau zu halten, wie ich das tun könnte. Und nun, spät im Leben, habe ich endlich den Ort gefunden, wo mein Herz zu Hause ist.«

DAS ERBE DES VERTRÄUMTEN FOOTBALLSPIELERS

Auf einem Businessevent im Napa Valley in Kalifornien, einer Gegend, wo tolle Weine hergestellt werden, stand als letztes Reading ein Treffen mit einem Footballspieler auf dem Programm. Der Quarterback, also der Spielmacher einer amerikanischen Profimannschaft, hatte seinen Vertrag kürzlich beendet, obwohl er vom Alter her noch viele Jahre hätte tätig sein können. Er hatte aufgrund vieler Verletzungen, die er sich zugezogen hatte, keine Lust mehr darauf. Zudem war er seit seinem zwölften Lebensjahr als Spieler tätig und wollte sich nun eher neuen Dingen widmen.

Der Mann sprudelte vor Ideen. Er war sich aber nicht sicher, in welche Richtung es gehen könnte, und deshalb kam er zu mir. Ich war zunächst etwas verwundert darüber, denn der Mann besaß äußerlich alles, was man einem Quarterback zuschreiben würde: Er war athletisch stark und groß gewachsen.

Auch sein Gesicht passte dazu: Seine Gesichtsform entsprach dem klassischen Königsgesicht, mit kantigen Gesichtszügen, einem starken Kiefer sowie einem stark ausgeprägten Kinn. Auch seine tief liegenden blauen Augen und die obligatorische Grenzfalte der Macht, eine Falte, die sich durch die Wange zieht, passte ins Bild hinein (siehe Seite 152).

Zudem wies er auch Anteile eines Holz- oder Baumgesichts auf, also eine lang gezogene, rechteckige Gesichtsform (siehe Seite 128 und 156). Ein Baum möchte schützen und trösten – daraus ergab sich die Mischform eines Baumkönigs. Sinnbildlich gesprochen handelt es sich also um eine Person, die stark wie eine Eiche ist – jemand, an den man sich anlehnen will.

Wir unterhielten uns eine Weile über eine mögliche berufliche Neuausrichtung. Als ich sein Gesicht eingehender betrachtete, fielen mir einige Widersprüche auf, die ganz klar zeigten, warum er immer wieder mit seinem Beruf zu kämpfen hatte: Er hatte untypisch für ein Königsgesicht große Pupillen (siehe Seite 94) und auch seine Augen wirkten sehr balanciert. Zudem waren seine Mimik und seine Gesichtszüge weich und strahlten etwas sehr Träumerisches aus. Das passte alles nicht zum harten Kämpfer, der sich von einem Sieg zum nächsten hangelt.

Mir wurde klar, dass es für ihn nicht um den schnellen Erfolg ging, wie es bisher in seinem Job vonstattengegangen war. Für ihn musste im Zentrum stehen, dass er etwas von Bestand in die Welt setzte, das ihn mehr ausfüllte. Denn so ein König wie er möchte nicht nur eine Regentschaft ins Leben rufen.

»Dir ist wichtig, dass du etwas Bleibendes erschaffst«, sagte ich ihm. »Es ging bei dir um ein Vermächtnis, das deinen Tod überdauert.«

»So ist es. Ich habe im Beruf viel erreicht. Aber ich habe nicht das Gefühl, dass es von langer Dauer ist«, antwortete er.

»Wenn ich noch einmal neu durchstarte, muss es anders geartet sein. Ich spüre einfach, dass diese kurzen Erfolge zwar für eine kurze Hochphase sorgen. Aber tief in mir drin weiß ich, dass es einfach mehr geben muss«, fuhr der Footballspieler fort.

Dazu hatte ich eine Idee: »Du solltest bei deiner beruflichen Neuentwicklung oder auch in deinem Privatleben etwas anstreben, bei dem du einen bleibenden Fußabdruck hinterlassen kannst. Es sollte dabei nicht ums Kämpfen und Siegen gehen. Sondern darum, dass Menschen, die Natur oder Tiere von deinem Werk profitieren.«

Jetzt bin ich gespannt, was er mit diesen Informationen anfangen wird. Ich wäre nicht überrascht, wenn er sich für die Rettung bedrohter Arten oder den Umweltschutz engagieren würde. Aus meiner Sicht ist es das Wissen, etwas zu tun, was nicht nur ihm persönlich hilft oder Unterhaltungswert für andere hat, sondern der Welt einen umfassenderen Dienst erweist.

DAS ENDE?

Zum Jahresbeginn 2020 hielt ich mich im Halekulani Hotel am Waikiki Beach auf Hawaii auf. Meine Tage waren vollgepackt mit Readings, Vorträgen, Workshops und Interviews. In meiner seltenen Freizeit genoss ich es, auf das türkisfarbene Wasser zu blicken und die sich darin tummelnden Surfer zu beobachten. Bei einem Ausflug mit dem Ruderboot saugte ich den salzigen Duft des Meeres in mich auf und entdeckte dabei Wale und Delfine. Das wunderschöne, facettenreiche Gesicht der Insel mit seinen Vulkanlandschaften, seinen smaragdgrünen Bergen und den in allen Farben blühenden Pflanzen inspirierte mich stark – es nimmt nicht wunder, dass in einer solchen Umgebung auch besondere Menschen vorzufinden sind. So war ich eines Abends verwundert über die vielen Absperrungen im Hotelrestaurant und erfuhr, dass Barack Obama es für ein Abendessen besucht hatte. Doch es sollte eine andere Begegnung sein, die mich ganz besonders berührte und die den Abschluss dieses Buches bilden soll.

An meinem vorletzten Tag kam eine augenscheinlich ältere Dame zu mir, die durch einen Bericht in der lokalen Zeitung von Honolulu auf mich aufmerksam geworden war. Kurzerhand meldete sie sich daraufhin zu einem Reading an. Es musste frühmorgens stattfinden, da die Dame zu einer anderen Zeit nicht verfügbar war. Menschen, die mich näher kennen, wissen, dass vor zehn Uhr meist nichts mit mir anzufangen ist – aber da ich davon ausging, dass es um ein gesundheitliches Anliegen gehen sollte und es sich um eine ältere Dame handelte, ließ ich mich darauf ein.

Als ich die Dame eintreten sah, fühlte ich mich in meinem ersten Eindruck bestätigt – in kleinen Schritten und gebückter Haltung kam sie auf mich zu. Ich geleitete sie zu einem Sessel und war bereits damit beschäftigt, Merkmale in ihrem Gesicht zu sammeln. Dabei bemerkte ich unter anderem Querfalten an ihrem Kinn, über ihrem Philtrum sowie über ihrem Nasenrücken. Diese gemeinsam mit ihrer Haltung ließen mich eine Osteoporose vermuten.

»Liebe Dame, haben Sie herzlichen Dank für Ihr Kommen. Es ist für mich etwas früh, aber ich gebe mein Bestes, Ihnen weiterzuhelfen. Was ist denn Ihr Anliegen?«, begann ich.

Da überraschte mich die Frau: »Ich will einfach mehr über mich erfahren.«

»Sie wollen mehr über sich erfahren?«, fragte ich sie verblüfft. »Kann ich denn zunächst noch etwas über Sie erfahren, wenn ich denn darf? Wie alt sind Sie eigentlich?«

»Ach du meine Güte, da muss ich erst einmal nachrechnen. Ich bin 1934 geboren – also bin ich sechsundachtzig Jahre alt.«

»Sechsundachtzig Jahre? Hut ab!«, erwiderte ich etwas verdattert.

»Ja, ja, aber das sind doch nur Zahlen«, winkte die Dame ab.

»Mit sechsundachtzig Jahren kommen Sie zu einem Facereading und wollen mehr über sich erfahren? Wieso denn das?«

Ihre schlichte Begründung war: »Man lernt nie aus.«

»Das freut mich sehr. Bestimmt wissen Sie schon viel über sich, aber eines vielleicht noch nicht: Kennen Sie Ihre Lebensaufgabe?«

»So etwas kann man im Gesicht lesen?«, fragte die Dame sichtlich interessiert. »Ich bin so geschäftig und habe das Gefühl, ich laufe vor meiner wahren Bestimmung davon.«

»Haben Sie denn so viel zu tun?«, schmunzelte ich ein wenig.

»Bis zum Mittag pflege ich meinen demenzkranken Mann, danach bin ich berufstätig. Man muss ja irgendetwas tun«, erwiderte sie.

»Sie sind immer noch berufstätig? Mit sechsundachtzig?« Ich kam aus dem Staunen nicht mehr heraus.

»Ich bin immer noch mit großer Begeisterung als Immobilienmaklerin tätig.«

Es verschlug mir beinahe die Sprache. Eine sechsundachtzigjährige Immobilienmaklerin, die auf Hawaii arbeitet und die halbtags ihren Mann pflegt? Alle Achtung – da können auch Wale und Delfine nicht mithalten.

Meine Augen machten sich auf den Weg zu ihrem Gesicht und ich sah, dass sie drei verschiedene Gesichtsformen aufwies. Dies deutet auf eine komplexe Persönlichkeit hin, auf jemanden mit einem kreativen und facettenreichen Wesen. Und auf jemanden, der leicht missverstanden wird.

Bei ihr war das jedoch nicht der Fall, denn ich konnte feststellen, dass sie ihre drei Gesichtsformen lebte: Ein Jadegesicht (siehe Seite 150) deutet auf Kreativität hin, während ein

Feuergesicht (siehe Seite 154) für Leidenschaft steht. Ihre dritte Gesichtsform, die aufgrund ihrer Gestalt den etwas unschön klingenden Namen Kübel trägt, zeigt jemanden, der etwas Bleibendes erschaffen möchte. Und all das schien sie in ihrem Beruf verwirklichen zu können.

Die Dame besaß Augen, die schräg nach vorne zur Nase gerichtet waren und zeigten, wie dynamisch und proaktiv sie war (siehe Seite 97). Zudem besaß sie Tagträumer-Augen mit äußerst langen Wimpern (siehe Seite 96). Die Augen waren zwar etwas eingetrübt, aber dennoch war die Kombination in diesem hohen Alter höchst ungewöhnlich – das wies darauf hin, dass sie im Geiste noch sehr jung geblieben war. Ein Tagträumer, der gut pushen kann, deutet darüber hinaus auf einen Visionär hin. Ein Widerspruch dabei war, dass sie über kleine Pupillen verfügte – also eher bei Zahlen und Fakten zu Hause war.

Ungewöhnlich war zudem ihre Mimik: Sie zeigte sich noch immer sehr rege. Wenn die Dame erzählte, war ihr volllippiger, großer Mund in Bewegung und sie schien regelrecht aufzublühen. Nur wenn sie ins Detail ging, spitzte sich ihr Mund zu, als würden die Mundspitzen wie Pfeile auf ihr Gegenüber abgeschossen werden. Ein Beispiel für jemanden, der weiß, was er will, und der, wenn er sich einmal eine Meinung gebildet hat, sich so leicht nicht davon abbringen lässt.

Mir fiel weiterhin auf, dass sie am Kinn immer noch silberne »Babyhärchen« hatte. Eigentlich verliert man diese im Laufe seines Lebens – ein weiteres Zeichen für eine sehr feinfühlige Persönlichkeit, wie es auch ihre sehr feingliedrigen Finger und ihre sehr feine Mimik andeuteten.

Die Frau war demnach eine aktive, feinfühlige Träumerin. Doch in ihren fortgeschrittenen Jahren ist es vermutlich schwerer, Träume umzusetzen.

»Erzählen Sie doch mal, wie ist es, wenn Sie reichen Menschen Villen vermitteln?«, fragte ich sie.

»Meistens sind es vermögende Menschen, das stimmt. Es

fühlt sich gut an, ihnen dabei zu helfen, das richtige Anwesen für sich zu finden«, antwortete die Dame.

»Aber am Ende bleibt für Sie nichts, nehme ich an?«

»Nein – es bleibt nichts. Vielleicht bin ich als Immobilienmaklerin in meinem Alter eine Geschichte wert, aber ich kann nichts hinterlassen, was überdauert«, sagte sie sichtlich gedankenvoll.

»Ich habe drei Töchter, doch auch um sie muss ich mich kümmern, denn meist sind sie am Kränkeln. Eine andere Hinterlassenschaft habe ich nicht. Es gibt leider keine Enkelkinder.«

»Ich glaube, ich habe eine Antwort für Sie. Ihre Lebensaufgabe ist klar erkennbar für mich: Sie haben das Talent zu führen, Dinge zu erschaffen, Träume kreativ umzusetzen. Sie verfügen über genug Energie und besitzen darüber hinaus die nötige Lebenserfahrung«, meinte ich darauf.

Ich fuhr fort: »Wenn man all das zusammendenkt, dann sind Sie auch in der Lage, dies für jemand anderen zu tun. Ihre Lebensaufgabe lautet Sternenjäger (siehe Seite 262). Sie haben vielen Menschen dabei geholfen, ihre Träume zu verwirklichen, aber haben Sie Ihren eigenen Stern schon gefangen?«

Die Dame wurde etwas nachdenklich und rieb sich mit der eigentlich für Männer typischen Geste eine Weile das Kinn: »Habe ich meinen Stern schon gefunden? Na ja – so halb.«

»Sie tun einiges, wofür Sie Talent haben. Das gibt Ihnen auch viel, aber am Ende halten Sie nichts in Händen«, meinte ich.

»Überlegen Sie doch einmal, ob Sie für jemanden die Sterne herunterholen können, der nicht die Mittel, die Lebenserfahrung oder die Körpergröße dafür hat. Dann leben Sie den Sternenjäger nachhaltig. Man wird sich an Sie erinnern und Sie werden spüren: Jetzt weiß ich, wofür ich da bin. Und Sie werden auf diese Weise eine ganz neue Form der Zufriedenheit erleben«, führte ich weiter aus.

Sie überlegte weiter. Ich beobachtete sie dabei und war ganz gespannt, was nun folgen würde. Mit einem Mal schienen ihre Überlegungen beendet zu sein und sie rief ganz begeistert aus: »Ich weiß, was ich tun werde!«

Neugierig fragte ich nach: »Ja, was ist es denn?«

»Junger Mann, das sage ich Ihnen, wenn Sie nächstes Jahr wiederkommen«, erwiderte sie kurzum.

Die Dame war nicht zu erweichen und so gab ich mich schmunzelnd zufrieden. Wir verabschiedeten uns herzlich voneinander.

Das Reading war eine der erstaunlichsten Sitzungen, die ich je erlebt hatte. Es war über die Maßen beeindruckend, einen Menschen zu erleben, der sich nach wie vor Sinnfragen stellt – und das in einem Alter, in dem die meisten Menschen mit ihrem Leben schon nahezu abgeschlossen haben. Unsere Reise steckt voller wundersamer Überraschungen, solange wir offenen Herzens und mit klarem Blick auf das Leben, andere Menschen und uns selbst zugehen.

VERHALTENSKODEX FÜR GESICHTLESER

Ich möchte dir zum Abschluss dieses Buches einen Verhaltenskodex nahebringen und wünsche mir, dass du ihn stets im Umgang mit anderen Menschen beherzigst.

Ein Gesichtleser sucht immer die Mitte, denn dort ist die Wahrheit zu finden. Er agiert nie aus Extremen heraus, sondern hilft seinem Gegenüber dabei, in Balance zu kommen.

Auf Seite 187 f. hast du die Vorgehensweise beim Facereading kennengelernt: Zunächst geht es ums Erkennen der Merkmale. Dies reicht für den Anfang aus. Es gilt dabei, die für das Anliegen relevanten Aspekte herauszufinden – es müssen nicht alle Merkmale sein! Als nächster Schritt ist das Benennen der Merkmale an der Reihe. Schließlich verbindest du die Merkmale miteinander, um deinem Gegenüber einen Rat mit auf seinen Weg zu geben. Denn jeder Gesichtleser ist ein Ratgeber. Dabei ist ganz zentral, keine ungefragten Ratschläge zu erteilen.

Besonders Neulinge im Gesichtlesen sind häufig überaus begeistert und möchten ihre Beobachtungen voller Freude kundtun. So sehr dich dein Eifer ehrt: Dränge niemandem dein Wissen auf. Nur demjenigen, der interessiert ist oder Rat suchend zu dir kommt, schenkst du dein Wissen. Hüte es wie einen Schatz.

Behalte im Hinterkopf: Auch in deinem Gesicht steht eine Geschichte. Gehe daher jederzeit vorurteilsfrei und mit Respekt auf dein Gegenüber zu. Ein Gesichtleser wertet nicht, denn es geht beim Facereading immer darum, ob Aspekte gewinnend oder verlierend gelebt werden.

Denke daran: Du stellst niemals eine Diagnose! Du liest im Gesicht des anderen und sagst frei deine Meinung. Nach in Deutschland geltendem Recht ist das Stellen einer Diagnose nur Ärzten und Heilpraktikern erlaubt!

Meide Zweifler und Zyniker – du wirst solche Menschen niemals überzeugen können. Investiere deine Zeit und Energie in Personen, die deine Fähigkeiten und dein Wissen zu schätzen wissen.

Die beste Tageszeit zum Gesichtlesen ist der Morgen. Der Tag beginnt ohne oder doch zumindest mit wenig Einflussfaktoren wie Nahrungs- und Genussmitteln oder Stress. Nicht zuletzt erwacht man am Morgen etwas »zerknittert« – dieser Zustand ist ideal, um im Gesicht eines Menschen zu lesen. Im Laufe des Tages verändert sich das Gesichtsbild zunehmend.

Schnell zu befriedigende Neugier ist ein schlechter Lehrmeister. Wer Gesichtlesen lernen möchte, muss hierfür Zeit und Ruhe mitbringen. Übe so oft es geht, denn nur durch Übung erlangst du Routine. Lass dich von Rückschlägen nicht verunsichern. Schaue Menschen so häufig wie möglich ins Gesicht und übe auch anhand von Fotos oder Zeitschriften.

REGISTER

BÜCHER & LINKS, DIE WEITERHELFEN

Bücher des Autors

Gesichtlesen Face Reading: Charakter und Persönlichkeit. Schirner Verlag 2012

Gesichtlesen Face Reading: Krankheiten sehen und verstehen. Schirner Verlag 2013

Gesichtlesen – Lügen: erkennen, entdecken, entlarven, Schirner Verlag 2014

Gesichtlesen – Hände im Gesicht: Ihr Geheimnis – ihre Bedeutung, Schirner Verlag 2014

Gesichtlesen – zeig's mir! Die versteckten Botschaften von Fingern und Händen, Schirner Verlag 2015

Gesichtlesen – haargenau: Was Haare über Gesundheit und Persönlichkeit verraten, Schirner Verlag 2015

Gesichtlesen – Muttermale: Ihr Geheimnis – ihre Bedeutung, Schirner Verlag 2017

Gesichtlesen – Liebeszeichen: Was Mimik und Körpersprache verraten, Schirner Verlag 2018

Read the Face: Face Reading for Success in your Career, Relationships, and Health. St. Martin's Press 2019

Weitere Buchempfehlungen

Bridges, Lillian Pearl: Gesichtsdiagnose in der chinesischen Medizin, Urban & Fischer 2014

Ciaramicoli, Arthur: Der Empathie-Faktor: Mitgefühl, Toleranz, Verständnis, dtv 2001 (antiquarisch)

Dee, Jonathan: The complete Guide to Chinese Face Reading, D&S Books 2001

Eilert, Dirk und Weckert, Al: Mimikresonanz: Gefühle sehen. Menschen verstehen, Junferman Verlag 2013

Ekman, Paul: Wie Sie Emotionen erkennen und richtig interpretieren, Springer 2016

Jung, C. G.: Archetypen: Urbilder und Wirkkräfte des Kollektiven Bewusstseins, Edition C. G. Jung 2019

McCarthy, Patrician: The Face Reader. Discover Anyone's Personality through the Chinese Art of Mien Shiang, Plume 2008

Sizer, Nelson: Heads and Faces: And How to Study them; A Manual of Phrenology and Physiognomy for the People, Forgotten Books 2012

Stanton Olmstead, Mary: The Encyclopedia of Face and Form Reading Part 1 & Part 2, Kessinger Publishing 2010

Todorov, Alexander: Face Value. The irresistible Influence of first Impressions, Princeton University Press 2017

Navarro, Joe: Menschen lesen: Ein FBI-Agent erklärt, wie man Körpersprache entschlüsselt, mvg Verlag 2010

Wood, Sue: The Art of Oriental Face Reading. Caxton editions 2003 (antiquarisch)

Hilfreiche Links

www.ericstandop.com
www.carolinenitsch.de
www.readtheface.com

Wissenschaftliche Studienergebnisse

Seite 15:

Willis, J, & Todorov, A (2006). First Impressions: Making Up Your Mind After a 100-Ms Exposure to a Face. Psychological Science, 17(7), 592–598. https://doi.org/10.1111/j.1467-9280.2006.01750.x

Wolffhechel, K, Fagertun, J et al.: (2014) Interpretation of Appearance: The Effect of Facial Features on First Impressions and Personality. PLoS ONE 9(9): e107721. https://doi.org/10.1371/journal.pone.0107721.

Zebrowitz, L, Montepare, J (2008): Social Psychological Face Perception: Why Appearance Matters. Social and Personality Psychology Compass, 2: 1497-1517. doi:10.1111/j.1751-9004.2008.00109.x.

Seite 26:

Hassin, R, Trope, Y (2000). Facing Faces: Studies on the Cognitive Aspects of Physiognomy, Journal of Personality and Social Psychology, 78/5: 837–852.

Cogsdill, E, Todorov, A et al.: Inferring Character From Faces: A Developmental Study. Psychol Sci. 2014 May 1; 25(5): 1132–1139. doi: 10.1177/0956797614523297.

Kachur, A, Osin, E, Davydov, D, et al.: Assessing the Big Five personality traits using real-life static facial images. Sci Rep 10, 8487 (2020). https://doi.org/10.1038/s41598-020-65358-6.

Lefevre, C and Lewis, G (2014). Perceiving Aggression from Facial Structure: Further Evidence for a Positive Association with Facial Width-to-Height Ratio and Masculinity, but not for Moderation by Self-Reported Dominance, Eur. J. Pers., 28, pages 530– 537, doi: 10.1002/per.1942.

Naumann, L, Vazire S, Rentfrow, P, Gosling, S (2009). Personality Judgments Based on Physical Appearance. Personal. Soc. Psychol. Bull. 35, 1661–1671

Oosterhof N, Todorov A (2008). The functional basis of face evaluation. Proceedings of the National Academy of Sciences of the United States of America. 105(32):11087–92. doi: 10.1073/pnas.0805664105.

Said CP, Dotsch R, Todorov A (2010). The amygdala and FFA track both social and non-social face dimensions. Neuropsychologia. 48:3596–3605. doi: 10.1016/j.neuropsychologia.2010.08.009.

Seite 52:

Havas, D et al.: Cosmetic use of botulinum toxin-A affects processing of emotional language, Psychol Sci. 2010 Jul; 21(7): 895–900. doi: 10.1177/0956797610374742.

Seite 92:

Larsson, M, Pedersen, N, Stattin, H: Associations between iris characteristics and personality in adulthood, Biol Psychol 2007 May;75(2):165-75. doi: 10.1016/j.biopsycho.2007.01.007.

Seite 118:

Krishan, K, Kanchan, T, Thakur, S (2019). A study of morphological Variations of the human ear for ist applications in personal identification. Egypt J Forensic Sci 9, 6. doi:.org/10.1186/s41935-019-0111-0.

Seite 195:

Facial Characteristics Indicative of Personality Traits, Say Experts. ScienceDaily. ScienceDaily, 14 February 2006. www.sciencedaily.com/releases/2006/02/060213093344.htm

Seite 204:

Jasper de G, Smeets M, Rowson M, et al: A Sniff of Happiness. Psychological Science 26, no. 6 (June 2015): 684–700. doi:10.1177/0956797614566318.

IMPRESSUM

GU ist eine eingetragene Marke der GRÄFE UND UNZER VERLAG GmbH, www.gu.de

Projektleitung: Anja Schmidt

Texte: Eva Dotterweich

Umschlaggestaltung & Layout: independent Medien-Design, Horst Moser, München

Herstellung: Markus Plötz

Satz: Uhl + Massopust, Aalen

Reproduktion: Ludwig Media, Zell am See

Druck und Bindung: Livonia, Riga

ISBN 978-3-8338-7577-9

8. Auflage 2025

Bildnachweis
Coverfotografie: Michael Pasternack
Illustrationen: Claudia Klein

QUALITÄTS G|U GARANTIE

LIEBE LESERINNEN UND LESER,

wir wollen Ihnen mit diesem Buch Informationen und Anregungen geben, um Ihnen das Leben zu erleichtern oder Sie zu inspirieren, Neues auszuprobieren. Wir achten bei der Erstellung unserer Bücher auf Aktualität und stellen höchste Ansprüche an Inhalt und Gestaltung. Alle Anleitungen und Rezepte werden von unseren Autoren, jeweils Experten auf ihren Gebieten, gewissenhaft erstellt und von unseren Redakteur*innen mit größter Sorgfalt ausgewählt und geprüft.

Haben wir Ihre Erwartungen erfüllt? Sind Sie mit diesem Buch und seinen Inhalten zufrieden? Wir freuen uns auf Ihre Rückmeldung. Und wir freuen uns, wenn Sie diesen Titel weiterempfehlen, in Ihrem Freundeskreis oder bei Ihrem Online-Kauf.

Sollten wir Ihre Erwartungen so gar nicht erfüllt haben, tauschen wir Ihnen Ihr Buch jederzeit gegen ein gleichwertiges zum gleichen oder ähnlichen Thema um.

KONTAKT ZUM LESERSERVICE

GRÄFE UND UNZER VERLAG
Grillparzerstraße 12
81675 München
www.gu.de